Middle School Matters

The 10 Key Skills Kids Need to Thrive
in Middle School and Beyond--and How Parents Can Help

初中生心理
养育指南

让孩子
学业成功、社交无忧、心理强大的
10项关键技能

Phyllis L. Fagell, LCPC

〔美〕菲利斯·L. 法杰尔 著

张梦圆 徐瑞婕 译

机械工业出版社
CHINA MACHINE PRESS

北京市版权局著作权合同登记 图字:01-2024-1461 号。

图书在版编目(CIP)数据

初中生心理养育指南:让孩子学业成功、社交无忧、心理强大的 10 项关键技能 / (美)菲利斯·L.法杰尔 (Phyllis L. Fagell) 著;张梦圆,徐瑞婕译 . -- 北京:机械工业出版社, 2025. 6. -- ISBN 978-7-111-78440-1

I. G444

中国国家版本馆 CIP 数据核字第 2025MH4812 号

机械工业出版社(北京市百万庄大街 22 号 邮政编码 100037)
策划编辑:欧阳智　　　　　　　　责任编辑:欧阳智
责任校对:张勤思 李可意 景 飞　　责任印制:任维东
河北宝昌佳彩印刷有限公司印刷
2025 年 7 月第 1 版第 1 次印刷
147mm × 210mm · 10.125 印张 · 1 插页 · 232 千字
标准书号:ISBN 978-7-111-78440-1
定价:69.00 元

电话服务　　　　　　　　　　网络服务
客服电话:010-88361066　　机 工 官 网:www.cmpbook.com
　　　　　010-88379833　　机 工 官 博:weibo.com/cmp1952
　　　　　010-68326294　　金 书 网:www.golden-book.com
封底无防伪标均为盗版　　机工教育服务网:www.cmpedu.com

赞　誉

没有人能像菲利斯·L.法杰尔（Phyllis L. Fagell）那样捕捉到初中阶段的神奇、快乐、挣扎与胜利。她对初中意味着什么了如指掌，她的建议对学生、家长和教师来说都属最佳建议。

——杰西卡·莱西（Jessica Lahey）

《允许孩子犯错》(*The Gift of Failure*) 的作者

我超爱、超爱《初中生心理养育指南》！菲利斯·L.法杰尔的工作极其出色！《初中生心理养育指南》这本书为家中有初中生的家长提供了一份必不可少的指南，帮助家长陪伴孩子度过初中时光。本书恰到好处地融合了研究成果和实用策略，只有身处一线的学校心理咨询师才能提供这样的内容。有了这本书，家长们不必再害怕孩子的初中阶段。相反，他们能充分了解相关信息，做好准备，以尽其所能帮助孩子。我多希望我的孩子上初中的时候就有这本书了！

——罗莎琳德·怀斯曼（Rosalind Wiseman）

《女王蜂与跟屁虫》(*Queen Bees and Wannabes*) 的作者，

尊严文化（Cultures of Dignity）的创始人

家有初中生的家长：救星终于来了！这就是家长翘首以盼……盼了很久的书。长久以来，家长都被社会灌输了对孩子初中阶段的恐惧，认为那是一段充满巨大动荡和无尽闹剧的时期，但菲利斯·L.法杰尔通过分享当前研究、真实的初中生逸事以及她作为学校心理咨询师的专业观点，让我们对现代初中生有了全新的认识。《初中生心理养育指南》一书提供了许多实用小贴士和可行策略，助力你家初中生茁壮成长，而不是艰难熬过那几年。

——凯蒂·赫尔利（Katie Hurley）

临床社会工作者，《不再有坏女孩》（*No More Mean Girls*）

和《快乐孩子手册》（*The Happy Kid Handbook*）的作者

初中阶段真的很关键！而且，家长在那几年里也同样重要……甚至比以往更重要。当孩子们努力回答"我是谁？"这个问题时，他们需要你坚定地站在他们身边，提醒他们：他们本来就很完美。菲利斯·L.法杰尔创作了一部杰作——本书是一本实用指南，书中涵盖了作为家长的你在孩子人生发展的关键几年为他们提供恰当支持的各种必备技能。

——肯·金斯伯格（Ken Ginsburg）

医学博士，教育学硕士，《培养孩子茁壮成长》（*Raising Kids to Thrive*）和《韧性成长：培养孩子反脆弱的心智模式》（*Building Resilience in Children and Teens*）的作者

《初中生心理养育指南》是家长、教育工作者以及任何希望在初中这一关键阶段获得指导之人的必读之书，因为这个阶段充

满了心理、生理、社交和学习等方面的诸多挑战。法杰尔的写作风格清晰简洁，她通过提供实用建议和真实案例来说明她的观点。书中那些开启对话的开场白非常棒！

——玛丽·K.阿尔沃德（Mary K. Alvord）博士，心理学家，《帮助青少年战胜消极思维》（*Conquer Negative Thinking for Teens*）和《儿童和青少年韧性培养计划》（*Resilience Builder Program for Children and Adolescence*）的作者之一

作为一名终身教育工作者以及两个青少年和一个十来岁孩子的家长，我极力推荐本书！多希望在我担任学校校长、领导一项初中改革工作的时候，就有《初中生心理养育指南》这本书了。因为本书中的观点、建议和实用指导都堪称无价之宝。菲利斯·L.法杰尔为我们大家做了一件大好事，她将初中阶段的各种事项拆分为易于理解的概念，让家长和教育工作者在任何场景都能借助这些概念与初中生打交道。她给出了简单易行的策略和方法，帮助学生以及与其相关的成人应对人生中这段极其复杂又令人兴奋的时期。我强烈建议教师、校长、家长、政策制定者以及任何有兴趣利用初中时光为青少年及其未来的成功奠定基础的人现在就阅读本书，并将书中的经验付诸实践！

——约书亚·P.斯塔尔（Joshua P. Starr）教育学博士，PDK国际教育发展联合会首席执行官

初中生家长，欢呼吧！菲利斯·L.法杰尔，身兼三重身份：

经验丰富、见多识广的心理咨询师；睿智的家长；不仅深入钻研相关领域，还与众多专家进行过交流（这些专家的著作，你可能由于时间有限而无暇阅读）的出色作家。本书是正在经历孩子的初中阶段的你的得力"助手"，内容清晰，见解独到。你可以在任何需要的时候拿起它，它能指引你应对孩子抛出的各种难题。

——蕾切尔·西蒙斯（Rachel Simmons）

《女孩们的地下战争》（*Odd Girl Out*）和

《女孩，你已足够好》（*Enough As She Is*）的作者

对于任何身为初中生家长或与初中生一起工作的人来说，本书都是不可或缺的工具。本书基于大量研究，见解独到，可读性强，且字里行间充满作者的同理心。书中一些章节给了许多关键且经常被忽视的话题，以及青少年本身迫切需要的切实关注。

——安德鲁·赖纳（Andrew Reiner）

教育家，作家和男性化研究者

这本精彩绝伦的书会让你重新审视你对初中生的所有想象。菲利斯·L. 法杰尔对初中生群体满怀热爱，她让我们相信，尽管初中生情绪容易波动、矛盾不断，但他们正在经历的成长和变化也着实令人兴奋不已。我们应将其视为一个契机，并从中获取些许乐趣。这些孩子的状态不是一团糟，他们内心开放，求知若渴。当然，他们会遭遇失败，但也从中习得坚韧。本书最棒的地方在于，法杰尔不仅仅识别和分析正在发生的状况，她还针对孩子情绪崩溃、遭遇欺凌、社交媒体使用等方面，为家长提供了非常实

用、具体的建议。为人父母最困难的部分是，我们没有一份应对孩子各种状况的行动指南！我们可以一本接一本地读书，去理解那些迅速成长的青少年在想什么。但当面对一个因为觉得被冷落而在地板上撒泼打滚的孩子时，我们更需要一些当下就能用的实操话术。法杰尔为我们提供了这样的应对指南，且字里行间充满了幽默和智慧。她让我们觉得，陪孩子顺利度过初中这几年不仅看起来可行，而且还可能充满乐趣！

——克莱尔·希普曼（Claire Shipman）

记者，《自信密码》（*Confidence Code*）和

《女孩的自信密码》（*Confidence Code for Girls*）的作者

谨以此书献给

史蒂夫、本、埃米莉和

亚历克斯

序

我在世界各地为数千名家长做过演讲，他们最关心的问题始终围绕初中阶段——从不断变化的友谊，到个性的发展，再到如何让孩子为迎接未知且多变的世界去学习并做好准备。家长们可能会问我，如何帮助孩子从遭遇社交排斥或欺凌的困境中恢复，或者如何培养孩子的诚实、同理心、责任感和友善。家长可能会遇到这些困惑：什么时候给孩子手机让他们用社交媒体，或是让他们独自坐公交才最合适？我该在多大程度上辅导他们做作业，监管他们的网络使用行为，或与老师沟通？孩子存在学习或注意力问题的迹象有哪些？对一名初中生来说，多大程度的压力、情绪波动和焦虑属于在正常范围内？你或许听说过，只关注成绩和考试分数无法培养出快乐、成功且茁壮成长的孩子，但这个说法也会令人困惑，你可能会想：好吧，如果不关注成绩和分数，那我该关注些什么？

现在，深呼吸，放松一下。你手头这本书堪称珍宝。菲利斯是解答这些问题并撰写本书的不二人选。她是一位经验丰富、非常出色的学校心理咨询师。我曾有幸目睹她与学生相处，她善于和学生建立融洽的关系，专业能力过硬，还富有同理心。她给出的建议出色、深刻又精准，能帮助这些孩子解决他们面临的问题。因为她每天都在一线和孩子打交道，所以能够了解到我们其他人不常听到的心声，并能帮助我们理解孩子的感受和行动。她让我们从不同视角看待孩子，这样我们就能帮助他们发挥优势，和他们保持亲近。随着孩子的成长，他们 6 岁或 8 岁时管用的养育策略，到了初中阶段可能就不适用了，菲利斯会给你提供这个阶段所需的一切工具，让你充分利用这一决定孩子人生成败的关键阶段。本书会消除你对自己为人父母的能力的所有担忧。

菲利斯不仅以心理咨询师、心理治疗师、作家和演讲者的身份为数千名家长提供过建议，同时她还是三个孩子的母亲，包括两名青少年和一名即将成为青少年的孩子。她深耕于初中这一关键阶段，在美国的全国性会议和各个学校发表演讲，采访世界各地的教育工作者、学生和家长。因此，她能找出当今初中生面临的最紧迫的关键问题。有一点很明确：并非只有我们美国人在关注这个年龄段的孩子，菲利斯的建议适用于世界各地的孩子。

我很高兴为本书写序，我认为这是市面上关于初中阶段的最佳图书。首先，菲利斯给出的建议不仅实用，经过验证，还以最新研究成果为依据。她坚持阅读，我可以向你保证，你读到的是最前沿的研究。她把基于实证的理论观点，转化成具有常识性、让人安心且具体的建议。她总是与时俱进，也知道如何赋予初中生力量。她可不只是提供应对欺凌、小团体或成绩差等问题的技巧，实际上，她的阐述细致入微，会深入探究以找出当下问题的真相，并结合具体情境信息，提供更有针对性的建议。例如，她没有把社交媒体使用单独归为一类。相反，在初中生生活中可能与社交媒体相关问题的所有场景中，她都会讨论这个话题，包括睡眠、自我调节、作业完成、流言等。

本书的另一个独特之处在于，它把孩子的需求和担忧，转化为简单、直接且容易实施的干预措施，这些措施能产生良好效果。很多时候，我们把养育孩子这件事搞得过于复杂。本书提供了多元内容——开启话题的开场白、故事、实例、统计数据、资源、专家提示、新闻报道和逸事趣闻，让你能应对各种情况。它是培养一个健康、快乐、有韧性、有道德的孩子的行动指南。

本书的核心是初中生自己。书中汇集了众多孩子的心声，赋予了本书内容的真实性。这些声音让家长有机会重新审视现实情况，从中我们能读到孩子的担忧、成就、恐惧、不安，以及对未来的憧憬。我们能看到那些善良勇敢、做出积极改变的孩子的精彩故事，也得以窥见他们对身为家长的我们的期待。我们能了解到他们知识上可能存在的欠缺，也开始明白他们的世界和我们记忆中的世界有多么不同。我们还能学到如何在不侵犯孩子隐私的前提下，与他们建立联结。其中传达的信息很明确：初中阶段不是令人恐惧的时期，也不是该退缩的时候。事实上，这段时光弥足珍贵。

我最喜欢的部分之一是本书最后一章（我打赌这也会成为你

最喜欢的部分）。书中分享了刚毕业的初中生对他们自己、他们的父母以及还在上初中的学生的建议。一名青少年说："父母得多问点儿问题。只需要坐下来，聊聊生活，聊聊他们在社交中的烦心事，聊聊学习，聊聊他们心里想的任何事，让他们知道你在倾听。告诉他们你明白这很不容易，也许某人现在确实算不上一个'好'朋友，但别直接跳出来给建议。"他们分享的观点和菲利斯一直以来所说的不谋而合，只不过这次我们是从另一群人的口中听到这些话的。

为人父母是一场持续的修行：我们都在持续努力去做得更好，世上并无育儿说明书，即使有，也不应该夹杂内疚和羞愧。本书重申了这一观点，并鼓励家长帮助孩子发现自己潜在的优势，并为之自豪。最重要的是，本书希望你成为孩子坚定不移的后盾，在他们不可避免地经历人生中的起起落落时，你也能够保持乐观和开放的心态。如果你把本书的内容牢记于心，那么一些积极的变化将会发生：你会成为更出色的家长，你和你的孩子也会变得更友善、更优秀、更有智慧、更具包容性且更道德。这不正是我们努力追求的吗？我们都希望培养出优秀且坚强的孩子，他们想要改变世界，并且会因为我们赋予的力量而有能力让世界变得更好。这就是和孩子一起成长、共同进步的方式。读完本书后，我相信你能充分利用孩子成长的这几年，而且我敢说，你甚至会乐在其中！

米歇尔·博尔巴（Michele Borba）博士

《我们都错了！同理心才是孩子成功的关键》（*UnSelfie: Why Empathetic Kids Succeed in Our All-About-Me World*）的作者

推荐序

接到为本书写推荐序的邀约时，我正处于即将办理退休手续的人生转折阶段。原本我的心愿是，在退休后，享受"一睁眼什么工作也没有"的人生新阶段。所以，我拒绝了几乎所有与工作相关的邀请。但是，不知为何，我却几乎没有犹豫地同意了这一邀约。

正式退休后，我先是忙着去北戴河新区的阿那亚参加理想国的读者日活动，圆我的文学梦；然后，开启为期两周的退休旅行；之后，回到北京完成与《三联生活周刊》合作的第二期家庭工作坊的拍摄；再之后，又去到阿那亚参加戏剧节，继续圆我的文艺梦。

在这近两个月的过程中，为本书写推荐序成了唯一困扰我的必须完成的"工作"。我曾经为此而后悔过好几次：我为什么非答应这个吃力不讨好的工作，以至于作茧自缚而没有办法真正过上"一睁眼什么工作也没有"的新生活呢？

然而，当我仔细地读完整本书，一个人在阿那亚的沙滩上反复行走和思考时，渐渐地，我找到了答案。我发现，为本书写推荐序，其实对我个人而言有着特别的意义——它标志着我职业生涯的新起点。

作为一名儿童精神科医生：希望能帮到更多诊室之外的孩子

我是一名儿童精神科医生，大多数来就诊的孩子的问题通常已经相当严重，治疗的难度极大，而儿童精神科的专业资源在国内又相当稀缺。如何最大限度地发挥自己的作用，是多年来一直困扰着我，也是促使我不断思考和探索的难题。

在读博士期间，我曾与导师王玉凤老师一起讨论我的博士课题，最终确定为世界卫生组织推荐的儿童生活技能训练。还记得我曾好奇地问王老师："作为医生，您为什么对儿童心理问题的预防和干预感兴趣呢？"我永远不会忘记王老师意味深长的回答："在一次国际会议期间，我问一位在儿童精神科领域有巨大成就和国际影响力的医生，他为什么关注预防和干预。这位医生回答，'在职业生涯的早期阶段，我把主要精力花在如何治疗疾病上。但当我慢慢地有了治疗疾病的专业能力之后，有一天我意识到，即使我把我所有的精力都花在看病上，也治疗不了多少孩子，一个人的时间和精力实在太有限了。但如果我把自己有限的时间和精力，更多地花在疾病预防和干预上，却可以帮助到更多的孩子和家庭'。"王老师语重心长地告诉我，这位国际专家所走过的职业生涯道路，对她也产生了深远的影响。随着职业生涯的发展，王老师也慢慢发现了预防和干预的重要意义。

王老师的教导，在很大程度上也影响了我的职业生涯，让我埋下了做"走出诊室的儿童精神科医生"这颗梦想的种子。

从个体心理治疗、家庭治疗到团体治疗，我不断学习和实践，以提升自身的服务效率和水平；在锤炼临床功底为患者提供专业服务的基础上，我不断提升教学能力，督导和培训更多专业人员，为更多患者提供专业可靠的临床服务；我还在北京大学医学部开设了研究生选修课程"恋爱、婚姻与家庭"和"系统式心理治疗"。

我深知自己多么幸运，有机缘从事挚爱又擅长的家庭心理治疗工作，并多年来持续向德国、美国、法国等发达国家的心理专业老师学习。我从家庭治疗的"小白"，逐渐成长为可以独当一面的系统式家庭治疗师。

回想起职业生涯初期，自己没有多少临床经验，每见到一个家庭都想冲上去"有所作为"，但又常常感觉力不从心，为经验不足而烦恼。随着职业生涯的发展，自己有了越来越多的培训和经验，逐渐得到了更多孩子和家庭的认可。但在感到踏实和开心的同时，我开始有了新的烦恼——面对太多家庭的信任和求助，我却没有时间及时给予帮助！我开始产生内疚和自责，但我也深知，一个人的力量实在太渺小了，作为一名医生，无论如何我也不可能做到满足所有家庭的求助需求。

于是，2018 年伊始，我开始创办微信公众号——林红医生儿童心理，希望借此平台传播科学理念，促进儿童及青少年心理健康、家庭和谐。

2019 年元旦，我发现了自己的梦想：做走出诊室的儿童精神科医生，与更多愿意学习与成长的专业人士和家长结伴同行，一起探索和践行。让家长轻松学习科学的育儿理念，轻松养育孩子，享受家庭和谐之美。

2020年，我在北京举办了首期系统式家庭养育工作坊。经历疫情，我更加体会到有机会面对面工作的弥足珍贵。有不少读者在公众号留言，热烈表达了对我们工作坊的感谢和支持。来自读者和学员的积极反馈给了我力量，来自家庭的实际需求给了我动力和继续探索的可能性，于是，多家庭咨询线下团体活动、"激活中国式家庭力量"线上工作坊也相继得以举办。多家庭咨询线下团体活动让深陷于困境中的家庭得到持续的帮助和彼此互助成了现实；"激活中国式家庭力量"线上工作坊突破了地域和空间的局限性，让来自海内外的学员集聚一堂，共同成长。

在探索全方位专业服务的过程中，我与《三联生活周刊》结了缘。自2023年10月以来，我接受了《三联生活周刊》吴琪副主编的专访，目前在"三联生活周刊"微信公众号上已经发表了四篇文章，标题分别为：《开学一个多月后，儿童精神科爆满》《"以爱之名"压力下的孩子：我不优秀，就不配活？》《儿童精神科诊室里，父亲们为何总是沉默不语？》《前半生鸡娃拼高分，后半生带娃看心理医生》。

2024年，吴琪副主编突发奇想，提议对我俩的访谈录制视频，结果机缘巧合之下推出了系列视频访谈"与林大夫聊天"。这个系列包含11个访谈视频，主题都是家长所困惑和感兴趣的。

2025年，《三联生活周刊》推出了独家自制的家庭治疗纪录片《我家的孩子不想上学》完整版，共4集，我在其中担任顾问。我与《三联生活周刊》合作发布的这些文章、访谈视频、纪录片引起了非常广泛的关注和讨论，这似乎映射出，如今，儿童精神科诊室之外也存在太多待解决的养育困惑和棘手问题。

儿童及青少年不是生活在真空中，而是家庭的一分子，以及整个社会系统的一部分。儿童发展的每个方面都受到家庭、学校、社会等环境的影响。在心理咨询与治疗工作中不难发现，家庭常常会把问题归结在孩子或是某个家庭成员身上，但事实上往往是整个系统出现了问题。但是，"孩子心理上生病了，单纯治疗孩子一个人是不足够的，整个家庭都需要改变"这样的理念在临床实践中却并不那么容易得到父母的理解，更不要说父母双方可以达成一致，并持之以恒地坚持改变。

父母往往觉得问题在孩子，是孩子太脆弱、太"作"。孩子却觉得是父母不可理喻、无法沟通，不乏孩子偏激地认为"父母皆祸害"。完全将问题归于原生家庭，即"都是原生家庭惹的祸"的观念近年来在社会中也广为流传。

其实，影响孩子心理健康的因素纷繁复杂，是生物、心理、社会因素交互作用的结果，很难说某一个因素是唯一的影响因素。有的孩子确实先天极度敏感，养育的难度很大。有的家长自身在儿时并没有得到"刚刚好"的养育，那么在养育自己孩子的过程中自然挑战更大，更不要说一些家长还存在焦虑、抑郁、强迫等心理障碍的症状，这无异于火上浇油。

在我看来，家庭中没有任何人需要被"修理"。家人之间需要的是相互理解，相互支持，形成合力，共同发展！

我经常会想：假如家长和孩子都能有简明扼要、易于理解又令人信服的读物作为辅助治疗工具，那么一定会提升治疗效果和效率；如果时光能够倒流，在孩子出生伊始及成长过程中，父母能够得到及时而有效的指导和帮助，那么整个家庭就可能过上更加幸福的生活！

如何陪孩子一起搞定初中阶段

读了《初中生心理养育指南》，我感觉如获至宝，又有点儿小"嫉妒"：这不就是我一直想写的吗？为什么写得这么好？

本书与我的理念高度契合。既不是"修理"、指责家长，也不是"修理"、指责孩子，而是指导家长如何理解孩子、帮助孩子，同时促进自我成长，并且聚焦于至关重要且难搞的初中阶段。

书中的这段话堪称全书的点睛之笔：

初中生的年纪十分微妙，他们尚未变得世故，但也足够成熟到能理解复杂的概念。这个阶段，他们的试错成本较低，正该去尝试、成长，就算偶尔偏离正轨也没关系。这正是向他们传授许多策略与社交和情感技能、培养他们正直品格、鼓励他们适度冒险的理想时期。我们不应该只是帮孩子熬过这些年，而应该着眼于让他们茁壮成长。如果我们方法得当，就能让孩子有能力去应对社会变化、保持合理的学业预期，也能在之后的人生中做出审慎明智的决策。和传统观念相反，孩子在经历初中的种种困难后，会变得更坚强、更睿智。而成人能够且应该在这个过程中发挥积极作用。

是的，家长的在场对处于初中阶段的孩子是多么重要啊。这一阶段承上启下，对孩子高中和成年之后的人生有着意义和价值。在这个阶段，家长单纯批评、指责孩子当然不可取，但只是熬着也是不够的，需要方法得当。在孩子有时混乱、充满戏剧性，还时不时令人感到困惑的初中阶段，家长要抓住这个最佳时期，积极塑造孩子的性格、培养他们的自信。在支持孩子和不妨碍他们形成自主性之间，找到恰当的平衡。家长要勇于犯错，并与孩子一同成长。

针对处于初中阶段的孩子可能面临的具体困扰，家长可以怎么想、怎么做，书中给出了大量细致又实用的例子。让我惊讶的是，居然没有明显的文化差异，我在此分享部分在临床中很常见又令我印象深刻的主题及其中的段落。

• 为什么初中生仍然需要父母的引导

大脑中最后产生连接的部分是额叶和前额叶皮质，它们控制着洞察力、同理心和冒险行为，而这部分要到大约25岁时才完成发育。这意味着即使非常聪明的孩子也可能冲动地做出愚蠢的事情。再加上他们生活经验有限和情绪常常波动，所以初中生仍然需要你的引导，为他们提供保障。提醒你的孩子，他们的大脑仍在发育，容易做出错误判断。他们可能知道欺骗或羞辱他人是不对的，但仍会在当下做出错误的决定。即使是乖巧、成绩全优、情绪稳定的孩子也有可能犯错。

• 主动帮助孩子结交朋友

如果你的孩子在寻找同伴群体时遇到困难，可以请老师和学校心理咨询师为他们推荐优秀的朋友，邀请他们参加集体午餐，让他们在项目中结成对子，并加强社交技能。家长要保持积极主动的参与，不要把一切事情都推给其他人。多与孩子交流，了解他们的朋友，并与其他家长联系。当然，也要有策略。例如，如果他想去看高中足球赛，建议他邀请一个朋友，而不是两个。两个孩子可能会一起离开，但一个朋友不大可能抛弃他。

• 成人如何与孩子交流

"大多数成人向孩子提出的问题其实都是在末尾加上一个问号的指责。"比起问"你为什么这么做"，更有效的做法是表现得像一个冷静、好奇的观察者，说："你觉得这项任务对你来说比其他同学更难吗？你是最后一个完成测验的吗？"每天结束时进行总结，询问孩子具体哪门学科或哪些作业学或做得更好，哪些学或做得不够好。

• 相信孩子，不轻易对孩子说"你不行"

现在这个世界以花样百出的方式告诉孩子们"不，你不行"。他们从成年人、同龄人那里听到这些话，甚至……从自己内心也听到这样的话。孩子们很容易受到阻挠，屈服于消极情绪和内心自我否定的声音。有时，我发现自己也在劝孩子们不要追逐不切实际的目标，但我的做法其实对他们毫无益处。我的建议看似充满爱意、具有保护性，甚至是合理的，但同样可能是不成熟的、误导性的或限制性的。我努力提醒自己，要记住孩子们一直在学习，一直在成长。挫折能培养人的韧性，也是成长中的必要组成部分。我们需要教会孩子们如何承担风险，如何乐观前行。这对任何人来说都是一项艰巨的任务，尤其是对总觉得好像每个人都在看着自己的初中生来说。

- **及早发现学习、注意力或情绪方面的问题可以改善孩子的学习效果**

当孩子在学习、行为或情绪上遇到困难时，家长往往会与我会面。他们提的问题既有后勤保障方面的，也有个人方面的："应该让孩子咨询专业人士还是给他一点时间？他怎么知道自己的期望是否现实？诊断会不会打击他的自尊心？"相信自己的直觉，在孩子成绩下降，抗拒上学，饮食或睡眠模式改变或被朋友抛弃时进行干预。不要等问题发酵。

- **家长需要解决自己的问题**

在向孩子分享信息和策略时，请记住孩子是想向你寻求安慰。如果你发现自己无法接受孩子的局限性，或者对孩子的成功过分期待，你可能需要通过做心理咨询来解决自己的问题。你的孩子对你的反应非常敏感，能保持冷静和同理心至关重要。

在我看来，为人父母最大的收获，在于我们拥有更多契机，让自己随着孩子的成长而不断成长——从了解孩子到理解孩子，从了解自己到理解自己。你相信吗？理解是改变的前提。无论是孩子还是父母，只有当我们被深深地看到、被理解时，真正的改变才可能发生。当然，要做到这些改变并不容易，但它一定值得我们付出更多努力。

随着我儿子慢慢长大，我无数次体会到"长大后，我就成了你"这句歌词的含义。想让孩子不像父母，真的很难。想让孩子成为什么样的人，最重要的也是最根本的，不是脱离父母自身的状况而单纯去教育孩子应该怎样，而是应该通过父母自身的反思和成长来实现。我们父母本身是怎样的人，很大程度上决定着我们的孩子长大后可能成为怎样的人。

尽管你的孩子现在才上初中，但他们总有一天会长大，去开启属于自己的人生。孩子从胎儿、出生、婴儿、幼儿、青少年到成年，父母会伴随他们成长的整个历程。在不同的时期，父母需要做些什么，来让孩子在长大成人之后，成为一个健康快乐且能为社会做出自己独特贡献的人？父母现在又应该做些什么，才能在孩子18岁之后，可以安心、开心、放心地放手让孩子离开我们去闯荡这个世界，而没有留下太多无法弥补的遗憾，甚至悔恨？

我建议所有的父母，都读一读本书。如果你的孩子正在或即将读初中，可以说恰逢其时。当然，本书对于教师、心理教育工作者也是难得的案头书。书中贯穿始终的家庭、学校、医疗系统和社会的精细合作，让我羡慕不已。特别在当前，我们的整个体系尚待完善的情况下，家庭和学校的合作显得尤为重要。相信我，养育初中阶段的孩子是有点儿麻烦，甚至相当不容易，但你的努力所收获的将不仅仅是孩子美好的未来，还有我们家长、教师自身的成长、成熟。

最后，我要表达对译者张梦圆老师的欣赏和感谢，也感谢另一位译者徐瑞婕与张老师的协同合作，让这本杰作这么早和中国读者见面；我也诚挚地感谢编辑欧阳智对我的信任和给予我的耐心，一再宽容地等待我。

终于完成了这项工作，我可以开始心安理得地实现自己过上"一睁眼什么工作也没有"的新生活的心愿了。但同时我也深知，我职业生涯的新起点已经悄然开启了。

是啊，一切都是最好的安排。我愿意向作者菲利斯学习，做走出诊室的儿童精神科医生。在充分享受美好生活的基础上，与更多愿意学习与成长的专业人士和家长结伴同行，一起探索和践行。养育孩子是有科学规律可以遵循的。祝愿年轻的父母，掌握科学规律，让育儿过程伴随更多美好，轻轻松松养育孩子，享受家庭和谐之美。这也是我的梦想。

本书生动有趣、通俗易懂，请享受你的阅读之旅吧！

林红

医学博士，儿童精神科医生，家庭治疗师
第五～七届中国心理卫生协会心理治疗与
心理咨询专业委员会秘书长、常务委员
创办微信公众号：林红医生儿童心理

译者序

　　从大学二年级上了发展心理学的专业课起，我对人的心理发展的兴趣就迅速延伸至我之后的生命历程中。成长和转变是怎么发生的？人的外部经验和内部体验是怎么聚合在一起变成每时每刻的感受和行动的？这些过程中我们能主动做的有哪些？起初我在理论、实验和数据中寻找答案，它们虽精妙但又有些隔靴搔痒。

　　后来我成了一名中学心理老师，与大量的青少年日复一日地打交道。初一的"小豆丁们"在入学后不久就会发现，从小学到初中不过一两个月，却仿佛一跃身，就进入了另一个时空，有的孩子会形容，好像读小学是上辈子的事儿了。到了初二，我们搬到了只有初二师生的单独校区，那简直是一个"丛林"，一个青春活力澎湃涌动、永不停歇的修行异世界。初三开学时，我突然发现孩子们已经有了少年的模样，而且好像已经长成少年了很久、很久。作为心理老师，我有时候觉得离学生很远，我不会像学科老师一样日复一日地走进教室，我总是等待他们的到访而很少主动邀请；有时候我又觉得离他们太近，他们总是可以随时推开我办公室的门，带着眼泪、怒火，或者只带一句"张老师，我又来了！"。有时候我会觉得自己给的太少，每一次下课铃声响起，每一次心理辅导结束，我都会说"今天我们得停在这儿了"。我总想给多一点儿，再多一点儿，多一点儿理解，多一点儿共情。我知道，充分地被爱是心灵唯一的良药。但是有时候我又觉得自己给的太多，这是唯一的方法吗？我这么说是否限制了更多的可能性？允许他在脆弱里多待一会儿，会不会耽误别的事，这可是关键的初一／初二／初三啊？因为我也知道，成长所需要的只是足够的空间。

我的办公室总有落锁的时刻，而初中生的家长，却永远没有"下班"一说。实际上，家长对于孩子进入青春期的感知总是滞后于他们的发展，经常要到了各个"战线"全面报警，或者一场剧烈的冲突后坐在"废墟"里，才会真切地感受到青春期的风暴已经来临。在我的心理辅导室里，不乏事业有成、勤学好思的家长，可他们在开口之时，几乎总是伴随着无力、委屈或是愤怒，随着对话的展开，我们会发现情绪之下有太多的困惑。"为什么会变成这样？""我的孩子是不是不正常？""我是不是不正常？"在困惑、焦虑和强烈的失控感之下，家长常常会"动作变形"。一些家长会陷入"抓出坏人，关进笼子"的行为模式，让孩子改掉错误习惯，没收孩子的手机，让孩子与坏朋友绝交等；另一些家长则小心翼翼、如履薄冰，对待孩子不敢说也不敢动，避免一点儿火星瞬间燎原。此时，家长经常会期待有一颗灵丹妙药，孩子今天吃下它，明天就万事大吉了，你好、我好、大家好。遗憾的是，没有这颗药。实际上，如果我们在孩子初中阶段能够为其建构安全的环境，鼓励他们充分地探索，在他们做了尝试，有了困惑之时把握住那些关键时机，那么孩子收获的将是受益终身的品质、能力和信念。

那么，该怎么做呢？《初中生心理养育指南》里或许有你想要的答案。作者菲利斯·L.法杰尔以自己20多年作为学校心理咨询师的一线经验以及深刻的洞察，总结了10项关键技能，从初中生会面对的具体情境入手，并从培养积极品质，发展社交技能，应对学习挑战，赋能未来成长的方方面面细致入微地帮助家长与孩子站在一起，开始行动，而且是有效的行动。

本书的翻译过程并不顺利，我负责的部分一再延期，其中一个重要的原因是，在阅读每一章时，我的脑海中会不断地切入熟悉的面孔，在心智中重新加工着他们生动的生活片段；在翻译每一个段落时，我都会想象家长看到这些文字时会有什么样的反应，怎样才能让这些文字抵达具体的家庭生活、家校共育系统。最终，在我的好朋友徐瑞婕博士的大力支持下，本书的翻译终于完成。在这趟旅程中，我也与我的青少年学生一样，与家长一样，在挫败与成就中确认自己，在融合与分离中确认自己，感到胜任也感受到了联结、自己的存在。最后，感谢机械工业出版社的编辑欧阳智，让这段旅程得以开始，得以完成。

张梦圆

2025 年 5 月

于北京师范大学附属实验中学

引　言

　　一提到"初中"这个词，大多数成年人都会唉声叹气。我懂这种感受。即使我们当年还算从容地度过了初中时光，也会更容易记住那些糟糕透顶、无比尴尬的时刻。我自己就有写满这些记忆的"小本本"：在睡衣派对上迫于压力而公开称体重；因为在课堂上忍不住咯咯笑、传纸条被老师赶出教室；七年级数学勉强及格；和朋友们一起写"吐槽本"来详细描述彼此的缺点，当时觉得这主意相当合理，可那些评论却深深印在我的脑海里（过了30年我才剪掉刘海儿），12岁的时候，同伴的认可意味着一切。

　　如今的孩子身处的世界与过去的不同，但初中阶段同样刻骨铭心，没有人能在这段时光里毫无改变。初中阶段充斥着涌动的激素、不断变化的人际关系，以及日益增长的期望。小学到初中相隔不过几个月，但变化却是天翻地覆的。突然间，孩子就被拽出童年，扔进了青春期。他们得学会用储物柜，学习多门课程，还要适应新的日程安排，他们身边涌入大量新同学，学业要求也越发严苛。这一切固然令人兴奋，但又让他们在最渴望归属感和融入集体的时候，感到无所适从。

这就是为什么初中生活看起来就像一部没完没了的肥皂剧，里面的角色都很复杂。比如，一些13岁的女孩会自拍，并把照片分享给其他人；一些12岁的男孩每晚都做作业，却从来不交作业；也有已经上八年级的男孩为了在社交媒体上博眼球，做出把头伸进马桶这种让家长感到匪夷所思的事；曾经脾气温和的五年级女孩，到了六年级可能会对任何以异样眼光打量她的人发火；七年级的足球体育生在被校队淘汰后，可能会一蹶不振。对他们来说，经历这些已经很痛苦了，而目睹这一切对家长来说可能更煎熬。在这个阶段，你可能会觉得孩子变得很陌生，但其实他们自己可能也有同样的感觉。

孩子们缺乏生活经验，这一点会使他们本就高涨的情绪更强烈。成年以后再回顾初中阶段，人们往往只记得那种强烈的情绪，但实际上在度过这段脆弱时期后，孩子能感到快乐、胜任，以及为高中和成年生活做好准备。磕磕绊绊在所难免，但别觉得大难临头。虽然听起来有悖常识，但挫折实际上能培养孩子的韧性。在支持孩子和不妨碍他们形成自主性之间，找到恰当的平衡并不容易。

1987年，我从初中毕业，当时从没想过有一天会在初中工作。我花了好一阵子才回到初中这个领域，如今，我已经经历了三次初中时光：一次作为学生，一次作为家长，现在则是作为学校心理咨询师。我最初是一名报道健康和科学方面内容的记者。第二个孩子出生后，我决定转行，成了一名有执业资格的心理治疗师和专业的学校心理咨询师。我根本没想到，我开始在初中工作的那一年，也是我大儿子开始上初中的一年！第二年，我女儿上了六年级。（说起来，截至我写这篇引言时，我已经有两个孩子经历过初中阶段，还有一个即将经历。）除此之外，我还在私人诊所接待初中生和他们的家长。

毫无疑问，我对研究这个年龄段的孩子有点儿着迷。开始担任初中学校心理咨询师后不久，我就开始为《华盛顿邮报》（*Washington Post*）撰稿，写那些让我夜不能寐的事情：纠正或打破关于学习、性别差异、心理健康和沟通方面的错误观念、刻板印象和老掉牙的看法；重新思考我们该如何培养孩子的自主性，教会他们自我调节，以及该如何定义成功；培养他们诚实、友善和韧性等品质。我在人格、教育、科技等不同领域寻找灵感。在过去几年里，我采访了心理学家、教师、作家、研究人员、学生、医生、家长、企业家、管理人员、咨询师和创客教育者。一路走来，我逐渐形成并完善了自己的教育方法。有一点很明确：我们需要一种全新的初中教育理念。

作为学校心理咨询师，我间接地体会到了孩子的诸多焦虑，即便如此，我还是会开始质疑"初中阶段是一段不可避免、只能忍受的时期"这种老套说法。在和数百名孩子及家长工作后，我认为我们的观念完全错了。没错，初中阶段有时混乱、充满戏剧性，还时不时令人感到困惑，但它也是积极塑造孩子性格、培养他们自信的最佳时期。

我见证了太多次这样的转变了。在我刚开始接触一个叫丽贝卡的六年级女孩时，她一门心思都扑在成绩上。每天晚上，她都会崩溃大哭，生怕自己考砸了。她的父母和我都担心，到了压力更大的高中时，她会不堪重负。在接下来的两年里，我们一起努力，教丽贝卡放松技巧，鼓励她平衡生活的各个方面，帮助她别陷入灾难化思维。到了八年级，她心态恢复平稳，后来顺利度过高中，并未出现任何状况。

乔伊，一个八年级的"小头目"，在学习上游刃有余，但对同学缺乏同理心。有人答错问题时，他会翻白眼。他会跟朋友小声议论其他孩子运动能力不行。体育老师让他别这样做时，乔伊会说他来学校可不是为了交朋友。在一个周末，乔伊发起群聊，跟一帮朋友说他们班上有一个女生一直和其他学校的男生有点儿什么。而事实并非如此，女生的家长发现后，向学校教职员工和其他八年级学生的家长控诉了这件事。

乔伊很生气，他觉得大人没直接跟他说，而是在背后"说他坏话"。他指责这些成年人的行为才更像初中生。他可能没意识到其中的荒诞之处，但他把澄清流言当成了自己的任务。他牵头组织了一场关于解决冲突和相互尊重的全年级的讨论。结果是，他改善了整个年级的社交氛围。

正是因为这类积极的转变，我才喜欢这个年龄段的孩子。他们有缺点，但充满好奇心，容易受影响，也乐于接受新观念。他们对不公平很敏感，富有同理心，能关注到彼此的需求。要是有人用铅笔盒里的指甲剪划伤自己，他们会告诉我；要是有人不吃饭或者情绪突然低落，我很可能也会从其他孩子那儿听说。当孩子被要求有事要告知一个成年人时，这个成年人往往就是学校心理咨询师。我经常听到别人不知道的事，也认真对待这份责任。

作为学校心理咨询师，我也常收到父母或监护人的咨询，他们的问题五花八门，从实际问题到哲学性问题。他们会问，该不该在孩子取得好成绩时用金钱奖励？该不该让孩子坚持参加不喜欢的活动？有没有办法确保孩子在人际交往中做出明智的选择？他们对自己的直觉心存疑虑，因为孩子如今经历的世界已经不是他们成长的那个世界了，在家长那个时代，好成绩和一系列课外活动能让高中生进入"该去的"大学，然后开启成功的职业生涯。家长同样对孩子的网络社交生活感到困惑。这是一个充满未知的新时代，难免会让人感到担忧。

可以理解，家长想尽可能掌控一切变量。当意识到有太多事情超出自己的掌控时，他们会感到无所适从，比如孩子不断变化的友谊、兴趣爱好等。虽说世上并没有那种收录与青少年建立良好关系或引导他们走上正确道路的独门秘籍，但不代表家长就可以甩手不管。一个两岁的孩子爱发脾气，家长不会说："哎呀，太烦人了，我不管了。等他长到3岁，我再教他怎么恰当地表达自己。"同样，初中生的家长也不应在这个阶段置身事外。

初中生的年纪十分微妙，他们尚未变得世故，但也足够成熟到能理解复杂的概念。这个阶段，他们的试错成本较低，正该去尝试、成长，就算偶尔偏离正轨也没关系。这正是向他们传授许多策略与社交和情感技能、培养他们正直品格、鼓励他们适度冒险的理想时期。我们不应该只是帮孩子熬过这些年，而应该着眼于让他们茁壮成长。如果我们方法得当，就能让孩子有能力去应对社会变化，保持合理的学业预期，也能在之后的人生中做出审慎明智的决策。和传统观念相反，孩子在经历初中的种种困难后，会变得更坚强、更睿智。而成人能够且应该在这个过程中发挥积极作用。

好消息是，家长有应对之策。我们可以通过分享自己好的或不好的人生经历，给他们无条件的爱，示范批判性思维，以及给他们提供应对挫折的工具等来发挥重要作用。在本书中，我会提供一份行动指南，并概述应对各种真实场景的具体策略，从被朋友"抛弃"到应对学习或注意力方面的问题等。我还将澄清许多关于初中生的常见误解。我希望你读完本书后，能有充分的信心去应对孩子在初中阶段可能出现的任何情况，并把这些视作孩子一生中难得的成长契机。

目　录

价值观与诚实

"说谎比应付那些闹剧容易多了。"

社交技能

"我感觉自己被评判、被忽视了。"

学习

"每个人都能得 A，除了我。"

赋能与韧性

"世界上有形形色色的人，我们每个人
都能找到自己的立足之地。"

第 1 章

初中为何如此关键

我一直很喜欢初中，因为在这个
阶段，孩子们的认知发展迅速，他们
会发现自己的兴趣所在，但同时他们
还很年少，不会太在意自己是不是很
酷。你仍然可以观察到他们孩子气的
一面，但他们已经为智力发展做好了
准备。这是一种神奇的组合。

——萨莉·塞尔比（Sally Selby）

西德瓦尔友谊初中前校长

是什么让初中生与众不同？初中阶段是孩子们的生活开始变得更加复杂的阶段，但不仅仅是因设置这个学段而让它变得不同。心理学家 G. 斯坦利·霍尔（G. Stanley Hall）在 1904 年首次将青春期早期确定为一个独特的阶段。到 20 世纪 50 年代，瑞士的心理学先驱让·皮亚杰（Jean Piaget）在霍尔的研究基础上，开始建构发展阶段理论[⊖]。现在我们对青春期早期这段独特的岁月有了更多的了解——以及为什么我们应该给予它特别的关注。

在孩子的一生中，初中阶段是一个惊人的快速成长时期，而前一个变化如此迅速的时期是从出生到两岁。初中生在身体上、智力上、道德上、社交上和情感上都发生着变化。他们大脑中负责执行功能和决策的前额叶皮质仍处在发育中。青少年发展儿科医生肯·金斯伯格（Ken Ginsburg）解释说："青少年的大脑发育是加速进行的，他们体验和解读情绪的能力非常非常强，他们开始把自己想象成一个独立的个体，他们正在努力弄清楚自己要如何融入世界。"金斯伯格是费城儿童医院家长与青少年交流中心的联合主任，也是《培养孩子茁壮成长》(Raise Kids to Thrive) 一书的作者。他希望家长们明白，青少年关注的基本问题是"我是谁""我正常吗"以及"我合群吗"。

孩子们开始进行抽象思考，开始投入道德推理，开始寻求意义。他们关注公平和平等，并且开始确认他们将终身秉持的一些信念和价值观。社交和情感仍处在发展进程中，因此处理人际关

⊖ 发展阶段理论是瑞士学者皮亚杰所提出的关于儿童的认知发展的重要理论。该理论对教育学和儿童心理学产生了深远影响。根据发展阶段理论，初中生处于"形式运算阶段"，个体在这一阶段发展出抽象思维和假设演绎推理的能力，能够思考抽象的概念和假设。——译者注

系问题是一项耗时的任务。许多处于青春期的孩子，会变得更加喜怒无常、自我意识更强烈，也更缺乏自信。初中阶段的一个巨大悖论是，孩子们可能同时感到被评判和被忽视。当他们在想要形成自己的同一性与融入同伴群体之间摇摆时，他们可能会退缩或叛逆。

当了 40 年初中校长的迈克尔·戈登曾与我分享，初中阶段既有趣又有挑战的地方在于，同一个孩子可能今天表现得像一个成熟的 30 岁的成人，明天又像一个幼稚的 3 岁小孩。他告诉我："每个学生身体里似乎同时住着两个截然不同的自我。一个是天真单纯、坦率开朗且快乐的小孩，无论你去哪儿，他都会兴奋地跟着你，几乎任何精心呈现的事物都能让他感到惊奇不已。另一个则情感丰富，善于思考，有能力完成很多事情，可以整合复杂的概念。"

实际上，如果你知晓孩子们的大脑和身体正在发生的变化，就会知道为什么从小学到初中的过渡会充满波折。其实早在 1966 年，就有教育工作者开始意识到需要建立一种单独的初中模式，以适应 10 到 15 岁孩子的独特特征。然而，直至现在，我们依然有理由相信，传统的初中学制模式[○]并非理想选择。一项发表在《美国教育研究杂志》(*American Educational Research Journal*) 上的研究考查了纽约市 90 000 名六年级到八年级的学生，结果发现在六年级时成为"佼佼者"所带来的社交和学业益处最为明显。无论是 K-8 学制[○]还是 6-12 学制[○]的学校，学生们在年级跨度较

○ 这里的传统学制模式，应指美国 20 世纪初开始逐渐确立的小学 6 年、初中 3 年、高中 3 年的学制。——译者注

○ 指从幼儿园至八年级均在同一所学校完成学业的学制。——编者注

○ 指从六年级至十二年级均在同一所学校完成学业的学制。——编者注

大的学校中似乎学习效果更好，成绩也更优异。在《青少年早期杂志》（*Journal of Early Adolescence*）上发表的另一项研究中，研究人员对 6000 名从幼儿园到八年级的学生进行了纵向研究。他们得出结论，在六年级或七年级进入新学校对学生的学习动力和对自身学习能力的认知有负面影响。

初中有许多不同的学制。例如马萨诸塞州尼德姆的高岩学校就有一所专门为六年级学生开设的独立学校。该市的公立初中为镇上的七年级和八年级学生服务，这与我的初中经历如出一辙。当我觉得自己已经适应了，却到了该离开的时候。其他学校如华盛顿特区的西德瓦尔友谊初中则是从五年级一直到八年级。这种模式使五、六年级作为小学高年级被纳入初中体系。我会见了校长萨莉·塞尔比，她告诉我："六年级学生受益于跨学科的教学、班主任制以及与成年人的真正联结。"她还说："高年级学生也能从中受益。"比如在初中让八年级继续上烘焙课是一种庇护。至少他们不必立刻承担高中那种"哦，天哪，成绩很重要"的严肃责任。

一些教育工作者正在用创新的方式帮助学生更顺利地从小学过渡到初中。马里兰州的一位校长罗伯特·多德与约翰斯·霍普金斯大学的教职员工合作，评估六年级学生在较少跨部门流动的情况下是否会表现更好。多德在他的学区的两所初中实施了名为"成功项目"的计划，并发现当学生每天有一半时间与一位固定的老师和一个固定的同伴在一起时，他们的成就水平和社交参与度更高。这种方法更接近孩子们的小学经历。"数据太惊人了，"他告诉我，"这些孩子更有可能感觉到来自老师的重视和关心，他们的同伴也更愿意帮助他们。"

我曾在一所规模庞大的公立 6-8 学制学校和一所私立的小型

K-8 学制学校担任心理咨询师⊖。根据我的经验，对一些孩子来说，一种学制比另一种学制更能让这一阶段变化循序渐进，但孩子的成长经历主要是由他们的发展阶段而不是环境造就的。即使孩子是顶尖的优等生，青春期早期的他们都需要敏锐的教育者来满足他们发展的独特需求。

这是一个艰难的过渡期。突然间，孩子们就被期望表现得比前几个月更成熟。除了要应对日益增加的学习压力，他们还在探索一个更为复杂的社会世界。学习上、社交上，甚至体育上，人们对他们的期望都更高了。学生的表现和动力在这个过渡期往往会下滑，正如美国心理学会指出的，这些都可能导致自我怀疑。他们还会开始探索自己在学业上的定位。这时，你可能会听到一个孩子开始说"我数学不行"或者"我在艺术方面很糟糕"。我们需要保护他们的创造力和自信心，因为初中时期正是这两者双双下降的时候（对女孩来说尤其如此。在 Z 世代和千禧一代的市场研究方面具有权威性的机构 Ypulse 的一项研究发现，在青春期，女孩们对自己受欢迎的信心从 71% 下降到了 38%——下降了 46%）。

初中生活也可能让最自信的家长充满自我怀疑。你的孩子可能会考验你的耐心的极限或者疏远你，但不要因此被蒙蔽双眼。所有孩子都渴望被爱、被接纳。如果家长因为孩子而感到沮丧、困惑或需他人理解，请回想你 12 岁时的感受。尝试理解你的孩子每天管理这些强烈的情绪是多么疲惫。

⊖ 在美国教育系统中，middle school counselor 是各学校设立的、为学生提供学习、情绪、社交、职业生涯等方面辅导的教职人员（国内该职责主要由心理教师承担），但因其主要工作方式为一对一辅导（而非授课），因此本书中将其翻译为学校心理咨询师。——译者注

孩子在初中及未来需要发展的 10 项关键技能

无论你的孩子正处在哪个发展阶段，我们的目标就是确保他们在这个阶段获得以下 10 项关键技能，涵盖社交、情感和思维逻辑。

1. 明智地选择朋友。在初中阶段，友谊必然面临变化。孩子们会先做出一些错误的选择，紧接着发展做出明智的选择的能力。孩子们会很快识别出哪些朋友让自己有归属感，哪些朋友让自己感到不舒服。有些孩子仍然会坚持与那些令他们感觉糟糕的人来往，他们可能需要很长的时间才能意识到自己在友谊中的牺牲。我将提供具体的策略来帮助孩子们应对社交上的动荡，包括应对流言、欺凌等。

2. 协商冲突。处在这个年龄段的孩子会面对越来越复杂的社会互动。他们需要学习如何解决冲突，比如和朋友打架或者离开一段有毒的关系。他们还必须学会如何与同伴合作。大多数学生都会在初中阶段承担至少一个小组任务。团队合作是孩子们发展勇气、灵活性、自我意识和韧性的重要机会，他们可能会因笨拙的社会互动或无法合作而感到困扰。我将给出一系列方法来提高他们的合作能力。

3. 处理师生不匹配的情况。学生是可以向他们不喜欢的老师学习的。这是他们练习与"难相处的人"共事的机会，是需要在理解自己的基础上习得的生活技能，是他们未来步入工作时同样需要的技能。我会提供一些策略来帮助孩子们处理这些情况，以免他们感到无能为力。

4. 创建家庭作业和组织系统。理想情况下，孩子需要自己对自己的家庭作业和成绩负责，而不是由老师或家长代劳。孩子们可能会说他们不在乎由谁主导，但实际上改变自己的行为并不需要先将希望放在某一个特定结果上。毕竟讨厌有氧运动的人也可以选择举重。他们需要的是创建和调整自己的组织系统，学会自我监督和为自己的作业负责。如果有人比他们更关心这件事，他们为什么要自己操心呢？他们需要学会承担压力，体验"做准备"和"做到了"之间的联系。相反，那些秉持完美主义的孩子，则需要知晓他们可以在低分带来的失望中活下来。我同样会为这些孩子提供建议，培养他们成为独立、好奇、积极主动、坚韧的学习者。

5. 考虑他人的观点。如果我们期待孩子们接受自己的独特、拥抱与他人的差异，那他们至少要有自我意识，还需要拥有换位思考的能力。我将介绍家长如何培养孩子的同理心[⊖]，帮助孩子获得积极的自我概念，以及通过自我超越来应对挫折。

6. 自我拥护。为自己争取权益这件事对成年人来说都很难，更别说孩子了。但生活在随时会有人对他们说"不"的现实中，这又是很必要的。在初中阶段，孩子们应该学会如何向老师寻求帮助或者澄清事实。为了掌握这个技能，我们需要鼓励他们承担风险和管理恐惧。我会告诉家长该如何帮助孩子从温顺服从到直言不讳，而非一个人纠结内耗。

⊖ 原文为"empathetic"，意指富有同理心的、能够感同身受的、具有共情性的。本书中将"empathy"翻译为同理心，在中文语境中该词还常被译为共情。——译者注

7. 自我调节情绪。 在能够自我调节情绪之前，孩子们通常需要别人帮助他们去命名那些强烈的情绪。对初中生来说，捋顺思想、感受和行为之间的联系并非易事。他们可能会卡在"全或无"的想法中或者总在自我批评。与成年人不同，他们缺乏有效的生活经验和视角。我会向家长分享帮助孩子管理压力的方法，包括感觉自己不够好、担心某个特定的情境，或是对新闻事件感到焦虑、担心自己的未来等。

8. 激发热情与认识局限。 当孩子们对某件事感到兴奋时，让他们投入行动就变得很重要。即使这件事并不令家长感兴趣，但重要的是，孩子们正在确认自己的优势、弄清楚是什么在激发自己的热情，同时发现是什么让自己感到别扭、挣扎。这些都是有用的信息。没有人需要对所有事都精通，学校教育也不应千篇一律。通过尊重孩子、给他们施展才华的合适平台，家长可以让孩子感到自己是有能力的，会有所作为的。

9. 做出负责任的、健康且道德的选择。 孩子们需要知道如何尊重和照顾自己的身体，做出安全的、健康的决策，也需要知道如何避免将他人置于危险的处境。我将提供一些策略，让家长在遇到孩子的自我伤害行为等议题时能够与孩子保持有效沟通。

10. 创造和革新。 当下这个不断变化的世界需要富有想象力的创造者和具有发散性思维的思考者。当孩子跳出思维定式时，他们就会建立自信。当孩子做作业、按要求阅读课文、参加标准化考试的时候，他们可能并不知道这些并不是衡量成功的唯一准则。为了迎接创新的时代，他们需要能够在不同学科之间建立联系，并且去建构、书写、创造和实验。当家长有培养"发明家"的

意识时，他们的孩子也将更加有智慧。对很多成年人来说，这需要思维的转变，我会提供一些具体的建议。

为了让孩子掌握这 10 项关键技能，我们需要从基础知识开始。如果你使用这本书中列出的策略，你将会为孩子在高中及未来的茁壮成长打下良好基础。我会在每一章的开头用一个示例来说明不同的策略如何帮助孩子们获得相应的能力。本书整体分为四个部分：价值观与诚实、社交技能、学习、赋能与韧性。我们会从内在开始，第一部分聚焦于价值观与诚实。孩子们需要稳固的自我意识以及对他人的同理心，来应对道德和伦理上的挑战。本书中有关明智决策、诚实、善良以及包容差异的章节均围绕塑造孩子的性格特质展开。

第二部分聚焦于社交技能。章节主题包含变化中的友谊、欺凌、流言等，帮助你教会孩子识别健康的关系、应对快速变化的社会。

第三部分聚焦于学习。为了帮助孩子们自己担负起学习的责任，家长需要培养孩子的内在动机、设置合理的期望。在关于成绩、作业和学习挑战的章节，我将会论述如何发掘孩子的优势和兴趣，以及如何应对自身劣势。

最后一部分讲赋能与韧性。讲述家长与子女如何沟通、跳出舒适区等内容的章节将帮助你教会孩子自我拥护、与他人保持联系与有效沟通。这部分还会提供帮助孩子应对挫折的方法，让孩子做好面对不断变化的世界的准备，灵活思考并打破思维定式。在我列出的 10 项技能中，创造和革新这一项可能对他们未来的职业生涯发展最为关键。

在初中阶段，家长的首要工作是爱和尊重孩子。孩子真实的样子与自己以为家长想要他们成为的样子之间的差距越大，孩子就会越挣扎。如果能在最想要与外界融合的年龄学会拥抱自己区别于他人的独特性，他们就能更容易接纳他人。虽然初中生正在建立亲子边界，但是他们其实比任何时候都更需要你。家长是他们在尝试形成新的自我同一性和态度时的榜样和安全保障。希望你能和你的孩子一起去冒险，在这个风险最小、回报最大的阶段，在学业、社交、情绪等议题上尝试不同的解决问题的方法。

价值观
与诚实

" 说谎比应付那些闹剧
容易多了。 **"**

第 2 章

做出负责任的、
健康且道德的选择

 "吸电子烟安全吗？喝多少酒算过量？"

"我讨厌凯瑟琳，所以我从她的日程本上找到了她的账号密码，删掉了她保存在其中的电视剧剧本。"

"我打赌输了，所以不得不喝辣椒油，结果我难受死了。"

　　谢尔比、奎因和萨马拉已经在网上发布视频好几个月了。她们会精心挑选服装和歌曲，然后花几个小时编排复杂的舞蹈动作。一个周五的晚上，她们决定穿着比基尼跳舞并录制视频。为了能解放双手拍摄视频，确保每个人都能入镜，她们设置了定时器。选好滤镜后，她们添加了"八年级性感女孩"这个话题标签，并将视频公开分享。谢尔比的妈妈莫琳回忆起，她在楼下做饭时听到女孩们的歌声，很高兴他们玩得开心，却完全不知道她们即将收到数百条来自中年男人的可怕的粗俗邀请。

　　起初，谢尔比、奎因和萨马拉觉得受到关注挺有趣，但大量粗俗的评论开始让她们感到害怕。她们决定告诉莫琳，莫琳震惊地发现视频被设置为公开状态。具有讽刺意味的是，孩子们刚参加了学校关于在网上发布刺激性图片的危害的讨论会。莫琳意识到，她们并没有听进去那些警示信息，她们必须亲身经历后果才能真正明白。女孩们试图通过删除视频和注销账号来减少伤害。莫琳还打电话给其他女孩的家长，大家见面讨论了隐私和安全问题。在和家长们一起梳理这件事的过程中，"八年级性感女孩"这个话题标签突然让他们觉得很不合适。莫琳说这次谈话只是一个开始。"我在楼下做烤鸡的时候，她们就能在网上发布视频给全世界看，显然这不是一次谈话就能理解的问题。"

　　位于华盛顿特区的国家儿童医疗中心的儿科和急诊医学副教授乔安娜·科恩（Joanna Cohen）医生说："一些青少年看起来就像成人一样，于是家长们就很轻易地以为他们比实际年龄更加成熟。"还记得发育尚未完全的前额叶皮质吗？初中生更容易冒险，容易感官过载，他们可能不会充分考虑后果。尽管他们并始对道德和伦理决策有了更深刻的思考，但仍可能退回到更幼稚的行为。对初中生来说，按下"暂停"键并延迟对即时奖励的渴望非常困难，尤其是当他们认为自己在网上能够隐藏身份时。

家长容易忽视这一点，因为这个年龄段的孩子往往表现出对事物深刻的见解，尤其是八年级的孩子。虽然孩子从六年级到八年级有很大的进步，但并不存在所谓的"初中平均水平"。即使是同一年级的学生之间也可能存在巨大差异。一个八年级的学生可能害怕玩真心话大冒险，而他的一个同学却在探究性知识。生活和家庭经历也起着重要作用。一个在童年期和青春期早期一直遭受性虐待的七年级男孩向我透露，他担心自己可能已经当了父亲。与此同时，另一个同龄男孩却想知道偷喝一口父亲的啤酒是否违法。

几乎所有初中生都有一个共同点：与10年前的高中生相比，这一代初中生接触到的负面信息更多，因此也更加焦虑。除了学业和社交压力，他们还担心自己的选择会如何影响未来。

然而，从发展阶段来看，他们仍然是初中生。他们需要别人的帮助来预测和理解各种事件，且需要成人指导才能做出明智、道德的决策。家长的目标应该是现在就教会孩子这些技能，以免他们陷入（或使他人陷入）困惑或危险的境地。高中会带来更多压力，那时他们更可能会接触到酒精和电子烟等负面事物。

儿科医生肯·金斯伯格解释说，青少年是"超级学习者"。"他们天生就渴望新奇和刺激，而初中阶段的社交充满变数，令人兴奋。"他敦促家长与孩子一起探讨符合他们价值观的同伴协商策略，帮助孩子应对诸如同伴做出危险行为的困难情况。

为了理解你的孩子现在及高中阶段可能面临的决策，不妨看看密歇根大学进行的一项名为"监测未来"的研究发现的数据，该研究涉及约50 000名美国学生。2017年的调查显示，8%的八年级学生表示吸过电子烟，约9%的八年级学生表示吸过香烟。了解你的孩子是否在尝试吸电子烟很重要。

这些统计数据都不包括六年级和七年级的学生，但没有消息或许就是好消息。天普大学心理学教授、《与青春期和解》（*You and Your Adolescent*）一书的作者劳伦斯·斯坦伯格（Laurence Steinberg）告诉我，他并不认为很多初中生都尝试过除酒精以外的其他物质。

美国 2015 年青少年风险行为调查发现，5.2% ～ 12.6% 的初中生有过性行为。研究人员在调查年龄较大的青少年的冒险行为时发现，56.9% 有性行为的高中生在进行最近一次性行为时没有使用避孕套，41.5% 的高中生曾在开车时发信息。换句话说，现在就应该教你的孩子如何预测并应对各种情况，以免他们危及自己或伤害他人。

别以为孩子能像成年人一样解决问题

我请七年级的学生在遇到社交困扰时给我留便签。我曾收到这样一条留言："我受够了每个人都把自己愚蠢的决定归咎于未发育成熟的前额叶皮质。"虽然我理解那个女孩的感受，但这确实是一个合理的理由！大脑中最后产生连接的部分是额叶和前额叶皮质，它们控制着洞察力、同理心和冒险行为，而这部分要到大约 25 岁时才完成发育。

这意味着即使非常聪明的孩子也可能冲动地做出愚蠢的事情。再加上他们生活经验有限和情绪常常波动，所以初中生仍然需要你的引导，为他们提供保障。提醒你的孩子，他们的大脑仍在发育，容易做出错误判断。他们可能知道欺骗或羞辱他人是不对的，但仍会在当下做出错误的决定。即使是乖巧、成绩全优、情绪稳定的孩子也有可能犯错。

就算不考虑大脑发育，无论是 14 岁还是 44 岁，聪明人也都可能做出愚蠢的决定。发表在《思维技能与创造力》（*Thinking Skills and Creativity*）杂志上的一项研究表明，批判性思维对生活事件的预测作用比智力更强。好消息是，你可以通过让初中生了解别人的思维方式，拓宽他们的视野，从而传授批判性思维技能。鼓励他们参加需要收集和评估信息的活动，比如加入辩论队或为校报撰稿。提出发人深省的问题，比如"学校应该全年上课吗"或者"满 18 岁就该被允许投票吗"。你也可以提出更宽泛的问题，比如"你希望做一个善良的人还是成功的人？你宁愿做最差的团队里最优秀的人，还是最好的团队里最差的人"。让他们为自己的观点辩护，然后再让他们转换立场，从相反的角度思考。

不要急于帮孩子解决问题，而要在他们试过之后与他们一起复盘。例如，如果他们提到和学校管理人员发生了争执，问问他们打算如何解决。如果他们想不出办法，就同时给出好的和差的选项，问他们觉得结果会怎样。如果他们告诉你另一所初中的一名学生因为喝酒被停学，请详细了解事情的经过。问问他们："你认为这个惩罚合理吗？"在讨论中展示你思维的灵活性。

也要注重培养孩子的媒介素养。孩子们可能对"假新闻"的概念很敏感，但不一定知道如何判断消息来源是否可靠。你可以向他们解释新闻、社论和广告之间的区别，同行评议研究和故事之间的区别，以及全国性的新闻媒体和自媒体之间的区别。

帮助孩子制订应对棘手情况的计划

初中生有的天真单纯，有的早熟独立。有的学生会问："我怎么才能知道这是不是同伴压力呢?"初中生都喜欢设想各种情况。他们会问"喝多少酒算过量"或"如果警察出现在派对上,我是留下来好还是逃跑好"这样的问题。他们承认自己很少尝试这些事,但会很乐意分享邻近学校初中生的故事,这些学生因为带刀上学等各种事情被停学。但一般初中生很难分清事实和传闻。

想一些假设的情景,问问孩子:"如果你被迫做不想做的事情,你该怎么拒绝?"我的学生们进行头脑风暴,想出了一些固定用语,比如"那种事情让我恶心""我不感兴趣,谢谢""要是我爸妈发现,他们会'杀'了我的"。说"不"并不总是那么容易。提醒你的孩子,他们对自己的身体有控制权,没人能强迫他们喝酒。指出他们应该和判断力强的朋友在一起。帮助他们制订摆脱困境的计划。"暗语"如今已成为流行文化的一部分,这个词是金斯伯格创造的。想出一个只有你和孩子知道的词,比如"重启"。当他们需要你把他们从糟糕的情况中解救出来时,可以打电话或发短信给你这个暗语。要让他们知道,你会毫不犹豫地去救他们。

事件发生后和孩子一起复盘。我的两个孩子上初中的时候,我让他们一起用过几次拼车服务。有一次,一个男人开着一辆没有车牌的破旧汽车来接他们。我的孩子们告诉司机他们不太想上车,司机冲他们大喊让他们快上。那天晚上,我和丈夫问孩子们为什么没有立刻走开,并提醒他们要永远相信自己的直觉。他们可能再也不会遇到那种情况,但我觉得他们永远不会忘记忽视直觉后的恐惧。

青少年寻求乐趣和新奇事物是很正常的,而他们在初中阶段也会接触到负面事物。帮助你的孩子消除不健康的压力,确保他们有机会去拓展自己,尝试新事物,甚至体验安全的刺激行为,比如邀请同学跳舞、参加球队选拔或参加某个戏剧的试镜。

― 给教育者的建议 ―

在班会上做道德困境练习

如果你组织答疑课、晨会或班会，可以利用这段时间引导孩子们思考道德困境。如果他们知道同学考试作弊，或者目睹朋友在药店偷化妆品，他们会怎么做？如果他们知道有同学创建了一个根据外貌给其他同学排名的网站，他们会告诉别人吗，以及为什么？如果有同学向他们坦白自己在自残，但让他们保证不告诉任何人，他们会怎么做？等八年级学生熟悉了这个练习后，我会让他们自己主导，两人一组编写并展示自己设计的道德困境。

培养健康的睡眠和自我照顾习惯

良好的自我照顾有助于做出更好的决策，所以要确保你的孩子有充足的睡眠、适量的运动和良好的营养。根据儿科急诊医生兼高级医疗主任克里斯蒂娜·约翰斯的说法，10～12岁的孩子每晚需要9～12小时的睡眠，13～15岁的孩子每晚需要8～10小时的睡眠。睡眠不足的孩子可能在做决策、解决问题、与他人相处、集中注意力或控制情绪方面存在困难。美国国立卫生研究院报告称，睡眠不足还与抑郁、自杀和冒险行为有关。

社交媒体的使用可能会加剧这个问题。半夜发短信或浏览社交媒体除了会严重扰乱睡眠，同时也会给孩子带来麻烦。无聊、烦躁的孩子在凌晨两点比下午5点更容易过度分享或发布攻击性言论。你可以让孩子在特定时间"上交"电子设备，或者禁止他们在卧室使用手机。你也可以尝试一些新方法。全球创新设计公司 IDEO 的合伙人、玩具实验室（Toy Lab）的创始人布伦丹·博伊尔（Brendan Boyle）曾把他儿子的手机放在一个密封的信封里。他告诉我："他可以拿着手机，但在规定时间内不能打开。"他还说："尝试新方法可能比制定一大堆规则更有效。"

你为初中生提供的任何支持都是有用的，其中就包括帮助他们与同伴划定界限。例如，朋友深夜发短信可能让他们不胜其扰，但是他们可能会觉得在聊天中途退出很不礼貌。要向他们解释，朋友的需求不能凌驾于自己的需求之上，并鼓励他们屏蔽给自己带来麻烦的人。你无法完全保护孩子，所以要成为孩子的导师，教给他们保持平衡所需的技能和习惯。如果你感觉孩子通过社交媒体寻求安慰，就请帮助他们学会放松的策略。有些孩子喜欢听音乐，而有些孩子则需要通过运动出汗来放松。如果孩子知道如何调节情绪，即使睡眠不足也不太会冲动行事。

孩子现在所处的发展阶段让他们很难在每次决策前都深思熟虑。克里斯蒂娜·约翰斯见过很多问题情景，比如饮酒过量或者作弊被发现后试图自杀，这些事件中隐藏着一定的规律。她告诉我，通常情况下，父母一方或双方都能感觉到事情的发展不对劲。也许是觉得儿子变得越来越无礼和固执，或者女儿变得更加孤僻。要相信你的直觉。如果你发现孩子的冒险行为增多、对学习的关注度下降，或者睡眠和饮食习惯发生变化，就要联系专业的心理健康专家（更多需要寻求帮助的迹象见第 15 章）。

信任孩子，但也要预料到可能发生的问题

要始终确保孩子明白信任和自由是需要争取的，他们的行为

会产生自然与合理的后果。如果你始终如一地坚持原则，孩子就会明白这些原则是不可违反的，他们在做决策时就会更谨慎。尽管如此，永远不要认为孩子低你一等。我和有着 40 年初中校长经验的迈克尔·戈登交谈时，他反复强调这一点。"如果一个八年级的孩子去参加派对，应该晚上 11 点回家，结果 12 点才回来，而且没有给你打电话，你首先要拥抱他，说'我很高兴你安全回家了'。然后告诉他明天早上再讨论为什么不打电话，让他有时间先想一想。这样大家都有机会冷静下来。"

第二天早上，一起讨论昨晚发生的事，并共同制订一个惩罚措施。你的孩子可能会给自己一个比你设想的更严厉的惩罚。比如，因为他们无法承担相应的责任，所以不能去参加下一次派对。如果孩子参与了规则的制定，他们就更有可能遵守规则。宾夕法尼亚大学综合产品设计项目副主任萨拉·罗滕贝格（Sarah Rottenberg）认为，孩子们常有更好的主意。今年她给双胞胎儿子买了手机，一家人集思广益，制定了使用规则。她告诉我："孩子自己提出工作日放学后不能用手机，这比我们原本想的严格多了。"

要认识到父母对孩子的期望的力量。如果孩子感到被信任，他们就不会想让父母失望。但这并不意味着要对问题视而不见。你将在下一章中了解到，初中生说谎有各种各样的理由。但无论是信任还是尊重，你付出什么就会收获什么。最让初中孩子恼火的就是被误解为行为不端并受到指责。如果你清楚他们如何安排时间，而且他们通常不惹麻烦，那就请选择相信他们。

此外，研究表明，信任也是一种自我实现预言。在发表于《儿童发展》（*Child Development*）杂志的一项研究中，参与者被要求评判孩子们的脸看起来有多值得信任。孩子们看起来越值得信任，他们的同伴就越接纳他们，而这些孩子也会表现得更加友善、值得信赖。换句话说，社会期望可能会让孩子们变得更值得信任。你无法控制陌生人如何看待你的孩子，但你可以明确传达自己对他们的高期望。

话虽如此，我们也要承认做出"正确"的决定并不容易。如果孩子为被欺凌者挺身而出，自己就可能成为被攻击的目标。如果他们举报他人作弊，就可能会被贴上"告密者"的标签。要理解他们的担忧，并承认可能的损失，然后再尝试转变他们的视角。如果孩子过度关注负面影响，要指出来让他们知道。《生物精神病学》（*Biological Psychiatry*）杂志上的一项研究表明，焦虑的孩子在面对可能有损失或存在社会风险的决策时，可能会特别纠结。当你和孩子一起分析各种情况时，要强调做出明智、道德的选择的好处。如果他们还是做出了错误的决定，要进行事后分析。问问他们："你从中学到了什么？这个情况有没有意料之外的积极方面？"无论他们是因传播流言而打架，还是因作弊被抓而考试不及格，都要鼓励他们进行反思。

谈论真实和假设的事件

家长可以用很多现实的例子来强调三思而后行的重要性。例如，在哈佛大学录取的 2021 届学生中，至少有 10 名学生因为在 Facebook 上交换了带有种族歧视和性冒犯内容的信息被撤销录取资格。在另一个案例中，罗得岛的一名青少年男孩因与一起性短信案件有关，正面临刑事指控，该起案件涉及几十名女孩。

当你分享这些引人关注的新闻事件时，要营造一个安全的氛围，让你的孩子可以提出问题。你自己也要提出问题，比如"这让你惊讶吗？你认为是什么促使他们做出那样的选择？你觉得他们忽略了哪些危险信号"。要强调有些问题最好在成年人的帮助下解决。

赋予他们目标感

迈克尔·戈登认为参与有意义的活动的孩子不会惹麻烦。他问我是否看过驯犬师塞西泽·米兰（Cesar Millan）的电视节目《狗语者》（*Dog Whisperer*）。在节目中，米兰将不听话的狗变成驮运助手，给它们穿上特制的背带，背带上装有水瓶架。这些狗有了目标，它们知道自己在为主人服务。一旦穿上背带，这些狗就会转变行为，变得听话。

戈登决定让学校里经常惹事的12名学生也拥有目标。他为这些学生组建了一个技术小组，让他们负责学校昂贵的电子灯光和音响系统。他给他们购买了黑色制服，上面印有"技术小组"的字样以及用夜光条拼出的他们各自的名字。这些孩子此前没有技术方面的技能，但他们通过参与小组学会了如何使用控制面板和移动巨大的机械幕布。

"我在那所初中的最后一次毕业典礼上，技术老师打电话请病假了，"戈登回忆道，"我打电话给技术小组，一个瘦小的、11岁的六年级学生说'别担心，戈登先生，我们能搞定'。"后来，这个学生的母亲流着泪来到学校，说多年来儿子一直讨厌上学，如今却满脑子都是学校的事。这些孩子加入技术小组后，再也没有人被送到校长办公室。戈登告诉我："他们变得更加自信，在同学们中间成了英雄，而不再是班级里的小丑。"找到能赋予你孩子目标感的事情，可以是唱歌、跑步、做志愿者、辅导同学功课或者创意写作。有胜任感的孩子更能抵御同伴压力。

分享你自身的失误

家长往往会轻描淡写地提及自己在个人生活和职业生涯中的失误，但这未必是好事。分享你的失败经历可以防止孩子犯类似的错误，还能让孩子知道人都有不完美的时候，让他们放心地寻求帮助。承认你闯过红灯，或没赶上工作的截止日期，是有益的。分享一个重大失误则更有影响力，比如在高中时曾因入店行窃被抓，或抄袭过论文。如果你认为孩子已经成熟到可以接受这些信息，或者他们已经犯了类似的错误，那就告诉他们哪里出了问题、你从中学到了什么，以及你是如何振作起来的。或许你当时只是屈服于同伴压力，缺乏安全感，想要即时满足——又或者根本没有经过思考。

隐瞒信息则会适得其反。孩子知道的比你以为的要多。几年前，一个男学生告诉我，他父亲对他的母亲不忠。他说："我听到他和另一个女人说话，说了一些事。"他向父亲暗示自己的担忧，但父亲矢口否认。男孩变得越来越焦虑，好几门功课开始不及格，于是他允许我联系他的家人。我和他父亲会谈后，他父亲决定向他坦白。他们坦诚地谈论了错误决定会带来的后果，以及做正确的事情有多难。男孩仍然很生气，但父亲的坦诚帮助他将注意力重新放回到学习上。他还下定决心要以不同的方式对待自己未来的人际关系。

探讨科技的利弊

我和佛罗里达大西洋大学的犯罪学教授、该校网络欺凌研究中心的联合主任萨米尔·辛杜贾探讨了孩子们的"无敌情结"。他告诉我："就算孩子们给别人发了自己的裸照，还是会觉得一切都会没事。"他还补充说："孩子们没有足够的生活阅历，意识不到错误的决定可能会在多年后仍对他们产生影响。"

要向孩子强调，他们在公开场合和私人生活中的表现应该一致，在这两种情境下都应该文明且合乎道德——并非因为某些秘密可能会被曝光并永远纠缠着他们，而是因为行为本身有对错之分。家长们觉得应用程序太多、太乱，但根本问题其实是如何培养孩子端正的品行。

孩子们天生容易冲动，需要我们帮助他们放慢脚步。他们犯的许多错误都是因为在发布内容前没有思考。辛杜贾鼓励孩子们停下来，问问自己两个问题："这个内容会被截图并反过来给我带来麻烦吗"以及"这个能被转发吗"。他在学校演讲时，既分享学生搞砸事情的故事，也讲述他们利用科技做好事的例子，比如他们通过 Kickstarter[⊖]为公益事业筹款，或者撰写博客讨论对他们来说重要的议题。孩子们想听积极向上的故事，而不只是被消极的内容包围。要重点强调留下积极的数字足迹的重要性。因为我们生活在一个充满快速评判的世界里，雇主和招生负责人都会查看申请人的网络形象。

— 给家长的建议 —

- 记住，初中生无法像成年人一样思考，他们需要引导。
- 鼓励健康的睡眠习惯和其他形式的自我照顾行为。

⊖ *Kickstarter* 是美国一家公益公司，是一个专为具有创意提案的企业等筹资的全球众筹平台。——译者注

- 教会孩子在陷入困境之前使用同伴协商策略，比如使用暗语联系你寻求帮助。
- 鼓励他们通过参加辩论队或为校报撰稿等活动来培养批判性思维。
- 教授媒介素养，让孩子能区分可信度高的和低的新闻来源。
- 在讨论时事时，展现你的思维灵活性。
- 提醒他们，不必做任何让自己不舒服的事，也不必去任何让自己不舒服的地方。
- 预料到孩子会犯错，但仍要保持高期望。
- 让他们参与能赋予目标感的活动。
- 分享你曾屈服于同伴压力的经历，以及你是如何振作起来的。
- 告诉他们在网上发布任何内容之前都要先停下来，考虑可能产生的后果。

— 谈话开场白 —

- "你怎么知道那是一个可靠的信息来源？"
- "你认为违反那条规则会有什么可能的后果？"
- "如果你希望我们把你从一个不舒服的情境中解救出来，你会用什么暗语？"
- "如果有朋友一直强迫你做你不想做的事，你会怎么跟他说？"

第 3 章

培养诚实的品质

关键技能

"为什么我爸妈什么事都要知道得一清二楚？"

"我跟乔出去玩的时候，我爸妈会生气，因为他老逃课，所以我就说我跟别人在一起。"

"要是我说有人对我不好，我妈就会打电话给对方的妈妈，所以还不如什么都不说。"

我的朋友杰丝在女儿安娜的卧室门外突然停住了脚步。安娜正在打电话，告诉她八年级的同学朱莉娅，她一整天都和男朋友在一起。但是杰丝知道，安娜其实一天都和自己在一起，整理不能穿的衣服，还一起看了《摩登家庭》（*Modern Family*）的重播。

听着女儿与朱莉娅的对话，杰丝了解到安娜的"男朋友"埃文是一名足球守门员，在亚特兰大的一所私立学校上学，这次是来城里参加亲人的婚礼的。杰丝打电话给我，希望我能让她安心，告诉她安娜不是一个病态的说谎者。"她讲得太有说服力了，"杰丝告诉我，"细节非常具体。"她完全不知道接下来该怎么办，还觉得自己作为家长很失败。

我建议杰丝说出她无意中听到的内容，但不要带有评判的态度。如果她以好奇的态度去和安娜交流，倾听安娜背后的动机，会更有成效。一旦她羞辱安娜或让安娜感到尴尬，对话就会终止。如果安娜承认自己真的很想要一个男朋友，杰丝可以说："我能理解。要是我所有的朋友都有男朋友，我可能也会想要一个。"一旦安娜觉得自己被倾听了，她可能会更愿意讨论行为期望和诚实的价值。

杰丝和我聊完后，她平静地告诉安娜，自己听到她提到了男朋友。"我只是想问问，一切都还好吗？"她问道。安娜向妈妈倾诉，朱莉娅一直嘲笑她周六晚上和父母一起度过。她不想因为说实话而再遭受羞辱了。

安娜敞开心扉后，承认自己讨厌为了躲开朱莉娅的纠缠而费尽心思编造谎言。杰丝表示理解，说："我敢说，要把你编的故事细节都记清楚也很不容易吧。"随着对话的继续，杰丝强调，虽然她理解安娜的感受，但她始终期望安娜能以诚实待人。接下来的一周，安娜"甩了"她虚构的男朋友，也和朱莉娅保持了距离。她告诉妈妈，任何友谊都不值得让自己感觉像一个骗子。

孩子们进入小学并升到六年级的过程中，说谎的原因会发生变化。在小学低年级阶段，孩子们并不太能区分真话和假话。他们只是在讲述一个故事。这种"谎言"要么是他们创造力的体现，要么是一种表达愿望的方式。如果你的 6 岁孩子说，因为她正在和想象中的朋友一起玩，所以不能吃早餐，她并不是想欺骗你。我的同事梅拉妮·奥尔巴赫是谢里登学校的学生支持部主任，她跟我开玩笑说，她 7 岁的女儿"从 3 岁起就开始说谎了"。去年，她女儿告诉体育老师我这位同事怀孕了。在幼儿园的时候，她女儿告诉学校前台工作人员她的祖母去世了。当慰问纷至沓来时，奥尔巴赫感到既困惑又惊慌。

为了说谎，孩子们必须要先虚构一个现实，然后记住谎言的细节。《关键教养报告：关于孩子的新思考》（*NurtureShock: New Thinking About Children*）的作者之一阿什利·梅里曼（Ashley Merryman）告诉我："当有一天，孩子们意识到说谎能逃避惩罚，他们的自我意象会就此改变。"

到了初中阶段，孩子们对欺骗的微妙之处有了更敏锐的感知。华盛顿特区的临床心理学家玛丽·艾丽斯·西尔弗曼（Mary Alice Silverman）告诉我，她经常要因此安抚情绪激动的家长。"孩子们说谎真的会触动家长的神经。"她说。家长首先要处理好自己的焦虑情绪，这样才能理性地判断孩子说谎背后的原因。

与年幼的孩子不同，初中生说谎的原因更为复杂。我以前的一个学生告诉她的父亲，她报名参加了烹饪课，以此来隐瞒她去参加聚会的事实。这个谎言是一种自我保护——她担心父亲如果知道真相会惩罚她。一个八年级男孩的家长在他的浏览器历史记录中发现了色情链接，他却矢口否认自己访问过这些网站。最终，他承认自己说谎是因为说出真相会令他很尴尬，而且他担心会失去使用手机的权利。

　　家长们经常问我如何处理孩子的谎言。如果儿子声称作业已经完成，但实际上他连电脑都没打开，他们该怎么办？女儿谎称没有逃数学课，或者没有给朋友发送贬损性短信，他们又该如何回应？谎言的类型很多，从小谎到弥天大谎都有。孩子们可能会说自己刷了牙，其实并没有；他们可能会说太晚了，作业没法交，而截止日期其实还没到；他们可能每天早上下载家长禁止使用的应用程序，下午回家前又删掉。家长们可能会在孩子的床底下发现糖果，或者在马桶里发现烟蒂（那个孩子的父亲还担心儿子"是个愚蠢的罪犯"）。

　　有时，谎言涉及更高的风险，包括学术不诚实或盗窃行为。一个七年级男孩否认拿了朋友的一套新自动铅笔，然后却在课堂上公然使用；一个六年级女孩担心无法按时完成作文，就从网站上抄袭了一篇；一个八年级男孩即使被老师抓到看手臂上潦草写下的笔记，仍否认作弊。在我们这个日益以科技为中心的世界里，孩子们作弊的方法并不总是能被容易地发现。根据电脑安全公司迈克菲（McAfee）的一项调查，29%的学生承认曾在学校使用科技设备作弊。这一调查结果与常识媒体的一项调查相呼应，研究人员发现，35%拥有手机的青少年承认至少用手机作弊过一次。其中，有一半的受访者承认通过互联网作弊，38%的人曾经从网站上复制文本并当作自己的作业上交。也许最令人惊讶的是，许多孩子根本不认为这是作弊。与此同时，只有3%的家长认为自己的孩子曾用手机作弊。

　　小学生最有可能为了在比赛中获胜而作弊，而初中生作弊则是为了应对日益增加的学习压力。美国教育考试服务中心的一项调查显示，90% 的 12 岁至 14 岁学生承认曾在考试中作弊或抄袭作业。不管这些统计数据如何，不要接受"每个人都作弊"这种借口。要让孩子明白，你关注的是他们，比起他们取得的成绩，你更关心他们学到了什么。

每个人都偶尔会歪曲事实，以保护个人感受，或摆脱尴尬的社交场合。《识破谎言》（*Liespotting*）的作者帕梅拉·迈耶（Pamela Meyer）告诉我："如果我们都只说实话，可能会互相伤害。"当你孩子的朋友问他昨晚做了什么，他说"没做什么，我去商场了"是没问题的，没必要承认昨晚他跟一大群孩子出去玩而没有带上这个朋友。

迈耶区分了攻击性谎言和防御性谎言。攻击性谎言被用来给人留下积极的印象，控制信息，或获取原本不易获得的奖励，比如孩子可能会在考试中作弊以获得好成绩、通过传播流言来提高自己的受欢迎程度，或者从商店偷糖果。孩子们说防御性谎言，是为了避免惩罚、维护个人尊严、保护自己免受伤害、维护隐私或保守秘密。他们可能会说"我没看到你的信息"或"我把给你的生日礼物忘在家里了"。说谎并不总是一个非黑即白的对错问题，如果你想营造一种诚实的氛围，就需要向孩子传达这种复杂性。以下是一些策略，可以帮助你促进诚实的沟通，并从根本上解决孩子说谎的问题。

帮助他们从长远角度看待问题

保持冷静，避免过度反应。梅里曼告诉我："关于说谎的最佳研究表明，重要的不是说谎这件事本身，而是你对真相的反应。"

如果孩子们觉得说实话会引发麻烦，或者让家长失望，他们就会退缩，或者隐瞒更多信息。"孩子们在试探你。如果你因为他们测验成绩不好就大发雷霆，你可能永远都不会知道车上为什么会有凹痕。"她说。要保持好奇，多问问题，比如："你为什么说谎？当时你在想什么？"

要记住，有些看似说谎的场景可能根本不是孩子在欺骗。你的孩子可能真的认为自己交了作业，但作业在某个环节丢了。作业可能皱巴巴地躺在他书包的底部，和他以为也已经上交的请假条放在一起（要是在书包里发现脏兮兮的运动服也别惊讶）。保持好奇，才更有可能解决真正的问题。也不要过分自责，孩子说谎并不意味着你是一个糟糕的家长，更不意味着你的孩子是一个坏孩子。

说谎往往是为了获得短期的满足感，你需要帮助孩子理解这如何阻碍他们实现长期目标。也许他们希望你不再唠叨他们的功课，或者给他们设置更晚的宵禁时间，或者不再监控他们的短信。你可以强调，信任才是获得更多独立和隐私的关键。例如，那个在观看色情内容这件事上说谎的孩子的家长，突然开始更频繁地监控他的短信——这是违背彼此的信任所带来的一个意料之外但又合乎逻辑的后果。那个作弊男孩的母亲，要求老师在考试时让他坐在老师正前方——对于一个 14 岁的孩子来说，这是另一个合乎逻辑但有些丢脸的后果。

青少年在无形的"观众"面前生活，对评判和拒绝极度敏感，你可以利用这一点。指出如果他们的朋友发现了他们的谎言，情况会变得糟糕十倍。如果孩子的谎言与科技相关，请与他们谈论科技的永久性。八年级学生科里参加了一个派对，派对上的孩子们在喝啤酒时被监管的大人当场抓住。科里以为自己没被发现，他向父母发誓自己没喝酒，父母也相信了他。但后来他们浏览他的社交媒体动态时，看到了一张他拿着啤酒罐的照片。科里不记得有人给他拍过照，但他的父母告诉他，这就是问题所在。他做的任何事情都可能被永久留存，并被传播到世界各地。

探究根本原因

我已经解释过，青少年说谎有很多原因——避免评判、获得关注、保护他人、寻求刺激，或者应对挫折或恐惧——但绝大多数说谎者都刻意隐瞒部分真相。正如梅里曼告诉我的："一个孩子可能会问他能不能去苏的家里学习，但不会提到那里还会有100个人在开派对。"如果你的孩子反复就某个特定问题说谎，就要深入挖掘。他们可能是在试图逃避学习或家庭压力，或者在寻找减少对自身社会地位的不安全感的方法。就派对这件事而言，你的孩子可能是被一群更早熟的孩子吸引了，或者他们知道自己喜欢的男孩或女孩会在那里。问问他们："派对上都有谁？如果你告诉我真相，你担心会发生什么？"

如果他们逃课，关注一下和他们一起逃课的孩子，并询问他们所逃课程的内容。问问他们："这门课或这位老师是不是有什么地方让你不想上课？"同样，如果他们作弊，试着找出他们不安全感的来源。你可以说："为什么你觉得自己无法独立应对考试这件事？你是不是可以用不同的方式准备考试？"

老师们知道，有些家长无法想象自己的孩子会抄袭或作弊，而另一些家长虽然接受，但会感到极度尴尬或愤怒。许多教育工作者都害怕打电话给家长告知他们孩子的不诚实行为。家长们请尽量以开放的心态接这样的电话，并认识到每个初中生都会在某个时候说谎。正如谢里登学校的初中校长杰伊·布里尔（Jay Briar）所说："我会祈祷自己打电话的对象是非常通情达理的家长，他们能理解这是一个教育契机，而不是一场灾难。"人生中的教训不是永远无法卸下的负担。

― 给教育者的建议 ―

向家长介绍孩子的发展阶段

在返校之夜活动上，与家长直接讨论说谎、抄袭和作弊的问题。提醒家长，在初中阶段，他们可能会接到电话，告知他们孩子犯了错误。让他们把这种情况视为一个教育契机、一个与学校合作的机会，而不是孩子品格败坏或自己是糟糕家长的证据。

如果孩子的真实自我与理想自我之间存在较大差距，不安全感就是说谎的一个重要诱因。如果你的孩子每晚凌晨 3 点还在使用社交媒体，问问他们在和谁聊天，为什么难以结束。你可能会发现，他们不想搞砸和一群有趣的新朋友的关系，或者他们需要帮助来摆脱对社交媒体的依赖，又或者他们很沮丧，被网上同样有困扰的孩子所吸引。

对于那些难以自我接纳的孩子来说，说谎可能是一种一厢情愿的想法。他们可能想成为明星学生、顶尖游泳选手或社交达人，所以编造故事。在这些情况下，要给予建设性的回应。如果你的女儿谎称自己正在参加电影试镜，不要过分强调她的谎言，或者质疑她的表演能力，让她难堪。相反，可以给她报一个戏剧表演班。

还有一些孩子说谎的可能原因是无法忍受延迟满足和缺乏控制冲动的能力。这两个原因在青少年中很常见，在有注意力问题的孩子中更为普遍。如果你的孩子强迫性说谎，或者让自己陷入危险，就请咨询心理健康专家。如果不主动询问，你就不会知道发生了什么。而且，如果你只是处理说谎这件事本身，就无法对问题做出有效的回应。一旦你收集到信息，就会知道是否需要和学校沟通孩子可能存在的学习问题，是否需要更关注他们的朋友，是否需要寻求专业帮助，或者是否需要让他们参加能增强自信的活动。

以身作则，为孩子创造诚实的环境

抓住机会向孩子展示自己的诚实行为，并大声说出来。当你面临走捷径的诱惑时，比如在快要迟到时插队或违反交通规则，也要和孩子分享。当你真的犯错时，告诉孩子你本应该怎么做。你说谎、食言，或者在承诺孩子说实话不惩罚他们之后却惩罚了他们，孩子都会看在眼里。如果你发现自己在孩子面前说了善意的谎言，要解释原因。你可以说："我知道我刚刚说谎了，但我现在实在不想和那个电话推销员说话。"

向孩子承认，说真话很难，并以此鼓励进行诚实的对话。给孩子一个说出真相的机会，而不是指责、评判或让他们难堪。孩子们往往在倾诉后会感觉更好，但要选择合适的时间和地点进行讨论。在没有他的兄弟姐妹在场、干扰较少的时候，单独和他交谈。你要让他能够自在地说："我真希望我没那么说——那完全是个谎言。"为了鼓励自己五年级的女儿勇于承认错误，迈耶告诉我，她会坦诚地分享自己搞砸事情，感到尴尬，或者希望自己当初能不那么做的时刻。当孩子勇于承担责任时，要表扬他们。

如果你认为孩子可能会忍不住说谎，就不要提出你自己可以核实答案的问题。例如，不要问"你交作业了吗"，而是说"我们来看看你的作业是否已经在网上提交了"。如果孩子在诚实方面长期存在问题，就直接和老师联系，监控孩子的作业完成情况。谢里尔的女儿梅利上七年级了，她努力避免让女儿陷入说谎的境地。"要从她的话里分辨真假，真是太累了，"她告诉我，"我们有一个规定，她必须在晚上 8 点前把手机放到我们的电子设备收纳篮里，她会说已经放了，但明明就没放。然后她会趁我转身的时候偷偷放进去。"

谢里尔不想强化梅利的这种行为，不想促使她编造更离谱的谎言，也不想给自己增添更多烦恼，所以她不再相信女儿能提供真实信息。"我现在只是直接让她做事，而不是询问情况，我只关注可核实的事实。我会实事求是地说，'你的老师说作业明天就要交，而且没提到可以延期，所以你今晚必须完成'。"当女儿在一次考试中因作弊得了零分时，谢里尔坚持让她重新学习相关知识。她不希望女儿把作弊当作逃避问题的捷径。

我和教育顾问、《公平并不总是平等》（*Fair Isn't Always Equal*）的作者里克·沃姆利（Rick Wormeli）交谈过，他建议，如果发现孩子作弊或抄袭，应该让他们给班级、老师和家人写道歉信。他们也可以为学校提供服务作为补偿，并且应该重新完成整个学习和评估过程。一旦信任重新建立，他们应该就能够放下作弊这件事。记住，大脑前额叶皮质是负责规划和抑制冲动的部分，而这一部分要到大约 25 岁才发育成熟。向孩子强调，虽然你不期望他们完美无缺，但期望他们诚实待人。

关注价值观

不要仅仅告诉孩子说谎会带来的个人后果，还要强调说谎如何影响他们身边的人。在 2012 年约瑟夫森美国青少年道德报告中，57% 的青少年表示，成功的人为了获胜会不择手段，包括作弊。这种想法会产生连锁反应，破坏我们彼此之间的社会契约。我们告诉孩子不要作弊，不仅因为这会对他们自己的生活产生负面影响，还因为作弊会影响其他人。作弊会改变成绩曲线，带来虚假排名，影响教学内容，并破坏班级中公平的文化氛围。请向你的孩子解释，谎言会破坏人际关系，伤害他人。和孩子一起看新闻，指出真相总会水落石出。

如果孩子认为情况对自己不公平，就更可能选择说谎。一个学生告诉我，她作弊是因为"其他人都在作弊"，她觉得自己别无选择，否则就会落后。我曾经观察到一个七年级学生在网球比赛中做出有争议的边线投诉。仔细看比赛就会发现，她的对手也在做同样的事情。初中生可能对公平有着敏锐的感知，但并不一定能因此做出正确的行为。你可以利用他们对公平的追求。如果你想在家里营造诚实的氛围，就要给所有的孩子施行相同的规则和惩罚措施，确保在孩子们眼中你是公正的。

不要害怕直面问题

梅里曼解释说，说谎的对立面是争论，而争论可能是孩子尊重你的积极信号。当他们与你就某个问题展开辩论时，其实会向你分享生活细节，并试图理解你的观点。虽然听起来有悖直觉，但其实孩子们认为争论是一种富有成效的交流。她指出："争论是一种沟通方式，孩子们希望知道你脑子里在想什么。要尊重他们敢于表达想法的态度，认真倾听他们的观点。"

　　如果青少年认为你处事公平，并且关心他们的想法，他们说谎和叛逆的可能性就会大大降低。这意味着家长要愿意与孩子协商，并反思自己的做法是否有不合理之处。随着孩子的成长，规则也需要调整。如果孩子能提出条理清晰、合乎逻辑的理由，网开一面并不会削弱你的权威性。

　　一旦发现孩子说谎，要毫不犹豫地指出。当孩子声称忘记做家务时，你可以说："我更希望听到你直接说不想清理洗碗机。"然后，你可以与他探讨逃避责任的问题，并解释家庭中的每个人都要承担自己的那份责任。梅里曼提醒家长，要明确自己惩罚的是孩子的过错还是说谎行为，并且要分别指出这两个错误。"不要让他们猜测你生气的原因，也不要把两者混为一谈。"

　　惩罚应该合理、一致且公平。如果孩子谎称半夜没有使用手机，相应的后果可以是限制他们使用手机的权利。如果他们对自己的行踪说谎，可能需要加强对他们的监管，并且你可以解释这是出于安全考虑。我朋友罗娜的 14 岁女儿常常在社交活动的安排上说谎，因此每次女儿去参加派对，罗娜都会打电话给举办派对的孩子的家长，确保现场有成年人监管。正如梅里曼所说："在安全问题上，大多数青少年认为妈妈有权了解情况，但如果是涉及更隐私的事情，妈妈就没必要知道细节。"你可以在保障孩子安全的同时，尊重他们对隐私的需求。

― 给家长的建议 ―

- 保持冷静、好奇，避免情绪化反应和评判。否则，孩子可能会为了避免麻烦而说谎。
- 尝试找出孩子说谎的根本原因，以便有效解决问题。
- 不要试图"逮住"孩子说谎，而要为他们创造说出真相的条件。
- 为了减少孩子作弊的可能性，告诉他们你更看重他们学到知识，而非成绩。
- 告诉孩子你期望他们诚实，但也知道他们会犯错。提醒他们，犯错带来的教训并非无法卸下的负担。
- 不要轻易放过孩子的过错，但要将过错和说谎行为分开处理，采取合理且符合逻辑的惩罚措施。
- 真诚相待，分享自己抵制说谎诱惑的经历。
- 帮助孩子明白真相总会水落石出。

― 谈话开场白 ―

- "我想了解你的想法，为什么你觉得跟我说实话会不舒服呢？"
- "跟我讲讲你被发现作弊的那场考试的科目。这门课对你来说难吗？你是没准备好吗？还是觉得找老师帮忙很尴尬？"
- "如果再次遇到这种情况，你觉得自己会怎么做？"

第 4 章

鼓励善良与同理心

"我尽量躲着米拉。不管我说了什么，她都会歪曲事实，然后就会有人生我的气。"

"萨姆总在我们玩躲避球的时候把球扔到我的脸上。他觉得这样很好玩。"

"我讨厌在课堂上发言，因为乔和马克斯都会假装结巴学我说话。"

有几个孩子已经盯上贝丝好几周了。八年级的贝丝可爱、爱走神儿、很好相处，即使被欺负也是顺从的。她的同学在社交媒体上说她又胖又笨，他们经过她的课桌时会把用过的纸巾扔到她头上。作为她的学校心理咨询师，我想帮她，但贝丝从来不承认自己在被欺凌。她担心这会让情况变得更糟糕，她坚持说她挺好的。

然而，这些恶劣的行为让贝丝的同学詹娜非常烦躁不安，她交给了我一份手写的肇事者名单，希望我能制止他们。詹娜是一个自信且受欢迎的孩子，她对贝丝知之甚少，但她无法忍受这些残酷行径。她的反感是这个糟糕的情境中的一个积极因素。但"詹娜"很稀有，我甚至想不起来最近还有哪个孩子如此强烈地拒绝做个旁观者。我知道要改变孩子们的行为是非常困难的，那些快速的解决办法，例如放学后留堂、给家长打电话等，只能很短暂地缓解贝丝的处境。

最终，贝丝依然不愿意我介入，但她允许詹娜对付那些欺凌她的同学。贝丝不愿意让成年人介入的直觉是正确的。詹娜用强大和自信的做法阻止了欺凌者的行为。贝丝因为有了一个支持她的盟友而感到极大的安慰。她还跟我说，詹娜的存在和有力的行动给了她力量，让她再遇到这样的事时倾向于为自己和他人挺身而出。詹娜也对自己的角色很满意，知道自己能伸张正义让她感觉很骄傲，也强化了她足够强大、能够做正确的事情的自我意象。

相比于确保学生行为合乎规范，影响更深远的是培养他们的善良与同理心。很多证据表明，善良的孩子会活得更富足、更幸福、更受欢迎、更有成就，心理健康水平也更高。心理学家索尼娅·吕波密斯基（Sonya Lyubomirsky）在《上善杂志》（*Greater*

Good Magazine）上回顾了她的研究：一天内做 5 件好事的学生会体验到更高的幸福感。她是这么解释的："你对他人友善慷慨，你就会觉得自己就是一个友善慷慨的人，进而你的自我认知也会改变。"

在一项于温哥华开展的纵向研究中，研究者发现每周做 3 次有意识的善行的人更受欢迎。另一项来自杜克大学和宾夕法尼亚州立大学的研究则发现，在幼儿期有更多分享和帮助行为的人更可能拿到高中文凭、找到全职工作。还有一项研究发现，认为自己周围环境更友善的个体的心理健康水平更高。

另一方面，当同理心减少，自恋、欺凌、同伴间的残酷行为、种族主义、仇恨、暴力和心理问题均会增多。我和教育家、《我们都错了！同理心才是孩子成功的关键》的作者米歇尔·博尔巴聊了为什么家长需要优先培养孩子的同理心："36% 的女孩在 17 岁时曾遭遇某种抑郁情绪的困扰。养育过程中我们总是从外到内，例如关注孩子的衣服是否合身，实际上我们应该从内到外地培养孩子。"

孩子们天生就具备同理心，但有些孩子需要外界帮助或提醒才能激活这种能力。《不再有坏女孩》一书的作者、心理治疗师凯蒂·赫尔利（Katie Hurley）曾经与一个 14 岁的女孩和她 11 岁的妹妹工作过。到八年级时，姐姐经历了属于她的社交斗争，并且知晓了当别人不友善的时候，自己如何挺身而出。但当妹妹上六年级，找不到同伴群体时，姐姐却没有表示同情。赫尔利告诉我："她需要重新被唤起同理心，回想自己不知道该和谁一起吃午餐或者被人批评穿着时的感受。"

没有人一开始就想把孩子培养成讨厌的人，但当初中生尝试不同的身份，确立自己的社会地位时，他们会试探底线、挑战边界，偶尔还会做出让家长震惊的事。他们非常在意同伴的认可，但同时也在乎你的想法。你仍然有能力培养一个正直、善良和有同理心的孩子。

不要忽视孩子表现出的不友善

我工作中最糟糕的部分之一就是将孩子不友善的表现告知家长，但更糟糕的是忽视这一情况。我的目的是帮助孩子，而不是让家长难堪。我关注的是改变具体行为，而非弥补性格缺陷。家长听到自己的孩子待人不友善，很难接受。他们可能会问我，知道这件事后能做些什么。一个解决办法是与学校合作。告诉你的孩子，校长、老师和学校心理咨询师会与你协作，将孩子在学校的行为报告给你。让他们知道，如果学校因为这些问题联系你，你会认真对待，并让他们承担责任。

当你从学校得知相关情况后，请主动与孩子展开对话，询问他们为什么要那样做，仔细倾听他们的动机。然后问："如果有人这样对待你，你会有什么感受？你觉得那个同学有什么感受？你认为大人和其他同学会如何看待你的行为？你觉得自己表现出了最好的一面吗？你打算如何弥补？"你需要教导这个年龄段的孩子明白诚恳的道歉包括承认自己具体做错了什么事，比如过度反应、泄露秘密、错误指控。他们应该描述具体的错误行为，不找借口，接着表达悔意，并分享他们今后打算如何改变。心理学家亚当·格兰特（Adam Grant）认为，对别人说"我为……感到抱歉"比"如果……我很抱歉"有力得多（我们将在关于欺凌和流言的章节中进一步探讨这个观点）。

家长要在这些重要事件中起到带头作用。如果你知道自己的孩子对人不友善，请试着找出并解决他们潜在的不安全感。你也可以试着了解他们的同伴群体的动态。任何曾身处不良环境的人都知道，流言、争权夺利和消极态度等会在群体中迅速蔓延。不良环境会改变环境中的个人的行为。哈佛大学的研究人员在一项研究中发现，情绪状态可以通过模仿在人与人之间直接传递。幸运的是，这意味着快乐也可以在社交网络中被传播。

如果不良行为问题主要在于社会环境而非个人，那么整个社区就需要共同努力。为了建立积极的社会规范，每个人都需要了解并解决系统性问题，如焦虑感或无力感。在学校环境中，教育工作者和其他工作人员可以找出能充当"友善催化剂"这个角色的学生，即那些能够示范积极行为的学生，请他们担任午餐伙伴或新生欢迎大使等角色。

运动教练的作用也很重要，他们能防止运动场上的欺凌行为。重要的是各方都要能坚持统一的原则。一位初中足球教练告诉我，有一次对方球队的球员欺负他的一名黑人球员。对方每次压在这个黑人球员身上时，都叫他"小子"。这位教练迅速进行了干预，但没有得到对方教练的支持，涉事人员也没有受到任何惩罚。在另一所初中，一名学生在对方足球队员进球时，冲他大喊"塔可钟"[⊖]。他们以为这个孩子是拉丁裔，但实际上他是黎巴嫩人，这更凸显了球员们对待这一问题的潦草和麻木。在这个例子中，在场的每一个成年人都重视并严肃处理了这个问题。

⊖　塔可钟（Taco Bell）是美国百胜餐饮集团旗下公司之一，是目前全球最大的墨西哥风味食品的连锁餐饮品牌。其最为著名的产品是墨西哥卷饼（Taco）。此处可能被用于嘲笑对方是墨西哥移民。——译者注

谨记上行下效

请友善地对待你的朋友、熟人、同事，以此向孩子示范同理心。你付出精力关爱他人，就是在教导孩子将友谊和积极向上的关系的地位置于受欢迎程度的地位之上。徘徊在"核心"群体边缘的孩子往往觉得最痛苦，因为争夺社会地位会导致不安全感、嫉妒、焦虑或竞争心理，滋生不友善行为。如果有善解人意的成人榜样和温和的朋友，孩子也更容易产生友善行为。

在传达信息时要意图明确，否则孩子可能误解你的价值观。哈佛大学教育研究生院的"让关爱更普遍"项目对 10 000 名初中生和高中生进行了调查，询问他们"取得高成就、获得幸福、关爱他人"这三者中，什么对他们最重要，只有 20% 的学生表示关爱他人最重要。80% 的学生称，他们的父母"更关心成就或幸福，而非关爱他人"。

记得要保持真实，否则会损害你在孩子心中的可信度。友善并不意味着喜欢每个人或一直说别人的好话。当孩子准确指出某人是令人讨厌的、不友善时，要认可他们的感受。借此机会讨论为什么某个行为是不友善的，并提醒他们，即使是好人也可能会做出错误的选择。

你不必要求孩子和每个人都成为朋友，但可以教导他们要尊重他人、礼貌待人，避免与人结怨。随着孩子的成长和成熟，友谊常会更迭。即使孩子结束了旧的友谊，又交到了新朋友，也别忘了表扬他们的体贴或利他行为，帮助孩子发展社交能力。养成分享的习惯，当你做了好事，或有人对你表达友善时，记得和孩子分享。同时，也谈论一些不友善的例子，表达这些行为给你的感受，并询问孩子认为对方可能有什么感受。他们可能会惊讶地发现，伤害别人的时候自己也会感觉很糟糕。

蒂姆和卡尔就处在这种情况中。卡尔向我抱怨，每当他坐在蒂姆旁边时，蒂姆都会躲开，尽可能把自己的课桌挪得离卡尔远远的。卡尔虽然不擅长社交，但他很敏感，知道蒂姆不想和他有任何关联。我告诉卡尔，产生被拒绝的感受是正常的，我们要确保这种情况不再发生。我和蒂姆谈话，他承认觉得接近卡尔有风险。蒂姆在六年级时感到孤独和被孤立，后来他交了一些朋友，因此觉得必须维护自己的声誉。他把卡尔视为社交负担。在蒂姆的同意下，我们叫来了他的母亲。她提醒蒂姆，想想如果他处在卡尔的境地会是什么样的感受。蒂姆感到很尴尬，说自己是出于本能反应，从没想过要伤害卡尔。他还向卡尔道了歉。老师重新安排了座位以避免再出问题，不过此后蒂姆每次遇到卡尔，都会特意当众和他打招呼。

在初中阶段，孩子可能在理智上知道该如何表现，但在实际行动中却做不到。我最近和朋友吉尔聊天，她在工作中感觉被孤立。她的同事们一起出去吃午餐时从不邀请她。她们并不主动欺负她，但表现得好像她不存在一样，吉尔感觉自己仿佛回到了初中时代。吉尔知道女儿奥利对想加入她所在的小团体的外人并不友好，于是她利用自己的经历培养女儿的同理心。她和奥利谈论自己在工作中的感受，一起剖析为什么其他女同事如此冷漠。

13 岁的奥利给了母亲建议："要么自己主动加入，要么找其他朋友一起吃饭。我觉得她们不会当面拒绝你，也许她们会意识到自己的无礼。"在接下来的几周里，奥利会询问母亲午餐时的情况。她还开始分享在学校观察到的排挤现象，对那些看起来孤独的孩子也变得更加敏感。吉尔说奥利的洞察力让她很惊讶。尽管奥利过去曾排挤过同学，但显然她有能力变得更体贴、更有同理心。

利用这些教育时机，帮助孩子理性地思考其伤害行为可能的后果。加利福尼亚大学伯克利分校的心理学教授达谢·凯尔特纳（Dacher Keltner）指出，仅仅教孩子分辨对错，或者在情绪或身体上惩罚孩子，孩子可能会对他人的痛苦视若无睹。羞辱孩子或大喊大叫绝不可能让孩子变得善良。

请思考一下专制型和权威型教养方式的区别。专制型父母期望孩子对自己无条件服从，而权威型父母会先询问原因，而非直接惩罚。权威型父母采用积极的管教方式，会先听孩子解释，而不是试图压制他们的意愿。发表在《儿童发展》杂志上的一项研究发现，权威型教养方式有助于培养同理心。所以，如果孩子表现得不友善，要引导孩子，向孩子解释为什么这样的行为不可接受。倾听他们的观点，但也要告诉他们，你相信他们可以做得更好。把孩子骂哭不是最好的选择，这样做可能会改善他们的行为，但无法教导他们形成正确的价值观。

帮助他们从多个角度看待问题

帮助你的孩子理解失望、沮丧、悲伤、担忧等不同情绪之间的微妙差异。虽然有个别初中生是社交达人，他们观察敏锐，能够读懂暗示并适应不同的人，但大多数孩子仍在努力了解自己，更不用说理解他人了。孩子可能会对朋友过度分享，但如果他的朋友比较含蓄，没有给予同样的回应，分享的人就会感到被拒绝。就算别人只是因为饿了而皱眉，孩子也可能认为对方在针对自己。请帮助孩子从不同的角度分析问题，并鼓励他们写下对人际交往经历的情绪反应。当他们开始理解情绪或情感是复杂且多层次的，他们会变得更有自我意识和洞察力。

我将这种方法视为"班级时间"（Klassen Time，直译为"班级的一小时")的家庭版,"班级时间"是丹麦学校课程的核心部分,具体是指,老师每周会组织一次解决问题的讨论会,以培养学生的同理心。学生们会带上丹麦的传统糕点,花一个小时认真倾听彼此的想法,并共同解决一些敏感问题,比如朋友之间的冲突,或者某个学生在家中遇到的问题。

你的家庭可以通过每周举行家庭会议来模拟这种体验。讨论内容可以是从家务分工到兄弟姐妹间的问题等任何事情。在学校,老师也可以为此留出时间,解决班里出现的问题。在谢里登学校,我会留出专门的晨会时间和七年级的学生一起进行这样的讨论。他们会根据当下关心的问题选择话题,提前提出 3 个引导性问题(并与我确认),然后围绕其讨论。他们可能会提出的问题包括未经允许就翻别人书包,或者互相施压要求知道别人成绩等。

教导孩子进行内省和体谅他人至关重要。密歇根大学的一项研究发现,如今的大学生比 20 世纪八九十年代的大学生的同理心水平降低了约 40%。为了增强孩子的同理心,可以尝试让他们沉浸在虚构的世界里。当他们阅读并沉浸于书中角色的困境时,就学会了换位思考。发表在《应用社会心理学杂志》(*Journal of Applied Social Psychology*)上的一项研究发现,阅读过《哈利·波特》(*Harry Potter*)的儿童和青少年,对移民、难民、弱势群体的态度更加积极(下一章将进一步讨论接纳差异的问题)。

— 给教育者的建议 —

尝试"观察特定学生"的挑战

教育工作者需要示范如何换位思考,培养学生的同理心和体谅他人的能力。为了增强教职员工的同理心，可以尝试"观察特定学生"的活动。在谢里登学校的中学部开展这项活动时，我们每位老师都花了一整天时间观察一名不太熟悉的学生。我们询问他们对学校的好恶，并在一天中详细记录发生的事件。我们的目标是收集关于该学生的信息，以及了解他对学校的整体体验。这让我们大开眼界。例如，八年级教师艾莉·休斯惊讶地发现，一个坚信所有人都讨厌他的学生，实际上很受欢迎。

处理嫉妒情绪

初中生在社交、身体、认知和情感方面的差异可能会导致嫉妒心理。青少年社会工作者布里特·拉思伯恩（Britt Rathbone）向我讲述了这种心理如何影响孩子之间的互动。他说："从成长的角度看，他们非常关注同伴的认可，与家庭的分离意味着他们必须找到另一个群体来作为他的价值观参照。这些孩子都缺乏安全感。前几天晚上，我主持了一次团体辅导，其中一个孩子的目标是展现脆弱的一面，让大家了解他。小组中的另一个孩子说，'告诉我们一些你不喜欢自己的地方'。他回答'我真的讨厌自己的身材'。而这个孩子的身材其实很好。这让我意识到，80% 的青少年都有着强烈的自我批判意识，而且他们会拿自己的短处和别人的长处做比较。"

我和《积极团队的力量》（*The Power of a Positive Team*）的作者、心理咨询师乔恩·戈登（Jon Gordon）探讨了家长如何帮助有缺失感的孩子。他建议："坦诚相告，告诉他们世界上总会有更聪明、更漂亮、更有才华的人，所以他们需要专注于自己能掌控的事情，放下其他的事情。"他建议定期开家庭会议，让每个人都能对生活中的积极方面表达感激。研究表明，专注于感恩能帮助孩子珍惜自己所拥有的，而不是执着于自己所缺失的。

　　你也可以用自己生活中的例子说明孩子不需要在所有事情上都要与人竞争。分享你帮助别人的时刻，或者分享被你视为竞争对手的人帮助你的时刻。为了帮助孩子消除羞耻感，也可以分享你自己嫉妒别人的时刻。《女孩的自信密码》（*Confidence Code for Girls*）的作者克莱尔·希普曼（Claire Shipman）会对女儿说："我有点儿嫉妒一个精力非常充沛的女性，但我克服了这种情绪，因为她的生活与我的生活无关。"我的朋友艾丽西亚也和儿子分享了自己在初中时曾被嫉妒困扰的经历："如果我不想让朋友有其他朋友，我就会设法让那个人出丑，让别人对她失去兴趣，或者让她对自己感到不自信。我会跟我的朋友说，'你确定自己足够漂亮、足够受欢迎，能和某人做朋友吗'。"

　　当孩子表现得不友善时，他们可能没有意识到是嫉妒在驱使自己的行为。帮助孩子识别这种情绪，提升自我认知。我与墨尔本大学心理学教授、《优势转换》（*The Strength Switch*）的作者利·沃特斯（Lea Waters）进行了视频通话，她告诉我，当你指出孩子的积极特质，无论是他们的宜人性、冒险精神，还是在压力下保持冷静的能力，孩子就会从感觉"有缺憾"转变为"我足够好"。避免将你的孩子与他人比较，鼓励他们专注于实现自己的最佳状态。帮助他们养成赞美他人的习惯，直到这种行为根深蒂固，即便一开始需要"假装"。久而久之，他们会发现，赞美他人比贬低他人的感觉要好得多。

　　你甚至可以给嫉妒情绪取一个有趣的名字，帮助孩子理解嫉妒只是一种令人不适却转瞬即逝的情绪，而并非他们的本性。沃特斯建议家长这么说："瞧，嫉妒小精灵简又回来了，但我有自己的优点，能让她走开。"她解释说，在孩子极有可能做出损害声誉或破坏友谊的事情的瞬间，这个拟人化的形象能起到"断路器"的作用，阻止冲动行为。

嫉妒情绪无法完全消除。《少女心事解码》(*Untangled*)一书的作者、心理学家丽莎·达摩尔(Lisa Damour)告诉我，试图抹去负面情绪实际上会让它们更加强烈。你无法控制孩子的感受，但可以对其行为划清明确的界限，不妨先从兄弟姐妹间的相处开始。达摩尔建议家长："我知道你妹妹快把你逼疯了，你可能会这么想、这么感觉，但你不能伤害她。"引导孩子进行自我反思，问问自己："这种感觉在告诉我什么？我怎样才能以健康的方式应对它？"承认自己的嫉妒之情或许对孩子有所帮助。《女孩，你已足够好》(*Enough As She Is*)的作者蕾切尔·西蒙斯(Rachel Simmons)告诉我，她鼓励孩子们对朋友说："我真的很在乎你，我对自己如此嫉妒你而感到很不好意思。我觉得如果我不说出来，会对我们的友谊不利。"

通过正念和运动培养同理心

正念，即承认并接纳自己的想法，专注于当下的能力。研究发现，它不仅能延长注意力持续时间，减轻压力，还有助于培养同理心。美国东北大学的一项研究请实验参与者参加了为期八周的冥想课程。之后，当面对是否要把座位让给明显身体不适的人这一选择时，实验组的参与者比对照组的更有可能做出助人的善举。

　　比西塔西翁山谷学校位于旧金山一个最贫困且暴力事件频发的社区，它们为六、七、八年级的学生开设了正念课程后，学生的停学率降低了 79%。学校管理人员告诉美国广播公司，他们认为每天两次、每次 15 分钟的冥想练习，能让学生对自己的行为更有意识、更加冷静，减少愤怒情绪，从而减少冲突。你可以给孩子报瑜伽班，或者教他们深呼吸、冥想等放松技巧（我会在第 15 章提供更多正念的练习方法）。

　　研究人员达谢·凯尔特纳发现，走进大自然，体验"敬畏感"，也能增强同理心。斯坦福大学研究员梅拉妮·拉德（Melanie Rudd）表示，这种敬畏感还能让人减少物质主义倾向，变得更加利他。玛格丽特·里塔诺（Margaret Rietano）对此深有体会。她在自己的四个孩子的小时候，经常带他们去森林玩，她注意到那里从来没有其他孩子。她知道孩子们在户外非常快乐，她想把这种体验带给更多人。因此她在华盛顿特区创办了"自然元素"户外拓展项目。

　　里塔诺告诉我："初中阶段，孩子们的压力剧增，他们随时都能接触到各种新闻，并开始从认知上意识到生活和世界的阴暗面。但当面对大自然这种宏大、壮丽与令人敬畏的存在时，人人都变得平等，我们会意识到自己在这个广阔世界中的渺小。"参加她项目的初中生家长告诉她，"我儿子回来后没那么焦虑了""他一直缺乏自信，现在却觉得自己有价值了"。

　　如果你不方便亲近自然，可以鼓励孩子养成在街区散步的习惯。如果学校每逢恶劣天气就让学生留在室内，里塔诺建议学校做出改变。"学校可以准备铲子，让学生自己清理操场上的积雪，别把这些事都留给后勤人员。学生们可以一起劳动，学会爱护自己的活动空间。挥洒汗水之后，在操场上玩耍会格外令人满足。"

说到出汗，不要低估运动的力量。密歇根大学的研究人员对709名公立初中的学生展开研究，发现那些运动量更大（每天至少运动30分钟）或者参加团队运动的学生，在领导力和同理心方面得分更高。运动还能起到镇静作用。无论你的孩子玩的是四角传球这种随时都能玩的游戏，还是参与组织更规范的体育项目，他们都能学会解决冲突的策略、灵活性和合作精神。

增强对社区需求的觉察

有意义的志愿活动能拓宽孩子的视野，教会他们感恩，增强他们对他人困境的觉察和敏感度。将孩子置于陌生环境或让他们经历不适的情境，能增强他们对局外人或缺乏归属感的人的同理心，也能让孩子明白人人都有自己的故事。利用他们对社会活动和志愿服务的兴趣来促进社区参与。正如加利福尼亚大学伯克利分校的研究人员在《美国国家科学院院刊》（*PNAS*）上发表的文章中所写，12岁到14岁的孩子的大脑中负责自我认知和社会认知的区域更为活跃，这或许能解释为什么他们喜欢站在社会变革的前沿。然而，让初中生参与志愿服务并非易事。

为了帮助孩子迈出第一步，先了解他们的兴趣，讨论他们留意到的问题。比如，他们要是热爱足球，就可以游说商家赞助，为当地学校提供足球器材。致力于支持家庭参与改善社区的非营利组织"时间便士"的主席希拉·肖尔塞斯（Sheila Sjolseth）说："在我们社区，有一个为残疾青年设立的家园，那里很多人都喜欢电子游戏。"热爱游戏的孩子可以去陪伴他们，并分享游戏技能。

如果孩子能找到志愿活动与自身的联系，他们会更投入。肖尔塞斯告诉我："这个年龄段的孩子如果从未负责过家务或接触过慈善活动，可能更需要引导才能迈出第一步。"面对面接触的人际慈善活动比捐款等更能培养同理心。如果你要为贫困学校募捐书籍，或者为无家可归者收容所准备节日礼物，送捐赠的物品时，请带上孩子一起。为了让活动更具吸引力，你可以和另一个家长合作，因为孩子更有可能长期坚持和朋友一起参与的项目。我儿子叫本，他上七年级时，想做世界特殊奥林匹克运动会的志愿者，但独自参与让他望而却步。他先是和一个同学一起做志愿活动，最终能够独立开展工作。他教一个患有唐氏综合征的六年级女孩打网球，女孩的活力和无畏精神给他留下了深刻的印象。

如果孩子一开始持消极或冷漠态度，不要放弃。尽量让他们坚持一项活动足够长的时间，从而使志愿服务成为一种习惯。孩子不会因为一两次的善举就培养出同理心。随着时间的推移，他们会逐渐理解志愿活动的意义。他们会看到自己能够改变自身或他人的境遇，并获得自信心的提升。此外，不要低估你的孩子。正如华盛顿特区的一个校长亚历山德拉·格里芬（Alexandra Griffin）所说："我们应该对初中生更有信心。人们常常觉得他们以自我为中心，确实如此；也觉得他们不成熟，这也没错。但他们也能表现出惊人的同理心和善良。"

— 给家长的建议 —

- 如果孩子做出不友善行为，请直接处理。你无法控制孩子的感受，但可以对他们的行为提出期望。
- 以身作则，友善待人，结交善良的朋友。不要和那些对你不好的人交往。

- 鼓励孩子专注于实现自己的最佳状态。不要拿他们和别人比较，也不要让他们与同伴攀比。
- 现实点儿——孩子不必和每个人都成为朋友，但他们需要有同理心，尊重他人，礼貌待人。
- 帮助孩子参与有意义的社区服务。
- 聊聊你曾经的不友善行为，或者被他人不友善对待的时刻，分享当时的感受。
- 帮助孩子识别并描述自己的感受，丰富他们的情感词汇量，提高他们换位思考的能力。

— 谈话开场白 —

- "你认为有些同学比其他人更难做到友善待人吗？你认为原因是什么？"
- "对别人说不友善的话和排挤别人，这两者有区别吗？"
- "当你意识到自己伤害了别人的感情时，你有什么感受？"

拥抱自我与他人的差异

"我觉得自己完全被忽视了。"

"我怎么才能不觉得自己胖呢?"

"每当我带咖喱饭去学校,达伦就会说'呸,那是什么?排泄物吗'。"

杰斯·威尔逊（Jess Wilson）是发布《一个妈妈的日记》博客的作者，当她 13 岁的女儿布鲁克还小的时候，人们会试图压制她女儿任何能引起他人注意的行为，包括她女儿发出的任何在某个情境中不合适的声音。威尔逊说："为了成为一个成功的孤独症患者，你应该看起来像一个神经质的正常人。"她不赞同"无差别融入"，因为这一观点强调的是让其他人感到舒适。她在电话中告诉我："布鲁克没有伤害任何人，她的行为只是有助于她自我调节，所以我们还是去帮助社会吧。你不知道她在笑什么好笑的事，并不代表你就要不让她笑。"

一位行为分析师曾劝威尔逊不要让女儿与另一个孤独症女孩玩耍。"她说，'别这样做，因为她们在一起会加剧症状，她会对布鲁克产生不好的影响'。我决定不听她的。我的孩子确实与众不同，但我想让她感到自豪，而不是羞愧。"差异中蕴含着力量，甚至残疾本身也是如此。正如威尔逊所说："如果你坐轮椅，你就必须用创造性的方式去靠近那些你很难接触到的东西。你最终会因找到变通办法而感到自豪。聋人社区就是一个很好的例子。他们围绕一个社区创造了一种文化，这种文化是骄傲的源泉。"

为了帮助布鲁克建立自我概念，威尔逊寻找与她情况相同的成年人。"我们想让她知道，这个由与众不同的人组成的群体是多么酷。到目前为止，这种方法是有效的。布鲁克会说'我就是我！我喜欢自己的孤独症，这很酷'。"

灌输积极的自我概念说起来容易但做起来难。任何事情都可能成为孩子被攻击的理由，包括身体特征、服装选择、社会经济地位或家庭结构。卡洛斯在整个初中阶段都不得不面对其移民身份的嘲笑，但其实他并不是移民。孩子们嘲笑马克穿着运动鞋去玩雪橇，因为他的父母失业，他买不起雪地靴。一个女孩因为穿着超市买来的"Thuggs"品牌的鞋而不是名牌"Ugg"的鞋，被人指指点点。虽然初中生容易注意到他人对自己的轻视，但是并不一定会因此对此类问题更敏感。我经常对这种脱节感到惊讶。我朋友布赖恩 14 岁的儿子埃本有两个爸爸，一群八年级学生嘲笑他，而埃本的应对策略也好不到哪里去。他也会抨击不爱运动的男孩。布赖恩告诉我："我的儿子被人欺凌，但他也是欺凌别人的人。这是他的防御机制。"

　　初中生可能无法容忍任何不同，包括自己的不同。他们试图发现任何可能的"异类"特征。"我是谁"这个基本问题很复杂。有无穷无尽的方式让他们觉得自己是个异类，并总能找到佐证。通过明确要求孩子尊重每个人的人性，你能强化这样的信息：任何人都值得尊重和包容。近年来，成年人世界的分裂文化氛围已经蔓延到学校，尊重和包容所有人的观念在学校更难传播，但也让家长的角色变得更加重要。如果你现在就教孩子们接受各种形式的差异，他们将受益终生。他们长大后将成为正直的人，具有强烈的自我意识，能够在日益多元化的世界中茁壮成长。以下是一些策略。

增强孩子的意识

　　圣安德鲁圣公会学校的首席多元化官员兼初中部主任罗德尼·格拉斯哥（Rodney Glasgow）在主持了学校心理咨询师多元化培训课程后与我会面。他告诉我："我们看到反犹太主义、性别歧视的现象越来越多。孩子们可能会将仇恨行为极端化。另一方面，这也是好事，因为如果我们不知道问题的存在，我们就无法解决问题。但同时它也以一种负面的方式将焦点对准了某些孩子。"他在很多方面都看到了这种现象："黑人男孩经常感到被同学和教育工作者排斥。他们可能会说'我知道老师不喜欢我，害怕我'。申请了"童年入境暂缓遣返计划"（Deferred Action for Childhood Arrivals，DACA）[⊖]的学生说，'我曾是这个国家的一员，但现在我能否继续留在这个国家都成问题，更不用说留在这所学校了'。"

在美国，表达非主流政治观点的孩子也可能感到被排斥。要注意不要让他们觉得自己的意见不受欢迎，因为一旦你这么做，他们的情绪可能会以伤害同伴的方式爆发出来。相反，你可以说："我想听你的意见，但你不能说任何会贬低别人人格的话。"设定这个界限，从道德的角度来引导他们反思。分歧不会因为你假装它不存在而消失，但大多数孩子都希望有一个积极的校园文化氛围。格拉斯哥告诉我，他的学生问："我该如何支持我的有色人种朋友、移民朋友？我不想让他们的处境变得更糟。"首先，孩子们不应该忽视同学们所面临的现实。

如果新闻中出现了令人不安的事件，请与孩子展开对话。你不需要知道所有答案。请承认发生了什么事，然后问"你想谈谈吗"。在你发表自己的观点之前，给他们一个做出反应的机会，专注于倾听而不是说教。在第一次交流中，你可以说："我自己还在试图理解这件事，但我认为我们有必要谈谈。"你的任务是不带评判地积极倾听，而不是要引导孩子的看法。此时，可以促使他们对事件进行更深入的分析，问他们："如果这种事情发生在我们这里，你认为会对我们所在的社区产生什么影响？"

教育工作者应当承认，世界上有不好的事情正在发生。劳

⊖ 2012 年 6 月 15 日，美国国土安全部部长宣布，某些在儿童时期来到美国并符合几项准则的人可以申请延期居留，期限为两年。——译者注

伦·马斯卡雷纳斯（Lauren Mascareñaz）发表在《宽容教育》（*Teaching Tolerance*）杂志上的文章写道："当我们忽视或漠视一个重要事件时，我们就在向学生表明，这个事件不值得我们花时间去关注。说点儿什么吧，向你的学生展示发声的力量——你的声音以及他们自己的声音。学生们希望并需要家长和学校教职员工帮助他们了解令人不安的情况。"

鼓励真正的包容

劳拉·塔尔穆斯（Laura Talmus）的女儿莉莉天生患有阿佩尔综合征[⊖]及其伴随的颅面畸形。莉莉感情丰沛、聪明伶俐，但到了七年级，她就不想上学了。塔尔穆斯告诉我："莉莉从五年级开始转到一所新的学校，我们知道她在社交方面可能会有些困难，但我们没想到她会那样一蹶不振。她从未被嘲笑或被欺凌过，但社交孤立对她的打击同样巨大。"在莉莉要求去寄宿学校上学之前，她一直在家里自学。莉莉刚到新学校不久，就在睡梦中去世了。听到母亲为她致的悼词，得知她不上学是因为觉得自己被冷落了，她以前的同学都很震惊。塔尔穆斯说："我找到她之前的同学，对他们说'如果你们想纪念莉莉，就让我们一起展开讨论吧'。"她与其他人共同创办了非营利组织"超越差异"，莉莉以前的同学也开始在当地初中开展演讲。

17 岁的埃迪恩·詹森是"超越差异"的青少年委员会成员，并常常在集会上发言。我们在电话中聊起了她对莉莉的回忆，以

⊖　阿佩尔综合征，又称为尖头并指（趾）（acrocephalosyndactyly），为散发的常染色体显性遗传性疾病，是以尖头、短头、面部发育不全及并指（趾）为特征的一组症候群。——译者注

及她致力于让孩子们认识社交孤立的决心。她建议家长告诉孩子，他们的家庭欢迎每个人的到来，并鼓励孩子去关注被边缘化的其他孩子。她说："让孩子知道，如果另一个孩子穿着一双和你不一样的鞋来上学，他可能有不同的故事，但他并不低人一等。"她还分享了一个故事，讲的是一个坐轮椅的初中女生每天都与助教老师一起吃午饭。在"无人单独用餐日"（一个旨在促进包容的活动），这个孩子突然被一群想和她一起用餐的孩子包围了。詹森告诉我："从那一顿饭开始，孩子们知道了她的名字，看到了她有趣和可爱的一面。她现在和其他孩子坐在一起，而不是和助教老师坐在后面。"学生们只需要成人帮助互相介绍，剩下的问题就可以通过面对面的交流来解决。

真正的社交参与绝不是一种慈善行为。威尔逊指出，要避免对孩子说"你要照顾那些特殊同学"，因为这会让对方显得无能。如果我们不给孩子一个真正成为朋友的机会，就永远不会有真正的包容。问自己一些困难的问题：谁是我的朋友？我在向孩子展示我尊重谁、我想和谁交朋友？有些人不容易融入我们的世界，包容需要付出努力。

融合教育能够让所有孩子的社交和学习受益。哈佛大学教育研究生院的研究人员称，与隔离班级的学生相比，融合班级中的残疾学生的参与度更高，沟通技能发展得更好，并且其中的非残疾学生也更容易接受个体差异。马里兰州包容教育联盟发布的一份报告显示，融合班级中的学生的自尊心也得到了增强，并有机会接触到有益于所有学生的教学方法。这是双赢之举。

融合教育也是挑战孩子们固有假设的一种方式。马修·拉格尔患有非言语孤独症，在他生命的前13年里，他没有办法与人交流。上初中时，他学会了通过一个字母、一个字母地打字来分享自己的想法。现在，他热心地支持其他孤独症儿童。他的母亲，我的朋友卡伦·拉格尔，给我寄来了一份他 2017 年在亚特兰大 TASH（一个支持严重残疾人士的组织）发表的演讲稿。马修现在 16 岁，是一名高二学生，他分享了在一个不可靠的身体里生活的困难，并解释说："我很容易被当作一个不起眼的科学怪胎。"不过，虽然很多事情不是他所能控制的，但他告诉 TASH 的听众，他能够感受到被许多人认为这种类型的孤独症患者无法体验到的快乐。

马修已经取得了长足的进步，现在老师和心理治疗师都会联系他寻求指导。他们想知道如何让有身体缺陷的学生建立对能力的自信。马修告诉老师和治疗师如何让这样的孩子参与课堂对话，协助他们进行同伴互动，并通过加快课程进度来吸引他们。马修每天面临的挑战仍然令人疲惫，包括"穿上勇敢的盔甲"，以应对人们对他的反应。去年，他遭遇了言语和身体上的欺凌，这让他很受打击。他说："尤其让我难过的是，有些人认为我并不在意这些，因为我没有预期的动作反应，也没有为自己辩护。"

确保你的孩子明白，无论对方反应如何，欺凌和排挤都会伤害到每一个人。马修提出了这样的请求："当我发出不寻常的声音时，请只看我一次，而不是多次。盯着任何人看都是不礼貌的，我也不例外。要知道，我听到了你的窃笑，也看到了你的冷笑。"告诉你的孩子要以相同的方式与那些与我们不同的人交谈。这意味着要使用正常的代词，分享意见，甚至争论。正如马修所说，他和其他青少年一样，希望别人觉得他"很酷、很聪明、很有魅力，但有时也不希望别人注意到他"。

提供窗口和镜子

在一张被疯传的帕克·库里（Parker Curry）的照片中，两岁的她正目不转睛地盯着悬挂在史密森尼博物馆国家肖像画廊里的前美国第一夫人米歇尔·奥巴马（Michelle Obama）的巨幅肖像。米歇尔曾希望这幅肖像能引起一种"镜像时刻"。在揭幕时，她说："我想到了所有的年轻人，尤其是有色人种女孩，在未来的岁月里，他们会来到这个地方，抬头就能看到这个伟大的国家机构的墙上挂着一张和他们长得很像的人的肖像。"

让孩子们看到"镜子"中的形象，看到与他们相似的美丽、有力和智慧的形象，这一点非常重要。在圣安德鲁圣公会学校，格拉斯哥请来了黑人女性（和其他少数族裔）演讲者。他还特别注意停下来与黑人女孩交谈。他告诉我："她们觉得自己是隐形的。其实她们在学习上胜过男生，但这些女孩却常常遭到社交排斥，或者没有人邀请她们跳舞。"

德娜·西蒙斯（Dena Simmons）在谢里登学校做了一场关于文化响应教学的实践的演讲，之后我们进行了谈话。西蒙斯是耶鲁大学情绪智力中心（Yale Center for Emotional Intelligence）的副主任，她向我讲述了她作为一个黑人女孩在新英格兰一所白人占绝大多数的寄宿学校上学的经历。在此之前，她在布朗克斯的一所多元化学校就读，转学带来了翻天覆地的变化。她说："我当时14岁，那是我第一次直观地体会到作为少数族裔的感觉——而且我一直被提醒我是黑人。"她还记得，她希望能看到更多和她长相类似的人，"哪怕只有一名黑人员工，他也可以说，没关系，你也是这个大家庭的一员"。她敦促家长与学校合作，使课程多样化，并确保每个人都能看到与自己形象相似的代表。

　　虚构和非虚构图书都能成为认识别人的窗口和认识自己的镜子。书籍可以帮助孩子了解自己和周围的世界，甚至可以鼓励他们写出自己的故事。西蒙斯喜欢使用"我希望别人知道……"这样的话来鼓励孩子写作。无论你是与邻居组成亲子读书俱乐部，还是与孩子一起阅读小说，都请选择那些能涉及同一性、不平等、特权以及种族和文化差异等问题的故事。

　　去年，我和 14 岁的女儿埃米莉一起阅读了奇玛曼达·恩戈兹·阿迪契（Chimamanda Ngozi Adichie）的《紫木槿》（*Purple Hibiscus*）。这部小说讲述了尼日利亚 15 岁富家女康比丽的故事。尽管两人的经历相差甚远，但埃米莉惊讶地发现自己与康比丽有很多共同之处。这本书为她提供了一扇了解康比丽经历的"窗口"。她体会到了康比丽为了获得成功而给自己施加了多大的压力。她还意识到，她们都非常重视友谊，都在努力弄清楚自己想要成为什么样的人。让我惊讶的是，她对她们的相似之处的理解远远高于对不同之处的理解。

— 给教育者的建议 —

建立全球联结

　　许多老师会使用网络和应用程序帮助学生走出自己的信息茧房，设想不同的生活方式。美国威斯康星州一位七年级英语老师佩妮莱·里普已经与 60 个国家的 200 多万名学生建立了联系。她也与成年人合作。一名加拿大伊拉克裔人曾通过在线视频通话软件与她的班级分享了对难民危机中的人性的见解。

媒体专家阿里·席尔普（Ali Schilpp）在马里兰州一所偏远的农村公立学校任教。她向学生们介绍世界各地的人。她告诉我："我想让他们知道如何利用互联网了解那些生活经历、背景和习俗可能与自己不同的人。"她的学生还在网上与作家建立了有意义的联系。一名学生告诉《卡彭老大帮我洗衬衫》（*Al Capone Does My Shirts: A Tale from Alcatraz*）一书的作者珍妮弗·乔尔登科（Gennifer Choldenko），书中的人物纳塔莉让他想起了自己患有孤独症的弟弟，乔尔登科告诉他，这本书的原型就是自己患有孤独症的姐姐。

席尔普通过社交媒体平台和一个名为"EduMatch"的小组寻找潜在的合作者。最近，她发起了一个乐高旅行伙伴计划。她的学生制作了乐高迷你模型，并将它们邮寄到夏威夷、加利福尼亚，甚至澳大利亚和中国的学校。这些学校的教育工作者会在社交媒体平台上发布乐高模型陪伴学生参加活动的照片，让学生们一睹其他地方的风采。

让恐惧和偏见浮出水面

许多学校利用讨论小组或社区圈子，为教职员工、学生和家长提供讨论公平和多元化问题的空间。家长可以加入学校现有的行动计划，也可以自己创建新的计划。无论采用哪种方式，都要确保围绕保密和尊重倾听的原则制定基本规范。因为这些话题可能会引发痛苦的情绪。

将对话融入日常生活中。询问孩子在具有不同种族或文化背景的人家里度过时光的感受。鼓励他们找出异同点。如果你的孩子是世界特殊奥林匹克运动会等活动的志愿者，问问他们与有特殊需求的孩子互动的感受。让孩子可能的恐惧浮现，并主动回答相应问题。你的工作不是让他们远离不适，而是帮助他们从尴尬走向理解。

即使是受过教育、心地善良的人，也很难避免偏见。2017年，发表在《实验心理学杂志》（_Journal of Experimental Psychology_）上的一项研究发现，认知能力较高的人更容易学习和坚持刻板印象。但好的方面是，如果这些人获得了能挑战其现有信念的信息，他们也更容易摆脱刻板印象。当你承认自己带有无意识的态度和联想时，你就为消除偏见这项持续的事业树立了一个榜样。

如果你的孩子说了一些令人担忧的事情，问清楚是怎么回事。格拉斯哥在最近一次交往中就感受到了自己的偏见。他告诉我："我与一个白人保守派学生和其他孩子一起玩，他们抱怨午餐，他们不喜欢牛奶。一个男孩不停地说'我不喜欢这种贫民窟牛奶'。我感到很难受，因为我从小一直吃免费的补助午餐，直到五年级，而这个白人富家子弟却在这里抱怨来自贫民窟（hood）的牛奶。"最后，格拉斯哥问这名学生："你一直在说'贫民窟'牛奶。为什么？"男孩解释，"帽衫侠"（Hood）是牛奶的品牌名称。这个提问改变了整个对话。他说："我们必须弄清楚对方在说什么、为什么会那样说，然后才能决定如何回应。"如果你的孩子在家里说了一些看似偏颇的话，请进一步探究。你可以说"告诉我，你为什么这么想"。

谈谈言语的力量

孩子的言语有时可能看似正当，但会对同伴造成伤害。你可以利用不同的资源，帮助他们了解言语的力量，并挑战他们的假设。《西雅图时报》(*The Seattle Times*) 创建了"肤色之下项目"来鼓励这种反思。他们邀请了18位代表不同背景和观点的人士，通过短视频坦率地谈论多元化和白人特权等概念。在一系列关于轻微冒犯的短视频中，参与者讲述了粗心、伤人和无知的言语所造成的影响。

一名学生说，当有人夸她口才很好时，她能听出他的意思是"鉴于你是一个黑人女孩"。一位穆斯林女性谈到，她很讨厌别人问她"你就不想穿一次泳衣吗"。你也可以与孩子分享自己的童年记忆或最近的经历。43岁的温迪·江-斯普雷是一名美籍华裔学校心理咨询师，她向自己十几岁的女儿们讲述了自己在马里兰州的成长经历。她回忆起，她妈妈会在她的午餐里放中式牛肉干，有一次一个女孩问她"那是什么"，当她说"牛肉干"(beef jerky) 时，那个女孩朝全桌人大喊"温迪在吃宠物肉干 (jerky treats)！"

江-斯普雷还向她的女儿们讲述了她作为一名年轻的初中英语教师时的一次令人不快的经历。一名八年级学生站在教室后面嘲笑她的外貌。"她把自己的眼角往后拉，就像我小时候的同学们那样。像这样的含有种族歧视的手势是最刺痛我的，这是其他侮辱所无法比拟的。我认为这是因为它把你贬低到你无法控制的地步——你的社会地位、你的权威、你的威信都无法减少这种侮辱。我当时大约28岁，而一个13岁的孩子居然这样对我。"

江-斯普雷说，她的女儿们是白种人和亚裔的混血，她们比她在成长过程中更容易接受自己的文化。她七年级的女儿自豪地称自己为"亚白人"(Wasian)，她认为这是一个积极的信号。她说："对我来说，这个词意味着她有自己的身份意识，也意味着这没有问题。"当别人发表攻击性言论时，她的女儿们也会大喊"那是种族歧视"，而江-斯普雷本人更倾向于听之任之，她说："因为我没有足够的语言、认同感或支持来为自己辩护。"鼓励孩子将冒犯性言论告诉大人。一个七年级的男孩对一个黑白混血同学说，她看起来"很好吃，就像一个油炸面团——外面黑，里面白"，所有听到的人都举报了他。如果成年人不直接处理这些情况，孩子们就不会从错误中吸取教训。

从别人的立场上看问题对于成年人来说都不容易，更不用说孩子了，因为这意味着我们要暂时脱离自己的现实生活，去体会他人的现实生活。斯坦福大学的虚拟交互实验室一直在尝试用沉浸式虚拟现实眼镜来培养同理心。这种眼镜让用户化身为一个遭遇种族歧视并必须应对种族主义的角色。因为我们还无法为孩子们提供神奇的同理心眼镜，所以要有意识地采取行动。

正如教育咨询专家米歇尔·博尔巴在一次谈话中所说："告诉你的孩子，要注意自己的言语。如果你说了一些不包容的话，你要让他们说'你再想想'。你可能会说'所有的女人''所有的金发女郎'或'所有的富人'，这些'主义'会造成分裂。如果你的丈夫说'那些无家可归的人需要工作'，请你转过身对他说，'你仔细想想，所有无家可归的人都适用你说的观点吗？'"

警惕"单一故事"的危险性

每个人都有自己的故事，但总有被外界过度简化的风险。奇玛曼达·恩戈兹·阿迪契在她著名的 TED 演讲《单一故事的危险性》（*The Danger of a Single Story*）中，警告人们不要把一个人简化成一种刻板印象。我所在学校的七年级学生准备并发表了一个小型 TED 演讲，讲述他们自己的生活。他们可能会说，他们将自己定义为被领养的，或者有两个母亲，或者需要额外的时间来考试。撰写小型 TED 演讲稿可能会让人情绪激动，但在这个过程中，学生们会更加同情那些觉得自己被单一故事线定义的人。谢里登学校七年级的学生在完成这项作业时，首先会观看阿迪契的 TED 演讲的部分内容，然后阅读借鉴了这一观点的文章，例如莫妮卡·哈威尔（Monica Harwell）在分享个人故事的平台"故事工坊"（StoryCorps）的叙述，其中描述了她作为第一位在纽约爱迪生联合电气公司（ConEdison）承担爬上电线杆工作的女性的经历。

然后，学生们准备一段 3 分钟的演讲，并在同学面前发表，重点讲述自己被偏见定性或被错误代表的经历。演讲结束后，学生以小组为单位进行讨论分享。你可以尝试在家中完成同样的作业。讨论阿迪契或哈威尔的视频和叙述，并讨论"单一故事"的概念可以如何应用于你的家庭、你个人以及你的孩子。如果孩子觉得自己因为不符合刻板印象而受到评判，他们就很难拥有自己的身份认同。喜剧演员 W. 卡马乌·贝尔（W. Kamau Bell）在为《大西洋月刊》（*The Atlantic*）拍摄的一段视频中探讨了这一概念。他回顾了自己作为一个不喜欢"正确的东西"的黑人孩子的童年，他说："我是我认识的唯一一个喜欢超级英雄和武术的黑人孩子。"他觉得自己是一个局外人，这种疏离感一直延续到成年。

校长亚历山德拉·格里芬也回忆起自己与众不同的经历。六年级时，格里芬在一所黑人占多数的学校就读，这所学校想用校车把她送到白人占多数的学校去上天才班的课程。起初，她的母亲并不情愿，但后来还是同意了。七年级时，身为黑人的格里芬开始在新学校上学，并经历了强烈的文化冲击。她告诉我："我感到完全不适应，一方面因为我是黑人，另一方面因为我学过的东西还没其他同学的一半多。我很聪明，但成绩落后。我是不懂教材的黑人女孩，从一开始就被定性了。"格里芬不想向家人透露自己的困境，因为她知道母亲一开始就不希望她到这所学校来，所以在最初的 4 个月里，她独自学习，试图自己找出不理解的知识点。她也向学校心理咨询师寻求帮助。"学年结束时，我已经完全跟上了进度，感觉自己不再是一种活生生的'刻板印象'。我的自尊心让我没有告诉母亲这些，但也让我寻求他人的帮助。"

全球品格培养机构 Character Dot Org 的总裁兼首席执行官道格·卡尔（Doug Karr）也曾回忆起自己小时候因为健康状况而与众不同的故事。他是一名患有哮喘的棒球运动员，但当时吸入器还没有发明。"我喜欢棒球，但在春天这个花粉活跃的季节出门，我必须戴口罩。口罩是白色的，上面有过滤器，我看起来就像电影里的人物。队友们都叫我'泡泡男孩'。"随着对他的了解加深，他们不再关注他的这点不同，但他至今仍对这段经历记忆犹新。他的儿子 15 岁时身高就超过了两米，常常有人拿他儿子的身高说事，他告诉儿子，不应该让任何单一的特征来定义自己。

如果你的孩子太关注自己的某一身份特点，请帮助他们扩充自己的整个故事。谈谈你的家族文化或他们名字的由来。强调有意义的仪式，可以是节日习俗，比如每年春节拜访亲友。你向孩子灌输你对自己家族的历史和习俗的欣赏，他们就能学会尊重自己和其他家族的传统，也更容易记住每个人都有自己的故事。

鼓励孩子思考对同一性影响最大的文化标志。可能是种族、民族、性别、家庭结构、社会经济地位或能力。这就是他们看世界的视角，并且在家里和在学校会有所不同。在家庭餐桌上，你的孩子可能不会考虑阶级问题，但当他们和拥有信用卡的朋友一起逛商场时，他们就会非常关注社会地位。向孩子解释，人很难对不熟悉的经历产生共鸣。例如，如果他们拥有自己的信用卡，他们可能不会意识到家庭经济拮据的朋友有多么艰难。一旦孩子意识到这一点，他们就会更敏感，也许他们会建议朋友来家里过夜，而不是一起去购物。成年人往往也会忽略细微之处。花点儿时间想想你自己的偏颇观点。例如，如果你很瘦，你可能无法理解你的孩子的超重给他带来的困难。如果你一直是一个优秀的学生，你可能需要更加努力才能理解你的孩子的学习困难。

20岁的萨娜·吉瓦尼用她与自我接纳斗争的故事来帮助他人。12岁时，她被诊断出患有脱发。八年级时，她已经秃顶，开始戴假发。她很自卑，还曾患上进食障碍和抑郁症。吉瓦尼在给我的信中写道："回忆起七年级时早上醒来看到枕头上满是落发的痛苦，再想想被人欺凌的情景，我简直没有办法应对。"她接纳了自己的伤痛，开始尝试帮助他人发现自我价值。15岁时，她摘掉了假发，不再从外界寻求肯定，并发起了"自然日"活动，一个旨在消除不安全感的国际活动。吉瓦尼特意将活动安排在2月13日，也就是情人节的前一天，因为她意识到，在爱别人之前，爱自己更重要。

任何人都难以轻易接受自己与众不同，更何况是一个14岁的孩子。到了三四年级，孩子们开始有了自我意识，想要融入集体。到了初中就更是如此。无论你是掉头发、口吃，还是不能好好坐在椅子上，总是要翻倒，任何怪异点都会被怀疑。告诉你的孩子，每一个弱点都伴随一个优势。这样的例子不胜枚举。14岁的克里斯·米勒曾因患有孤独症而备受嘲讽，但他利用自己与众不同的视角，创造了一个超级英雄，并将其命名为"谱系队长"。谱系队长的座右铭是"捍卫并成为朋友"。米勒将他的创造力和反欺凌信息带到了漫画大会上。他的与众不同为他带来了影响力，而不是阻碍他的发展。我们需要看到这样的努力。互动孤独症网络 2014 年的一项调查显示，63% 的孤独症谱系障碍儿童曾遭受过欺凌。

正如《怪胎因子》（*The Freak Factor*）一书的作者戴夫·伦德尔（Dave Rendall）所说："让你怪异的东西也会让你精彩。"他曾是个多动的孩子，在课堂上总是说话，并没完没了地挨批，但现在他靠说话谋生。其他例子还有很多。退役的职业棒球运动员戴维·埃克斯坦（David Eckstein）告诉我，他每天都被人说个子太矮，还被叫作"勤奋的蓝精灵"。他说："我从来不是最高大的，也不是最有天赋的，但这让我学会了如何接受失败，培养应对技巧，提高心理素质。"他努力证明欺凌他的人是错的，最后在美国职业棒球大联盟打了 10 个赛季。2006 年，他获得了世界大赛最有价值球员奖。

归根结底，无论孩子在学习或社交方面面临哪些挑战，将来他们都有可能从中获得成功和快乐。引导孩子适当发掘自己的优势和能力，而不是压制他们的独特之处。不要害怕亲自示范打破常规。

── 给家长的建议 ──

- 不要扼制非主流的观点。鼓励讨论、但要设定界限——告诉孩子不能说任何贬低他人人格的话。
- 不要忽视新闻中涉及种族主义或其他仇恨的令人不安的事件。创造讨论的空间。
- 讨论文化标志以及它们如何歪曲观点。

- 监控自己的偏见。当有人对某个群体以偏概全时，家庭成员可以互相说"你再想一下"。
- 鼓励真正的包容，而不仅仅是在大厅里打声招呼或做一次性的善举。
- 想一想，在孩子眼中，你是谁的朋友，你会尊重谁。
- 提供"窗口和镜子"——与他们形象相似的、一样美好的榜样人物。
- 鼓励他们从自己与众不同的经历中汲取经验，帮助他人。
- 展示名人和成功的专业人士利用自己所谓的弱点取得成功的例子。

— 谈话开场白 —

- "当你和迈克尔在一起时，你注意到了你们之间有哪些相同点和不同点？"
- "你觉得担心这种挑战是什么感觉？"
- "你认为同学们为什么会觉得接近与自己不同的人很可怕？"
- "你听说过那则新闻吗？如果发生在这里，你觉得你的同学们会有什么反应？"

社交
技能

66 我感觉自己被评判、
被忽视了。**99**

第 6 章

应对变化的友谊

"我们曾经是最好的朋友，但现在凯蒂成了最坏的女孩之一，她看都不看我一眼。"

"我很讨厌梅根。她觉得我们应该一起做任何事情，就因为我们去年一起玩儿过。"

"奥古斯特进了篮球队，现在他觉得自己比谁都强。"

　　乔伊被他最好的朋友抛弃了。六年级之前的暑假，乔伊和查利一起骑自行车、玩电子游戏，但初中开学第一天起查利就不再跟乔伊一起玩了。虽然查利偶尔会在他们在走廊上擦肩而过时用身体撞他一下，但大多数时候都不理他。乔伊不仅忍受着查利的欺凌，还一心想赢回查利的心。他一直监视着查利的新朋友，他把他们称为"受欢迎的"群体。他知道他们什么时候因为在食堂扔汉堡包而被学校惩罚。

　　乔伊的母亲，我的朋友珍，无法理解儿子的想法。每当乔伊被拒绝，她都会感到难过。她试图动摇他的想法："你觉得这么令人讨厌的人值得你浪费时间吗？你到底喜欢查利和他朋友哪一点？"当乔伊告诉珍，查利因为在更衣室扯下一个男生的裤子而被停学时，她到达了崩溃的边缘。"你真的认为他还能变好吗？"她问。结果她还是一无所获。

　　"天哪，我再也受不了了，"她对我说，"请告诉我怎样才能让他向前看。"我告诉她，依赖坏朋友的最好解药就是找到好的朋友，但这需要时间。珍开始了她的行动。每当乔伊认识了新同学或新队友，她都会帮助他们加深联系。她会主动开车送他们去看电影，或者带他们去吃冰激凌。她告诉乔伊，当他和那些不会羞辱他的孩子们在一起时，他显得轻松多了。等他接受了查利是个失败者的事实，他已经有了一小群新朋友。

　　从小学到初中是一个脆弱、动荡的时期。孩子们突然有了更多的朋友可以选择，有了更多的自由，也少了成人的监督。没有人再给他们指定"伙伴"。孩子们开始关心自己的社会地位，而不是自己在家庭中的角色，这是一种从众心理。他们开始更加重视信任，友谊也变得更加深厚。更复杂的是，这种对友谊的更大投入往往伴随着社交稳定性的下降。这种组合可能会导致焦虑和不安全感。艾琳·肯尼迪-穆尔（Eileen Kennedy-Moore）是一名心理学家，也是《成长中的友谊》（*Growing Friendships: A Kid's Guide to Making and Keeping Friends*）一书的作者之一，她告诉我，只有 75% 的初中生的友谊能从秋季持续到第二年春季。你的孩子能与七年级时的朋友长期保持友谊的概率非常低。在《心理科学》（*Psychological Science*）上的一项研究中，研究人员追踪了孩子们在七年级时建立的友谊，发现只有 1% 的友谊到十二年级时仍然存在且稳固。

对有些孩子来说，初中是一个开拓视野或重塑自我的机遇期。对另一些孩子来说，初中则是追逐地位的机遇期。在这个环境中，他们的友谊既紧张又脆弱。女孩们结伴而行，而男孩们则成群结队，这样可能更容易争取到地位。男孩往往会专注于在与自己的社会地位相近的孩子面前建立优越感。我采访了纽约州立大学布法罗分校的发展心理学家兼教授杰米·奥斯特罗夫（Jamie Ostrov），他说："对男孩来说，社交目标是建立等级制度和取得支配地位。女孩更重视亲密程度和一对一的关系，而非群体互动。"

虽然你可能会认为受欢迎是短暂而肤浅的，但请不要完全否定它。《受欢迎》（*Popular: The Power of Likeability in a Status-Obsessed World*）一书的作者，临床心理学家米奇·普林斯坦（Mitch Prinstein）告诉我，受欢迎程度在三四十年后的持久影响令人惊讶。我们早年的经历会改变我们的基因表达、我们的婚姻，甚至我们孩子的受欢迎程度。他解释说："我们一直在与环境进行双向塑造，如果你受欢迎，你就会有更多机会练习社交技巧和获取新信息。"不那么受欢迎的孩子得不到同样的资源，于是陷入一个恶性循环。但是并不是所有受欢迎类型都有一样的效果。如果是讨人喜欢和让他人感到被接纳的受欢迎，那么结果是

积极的。然而，青少年的天性是追求更具侵略性的、更高地位的
受欢迎类型。但是，如果他们过于追求引人注目和有影响力，就
可能无法发展出更均衡的社交技能。奥斯特罗夫的研究发现，这
些倾向可能导致抑郁、焦虑、人际关系困难或冒险行为。

　　在初中阶段，更换朋友和尝试使用社会力量是正常的，但你
的孩子在日益复杂的环境中可能会感到难受。孩子们开始朝着不
同的方向发展，再也没有老师对大家说："大家在这里都是朋友。"
你的孩子可能会突然失去一位小学时非常要好的朋友，尤其如果
两个家庭已经建立了联系，家长可能会难以接受。尽管如此，还
是要克制住干预的冲动。让你的孩子行使自主权，自己决定他们
归属于哪个圈子，你还可以将此视为扩大你自己社交圈的时机。
但这并不意味着你无能为力。以下是你可以采取的一些措施，以
帮助孩子应对社交圈的剧烈变化。

承认孩子对受欢迎的渴望

　　如果你想帮助孩子建立社交技能、培养韧性，并且重视有意
义的友谊而非仅仅追求受欢迎程度，你就必须了解他们的真实想
法。FOMO（fear of missing out）的意思是"害怕错过"，这种
心理是非常真实的。创办了家庭教育指导网站 iParent101 的心理
学家亚当·普莱德（Adam Pletter）曾接诊过一名青少年，这名
青少年非常介意自己错过东西，因此她用直播软件和朋友们彻夜
聊天。普莱德告诉我，这种策略适得其反，因为她太努力了。他
说："她被人用微妙的方式针对了。女孩们会离开镜头，然后说出
她的名字，激起她的兴趣。一旦吸引到她的注意力，她们就会谈
论好玩的计划，但计划里都没有她。"为了对抗 FOMO，请与孩子

就线上和线下的社交生活进行持续对话，帮助他们参与自己喜欢的活动，而不是纠结于其他人在做什么。

确保你既言传也身教。《羞耻国度》（*Shame Nation*）一书的作者休·舍夫（Sue Scheff）告诉我，她必须提醒家长"停止点赞、点赞、点赞，停止计算自己得到了多少个赞"。普林斯坦的研究表明，如果一张照片在一定时间内没有获得 100 个赞，孩子们就会将其删除，而家长可能会在无意中助长这种不安全感。一位母亲承认，她在女儿的社交媒体账户上发布小猫、小狗的照片，以获得更多的赞。这种屈从于网络文化压力的"帮助"向她的女儿传达了一个明确的信息：被人关注很重要。

普林斯坦曾经读过一本杂志，该杂志上刊登了一个指导专栏，教读者如何通过获得一百万粉丝来战胜孤独。但其实外界的肯定并不会让你幸福。如果过于关注短暂的受欢迎程度，那么我们这一代的孩子可能只知道如何塑造自己的形象，却不知道如何建立有意义的联系。现在的情况是，大多数青少年的友谊质量很差，不仅有攻击性，而且缺乏互惠性。我采访了加利福尼亚大学戴维斯分校研究社会关系的副教授罗伯特·法里斯（Robert Faris）。他的数据和大型全国性研究表明，孩子们被要求列出他们最好的 5 个朋友的名字，但名单上只有不到一半的人也把他们当朋友。他还发现，在这些不平衡的关系中，存在着巨大的流动性，孩子们的好朋友名单每两周就会变化一次。这是一个重要的发现，因为保持持久友谊的孩子更有归属感，更不太可能做出追求社会地位的行为。

鼓励孩子选择品格高尚的朋友，并努力加深他们之间的联系。提出问题，帮助他们批判性地思考自己的友谊。你可以问："你的朋友让你感觉好吗？他是你在危机中可以依靠的人吗？你们在一起的时候，即使你犯傻也没有关系吗?"当你的孩子对自己在朋辈中的位置不满意时，请给予他们额外的关爱，承认他们的感受，并分享你的价值观。你无法说服他们不在意，但你可以试着找出这对他们很重要的原因。检查他们社交圈的状态，提醒他们如果为了追求受欢迎程度而牺牲现有人际关系中的优质关系，他们会失去什么。正如法里斯所说:"如果你想拥有更高的社会地位，而这个地位是建立在牺牲友谊的基础上的，那么你就会失去朋友，这是一种损失。那些朋友也会觉得被背叛了。"

你还可以指出，最受欢迎的孩子可能并不被人喜欢。你的孩子可能会认为某人拥有一切，但其实他可能缺乏相互信任的友谊。帮助他们更全面地看待同伴的生活。一个身材清瘦、衣着光鲜、看似完美的女孩可能正与进食障碍做斗争。一个受欢迎的体育生可能家庭很不稳定。让孩子放心，他们不会永远被困在同一个困境中，他们会有重塑的机会。当孩子知道连渴望权力、缺乏同理心的孩子也可以进步，他们会如释重负。得克萨斯大学奥斯汀分校 2016 年的一项研究显示，当青少年明白人是可以改变的时，他们就能更好地应对社会排斥和其他社会压力。

专注于他们可以控制的事情

在不同的社区，能让孩子受欢迎的因素有所不同，可能是运动能力，也可能是家庭财富。你可以教给孩子让人更喜欢他们的技能，但帮助他们获得地位则比较棘手。好消息是，如果你能让孩子把不那么受人欢迎的原因归为外部因素，他们就不太可能患上抑郁症或得出自己不配的结论。鼓励他们把注意力集中在自己可以控制的事情上，比如友善待人。

尤其是当孩子在社交中遭遇挫折时，这种信息传递方式就更有用。我的邻居安德鲁打电话向我咨询，他女儿蕾切尔觉得自己因善良而受到了惩罚。七年级上学期，一个叫迈卡的男孩转到了她的学校，蕾切尔是唯一一个和他交朋友的人。他来了几个月后，向大家发出了他的聚会的邀请。蕾切尔居然没有被邀请，她惊呆了。当她听说迈卡邀请了哪些人时，她更加难过了——受邀名单上是一群从未和他说过话但是很受欢迎的孩子。

我鼓励安德鲁将注意力放在蕾切尔热情、包容的天性上，而不是关注迈卡的麻木不仁。他安慰女儿说，善良、体贴一般情况下确实会带来真正的友谊。他还试图帮助女儿重拾自主感。他们头脑风暴，讨论了她各种可能的选择，包括结束这段友谊、与迈卡对质，或者假装什么都没发生。蕾切尔决定不继续这种单方面的关系，但她告诉爸爸，她并不后悔自己曾经的热情。

加入某个群体是一种原始的社交冲动，但当孩子们过少考虑自己，过多考虑他人时，他们更能茁壮成长。如果你的孩子说没有人喜欢他，帮助他扭转局面。帮助他们专注于助人为乐，无论是在午餐时与新同学坐在一起，还是为拄着拐杖的同学背书包。参与一些比关注自己更加重要的事情，会帮助他们不再对其他人不回信息、不邀请自己等可能带来的被轻视感耿耿于怀。

— 给教育者的建议 —

创意午餐时间

对于许多初中生来说，食堂是一个充满压力的"雷区"。定期分配座位可以缓解这种焦虑，并扩大学生的社交网络。

将不同年级混在一起排座位，这样高年级的学生就有机会帮助孤独的低年级学生。你可以指定一张桌子给那些想一边吃饭一边玩纸牌或桌游的学生。这将确保学生始终有一个安全而温馨的位置。午餐时间，学校心理咨询师也可以为友谊小组提供服务，教师和行政人员也可以在教室或办公室接待学生。教育工作者可以请有社交资源的学生邀请缺乏归属感的同学共进午餐。

结交合适的、匹配的朋友

初中生明白，他们应该与自己的社会地位最接近的人交往。社会文化可能更看重外貌吸引力或运动能力，但你的孩子也可以在看重学习成绩或社区服务的环境中茁壮成长。寻找能发挥他们特长的活动，吸引兴趣相投的孩子。所有的孩子都需要找到"合适的"朋友，这对那些受到过欺凌的孩子来说尤为重要。（我将在第7章中再次讨论这个观点。）

如果你的孩子在寻找同伴群体时遇到困难，可以请老师和学校心理咨询师为他们推荐优秀的朋友，邀请他们参加集体午餐，让他们在项目中结成对子，并加强社交技能（见"给教育者的建议"）。家长要保持积极主动的参与，不要把一切事情都推给其他人。多与孩子交流，了解他们的朋友，并与其他家长联系。当然，也要有策略。例如，如果他想去看高中足球赛，建议他邀请一个朋友，而不是两个。两个孩子可能会一起离开，但一个朋友不大可能抛弃他。如果你的孩子不善于社交，建议他们参加少说话的结构化活动，比如看电影或打保龄球。抓住你可以提供帮助的机会。比如在比赛结束后，带你的儿子和他的几个队友出去吃午饭，或者组织一次有同龄孩子参与的家庭聚餐。

普林斯坦指出，50% ～ 75% 的孩子应该能够指出一个最好的朋友，而这个朋友也应该认为他是自己最好的朋友。在一年的时间里，这段友谊可能会降级，但大多数孩子在任何时候都至少需要一个好朋友。没有朋友的孩子往往会有长期的困难，但并不是所有的孩子都有能力与哪怕一个同伴建立牢固的联系。如果你的孩子不太能读懂社交中的潜在语言，那就让他少关注深度联结的友谊，转而多帮助他与更多人舒适地互动。

同时，帮助他们掌握必需的社交技巧，比如通过提问来表达好奇心。你希望他们专注于与人沟通，而不只是为了给人留下深刻印象。艾琳·肯尼迪－穆尔用一个简单的视觉方法教孩子们如何找出共同点。她会画两个重叠的圆圈，在中间涂上颜色，然后解释说："这就是友谊的开始。"只谈论与自己有关的事情对友谊的进展毫无帮助。告诉他们要寻找能吸引对方的点。潜在的朋友是否穿着他们喜欢的音乐团体的文化衫？他们看了同一场足球比赛吗？有些孩子可能不知道如何加入对话。示范如何在不打断别人的情况下加入对话，并教孩子配合群体的情绪基调。肯尼迪－穆尔解释说："如果每个人都在抱怨社会科目的考试，而一个女孩却说考试很简单，这就像谈话旋律中的一个不和谐音符。虽然我们不鼓励用欺骗获得友谊，但这个孩子可以说'是啊，我真不敢相信有 5 个简答题'。"

能够让他人产生价值感的孩子在社交方面表现得更好。我曾写过一篇关于感恩如何消除孩子缺失感的文章，但其实还有另一层意义。研究人员在《情感》(*Emotion*) 杂志上提出，写感恩日记能教会孩子们如何表达感激之情，而这种技能有助于建立新的友谊。正如普林斯坦所指出的："我们看那些最受人喜欢的孩子的视频时会发现，他们会倾听别人的意见，并试图在别人所做的基础上加以改进和重塑，而不是说'不要，那太蠢了，我们还是这样做吧'。"无论你孩子的朋友们是在制定新的迷你排球规则，还是在选择玩哪种游戏，都要鼓励他思考自己的主要目标。你可以问："如果你坚持按照自己的方式做每一件事，你觉得结果会怎样？怎样才能在不贬低他人想法的前提下表达自己的观点？"

灵活性是关键因素，而军人的孩子似乎比其他人更容易理解这一概念。学校心理咨询师丽贝卡·贝斯特负责管理军人子女小组，她指出，他们在上初中之前可能会搬家七八次。其他学生可以学习他们的开放性。这些孩子可能更容易在食堂里主动接近陌生同学，或者把积极正面的品质看得比社会地位更重要。

如果你的孩子从幼儿园起就一直上同一所学校，那么他可能会对交往对象和圈子有更刻板的要求。如果他对现有的友谊不满意，请指出让新朋友加入能带来的价值。让他接触新的人和新的环境，提高他的社交接受能力，比如帮孩子报名须在外过夜的夏令营，或参加体育旅行等需要与不认识的队友共同生活的活动。如果目标仅仅是与善良的人交朋友，让自己受欢迎所带来的负担就会减轻。正如贝斯特告诉我的那样："军人的孩子已经知道什么对他们有用，并了解自己的长处。他们不是要找永远的朋友或最好的朋友。当你活在当下时，你就可以自由地冒险去建立新的友谊。"

拥有社交资源的善良孩子可以帮助有困难的同学。如果你的孩子属于社交达人，向他们提出具体建议，让他们帮他人融入，比如邀请在社交上有困难的同学加入他们的课后俱乐部。学校专业人员可以在这方面提供帮助。我的一个学生的家离学校路途遥远，因此接受放学后留在学校一起玩的邀约对她来说有困难。当七年级的学生开始举行升学礼时，我找了几个有爱心的女生邀请她参加周末过夜活动，这样她就可以参加晚上的聚会了。这样一来，她就不再感到孤单，与同学的联系也更紧密了。帮助她的女孩们的自我感觉也更良好。

有些孩子比较内向，不需要太多的社交，这些孩子的家长有时会问我，他们是否应该担心孩子的社交问题。前初中校长珍妮弗·韦伯斯特（Jennifer Webster，现任马里兰州蒙哥马利县公立学校主任）建议将思考问题的角度打开："我会问家长，孩子与家人相处得如何？当家人一起参加游戏之夜时，他会参与吗？他可能不喜欢和一大群朋友在一起，但他喜欢和你们一起玩，是吗？"

联系你孩子的老师，请老师评估他在更结构化的环境中的表现。看看他在英语、体育、艺术等一系列课程中的表现。他与同学的互动如何？他能否进行小组合作？这比审视他的朋友圈更能衡量他的社交表现。韦伯斯特告诉我："作为家长，如果老师说孩子能按照要求完成任务，表现符合发展规律，而且很投入、很自在，我就放心了。"

你可以问孩子类似的问题："你在西班牙语课上感觉如何？你能自如地回答问题或与老师交谈吗？"如果他们说在课堂上不想和任何人说话，也没有朋友，那就仔细观察一下他们的社交圈。把一个孤独局促的孩子转移到一个新的环境，这种方法虽然听起来有用，但如果不解决他潜在的社交技能缺陷，可能对彻底解决问题无济于事。孩子们走到哪里都会维持原本的样子，如果你只是改变环境，他们很可能会发现自己在新环境中处于同样的境地。

指明前进的道路

有时，家长知道孩子的行为很不友善，但不知道如何帮助他们改正。可以帮助他们把后果说出来。你可以问："如果人们想和你做朋友是因为害怕你，而不是因为喜欢你的人格，这意味着什么？"如果孩子用"但是每个人都讨厌她"之类的话将自己的行为合理化，请质疑他们的说法。

初中生正在尝试使用社会权力，但他们的同理心还没有完全地发展。这可能会导致他们变得不友善，但一味强调他们的不好并不能帮助他们。关键是要帮助他们尽快回到"好孩子"的轨道上来。内疚的情绪可以起到建设性的作用，而羞愧情绪则于事无补。肯尼迪 - 穆尔建议采用三步法。第一步，给孩子一个借口。说："我知道你想获得一些空间，或者想表达一个观点，或者想反抗那些伤害你的人。"第二步，"但是"。这时，你要让他们看到自己行为的影响。"但是，当你告诉所有人她的秘密时，你真的辜负了她的信任。"第三步，采取行动。你可以问："你能做些什么让她感觉好些？"以及"你能做些什么防止这种事情再次发生"。只有孩子自己提出解决方案，改变才更有意义。

孩子们需要时间才能走出困境，尤其是情感上的痛苦。我的一个七年级学生肖恩被班上所有同学排挤。他的情绪跌到了谷底，才知道应该去弥补自己的错误。他知道自己做了一些错误的选择，比如挑衅别人和使用种族主义语言，他对自己失控的行为感到沮丧和困惑。他决定要一次性向整个年级道歉。我不确定这是不是一个好主意，于是我们讨论了道歉的形式和内容，包括他要说什么、在什么时间说。我告诉他，最好能调整一下措辞以确保语气尊重，但我也告诉他，他可能不会得到想要的结果。他最终还是想公开道歉。

当肖恩声泪俱下地向同学们道歉时，同学们都瞪大了眼睛，呆在当场。他讲完后，我屏住呼吸，希望其他人能以同情之心对待他的勇气。沉默了很久之后，同学们轮流赞扬了他的勇敢。他们告诉肖恩，每个人都会犯错，都应该有第二次机会。有几个学生承认，他们自己也没那么好。他的老师和我在听到第四或第五句善良的评论时都红了眼眶。有些孩子只能从痛苦的错误中学习，但这没关系。无论好坏，这些经历都会深深地印在他们的记忆中。

养育初中生可能会遇到一些困难，所以你需要额外的支持。茱莉娅·吉伦·威廉斯是一名小学人事工作者，也曾是初中心理咨询师，她告诉家长们要创立成年人养育后援团，如姑妈或姨妈、年长的表哥或表姐、亲密的朋友。他们可以帮助给予孩子友谊方面的建议。"我是哥伦比亚人，每个人都是 Tía 或 Tío 什么的，"她告诉我，"这些人都没有血缘关系，但我儿子明白，这些人都是我们信任的人。"吉伦·威廉斯上初中时，曾遭受过欺凌。她说："我在朋友的家庭中找到了家人，我从其他'妈妈'的母爱和韧性中获益。你的孩子可能更容易接受来自非父母的成年人的人生教诲，而其他成年人也有助于增加你向孩子传递的信息的可信度。这些后援力量还能在你无法帮助孩子时为你提供支持。因为你的孩子可能会经历不想向你倾诉的阶段，或者因为你不在最佳状态而不想给你增加负担。

初中生需要尽可能多的帮助。如果他们感到被别人看轻，就会对他人的行为过分解读。遇到这种情况时，可以试着问一系列以"也许"为开头的问题：也许那个朋友认为你会喜欢他的做法；也许这只是一个意外；也许他们没有意识到这是你的隐私。可能性有很多，你可以帮助孩子假设积极的意图。孩子的朋友没有邀请你的孩子参与周末计划，也许只是因为他想和新同学有一对一的相处时间。你的孩子在一张合照上没有被标记，也许只是无意的疏忽。鼓励他们从"为什么是我"的问题转变为"如果是我……"和"我该怎么做"等更注重问题解决的问题。当他们无法否认自己受到侮辱时，让他们为自己说话。可以是简单的一句"真是太讨厌了"，然后走开。

闹剧也有演过火的时候。正如普林斯坦所说："七年级就是一个每日都在进行冲突解决的训练营。"（我把他的看法告诉一个有社交问题的七年级女生，她说："嗯，他说得完全正确——只不过这些冲突根本没法解决。"）有些孩子惧怕冲突，他们会告诉所有人（除了冒犯他们的人）自己很难过，而有些孩子则会因为在闹剧中扮演核心人物而肾上腺素飙升。要让这些孩子相信脱离是最好的长期策略可能会很困难。如果你的孩子分享了自己或他人友谊冲突的细节，请帮助他们识别核心人物并只与其接触。你可以问："这是你需要参与的事情，还是你只是好奇？为了解决这个问题，你需要和谁谈谈？"如果你的孩子被喜欢制造混乱的朋友吸引，问他们："与那些喜欢激怒大家的孩子交往有什么坏处？"因为有些初中生喜欢在每次谈话中都抛出重磅话题。

不过，请记住，好的友谊并不一定能带来积极的体验。孩子可能只愿意和亲密的朋友交往。你可能会惊讶地发现，你的孩子一点也不想与以前的朋友和好。相反，他可能希望你让他找下一个朋友，或者帮助他建立一种更舒适但保持距离的动态人际关系。

如果你的孩子看不清全局，可以尝试视觉想象。邀请他想象自己乘坐在热气球中。站在这个新的制高点上，他能更清楚地看到问题所在吗？他能找出可能的解决方案吗？即使是最优秀的家长，有时也很难保持冷静。萨克拉门托·沃尔多夫学校的老师梅甘·沙利文告诉我："我是从事教育行业的，也接受过这方面的培训，但我仍然需要做很多心理建设，才能避免对自己青春期的女儿们的行为反应过激。"保持你的幽默感，而不是否定他们的担忧。如果你能在黑暗的时刻找到光明，你也会过得更好。

— 给家长的建议 —

- 如果你的孩子有社交困难，可以培养他们的社交技巧，如自然地加入对话或提问，而不是试图给人留下深刻印象。
- 指出如果他们为了获得不同的小团体的接纳而放弃自己的朋友，他们会失去什么。
- 不要太看重网上的"喜欢和关注"。
- 关注他们可以控制的事情，比如向其他陷入困境的人伸出援手。
- 当他们伤害了朋友时，告诉他们一个解决的办法。
- 利用成年人后援团来强化你提供的信息。
- 使用视觉想象帮助他们获得一些距离感和新的视角。

— 谈话开场白 —

- "你喜欢戴维哪一点？"
- "如果加入克洛艾的小团体，你觉得会有什么变化？"
- "如果你放弃你现在的朋友，去和麦

蒂以及她的朋友们在一起，你会失去什么？"

- "如果人们想和你做朋友是因为害怕你，而不是因为喜欢你的人格，这意味着什么？"

- "马克让你感觉好吗？他是你在危机中可以依靠的人吗？他对别人友善吗？"

- "你认为理想的解决方案是什么？你想修复友谊还是暂时脱离这段关系？"

第 7 章

应对欺凌行为

 "我知道我很胖。我不需要每个人每天都提醒我。"

"我尽量不去二楼的洗手间,因为卡尔和蒂姆经常去那里。每当我从他们身边经过,他们就会把我的裤子拽下来,还觉得那很有趣。"

"莎莉和达娜趁我不注意把卫生棉条塞进我裤子后面的口袋,然后当着大家的面拽出来。"

每当杰西和她最好的两个朋友克洛艾和梅格一起出去玩时，她的朋友们都会小声谈论另一个叫凯特的七年级学生。杰西不认识凯特，她也好像没有错过什么谈话内容。克洛艾和梅格说凯特很黏人，讲的故事很无聊，身上还有一股祛痘洗面奶的味道。每当杰西问起关于这个神秘女孩的信息时，她的朋友们都会咯咯地笑，并向对方投去心照不宣的目光。这种情况持续了好几个星期，直到班上的一个男生告诉杰西真相——凯特是她们给她起的代号。

杰西向其他朋友寻求支持，但支持像多米诺骨牌一样倒下。克洛艾和梅格拥有所有的社交资源，没有人愿意冒疏远她们的风险。每天晚上，她都哭着入睡。她的母亲，也就是我的朋友内奥米，打电话向我寻求建议。她声音颤抖地问我："我该怎么帮她？她太痛苦了。"

内奥米本人遭受欺凌的经历加剧了她的恐慌和痛苦。八年级时，同学们经常羞辱她。他们在情书上伪造她的签名，并把情书放在一个受欢迎的体育生的储物柜里。他们扯她胳膊上的汗毛，叫她猴子，还邀请她参加不存在的聚会。内奥米在整个高中期间都饱受抑郁的折磨，她希望杰西能有一个更好的结果。她知道杰西喜欢写作，于是她给杰西报了一个创意写作班，在那里杰西可以交朋友，也可以处理自己的情绪。在一次作业中，杰西写了一个饱受折磨，但最终振作起来，帮助其他孩子的女主人公。在她的现实和想象世界中，她都在学习如何改变自己的叙事方式。这需要时间，但她最终意识到，欺凌只是她的故事的一个章节，这也引起了内奥米的共鸣。

欺凌会剥夺孩子的尊严，给他们留下伤疤，情绪的恢复也很复杂。有些孩子会反抗，有些孩子则会像石头一样彻底沉下去。

没有放之四海而皆准的干预方法，但以下几种方法可以培养孩子的韧性。我还会提供一些建议，帮助那些实施欺凌的孩子。

找到联盟，并提出切实可行的策略

当孩子因同伴而受到创伤时，他们需要一个安全的空间来恢复。家长可以引导孩子参加自己喜欢的活动，在那里他们可能交到新朋友。无论是有机园艺、吉他、排球、读书俱乐部还是击剑，都没有关系。孩子小的时候，他们会根据邻近性寻找朋友。随着年龄的增长，他们会根据相似度寻找朋友。无论你的孩子是否曾是欺凌的目标，这种转变都是初中生活的基本挑战之一。

寻找孩子最适合的运动项目、艺术课程或辩论俱乐部，然后和他们谈谈他们喜欢什么、擅长什么以及什么时候最快乐。你可以在竞争性较低的娱乐体育联盟，或在当地博物馆或创客空间（协作式工作空间，孩子们可以在这里学习使用工具和材料、创建项目并解决问题）找到机会。有些孩子会在当地的大学参加编程或烹饪课程。考虑让你的孩子参加夏令营，并帮助他们与新朋友保持长时间交往，哪怕只是通过网络交流也可以。只要有一份深厚的友谊，就会对他们起到保护作用，并能培养他们的适应能力。

家长担心孩子的情况是可以理解的，但不要故意"询问痛苦"。《承担责任》（*Owning Up*）一书的作者、情感教育网站"尊严文化"的联合创始人罗莎琳德·怀斯曼（Rosalind Wiseman）说，这种做法会适得其反，会让孩子产生焦虑。她解释说："不要一上来就问'今天在学校其他孩子欺负你了吗'。如果他们说是，他们就必须面对你的情绪反应，但如果他们说不是，他们可能就失去了讲述的机会。"相反，可以问一些开放式的问题，比如"今天在学校怎么样"。

孩子需要感觉到生命中的成年人相信并信任他们。承认别人对他们所做的某些事情是绝对不可接受的，你知道他们受到了伤害。然后指出他们拥有的、应得的力量，以抵消负面信息。当孩子受到系统性的欺凌时，他们会开始认为自己是失败者，并产生受害者心态。提醒他们，永远不要让别人来定义自己。

与孩子一起培养解决问题的能力，包括开动脑筋想出反击的台词、练习不慌不忙的样子、反思过去的互动，或在灰暗的境况中寻找乐趣。你可以向孩子展示如何用眼神接触、有力的姿势和坚定的语言来建立界限，从而帮助他们变得更加自信。找出他们在身体或情感上容易受到伤害的时刻，绘制学校地图并避开可能发生事件的区域。可能孩子的班级本身存在管理不善的问题，或者你的孩子可能需要避免坐在校车的后排。《我们都错了！同理心才是孩子成功的关键》的作者米歇尔·博尔巴告诉我，43% 的美国孩子害怕使用学校的卫生间，但她补充说，许多初中生喜欢学校的媒体中心，因为这里的管理员往往很严格，也很警惕。帮助他们确定一切可以保护自己安全的方法，包括限制与有问题的孩子交往的频率和时间。当他们必须与这类人接触时，应让他们保持冷静和镇定。

校长希望家长们了解欺凌的定义，因为家长们往往会夸大欺凌的情况。博尔巴告诉我："欺凌是一种冷血的、单方面的、故意的残酷行为，通常会重复发生。比如一个孩子的头被另一个孩子摁到马桶里。"但有时，问题其实并不是欺凌。而是两个孩子需要共同面对和解决某一个问题，但他们的地位平等，每个人都能坚持自己的想法。被欺凌的对象通常有一个共同点，就是他们往往在某些方面与众不同。人们更愿意支持与自己相似的人。拥抱多元化是一个重要的理念，但它却与我们习惯的思维方式相冲突。

请花时间了解学校的看法。学校心理咨询师、老师或行政人员可能会提供一些好的见解，或促成好的友谊。友谊至关重要，因为所谓的"朋友"也可能实施欺凌。孩子们可能会在20%的时间里与尊重他们的同伴保持亲密的关系，而在其他时间里容忍朋友的欺凌行为。你的孩子必须处理曾经信任的朋友背叛自己的事实，并意识到他是在牺牲自己。为了帮助他做到这一点，请与他谈谈结交朋友是看重朋友的什么品质标准。如果他不把这些联系起来，将来就会犯同样的错误。

权力动态会经常发生变化，因此家长和教育工作者需要仔细调查所有指控。事情并不总是如你所想。一个新的转折是，受欺凌的孩子可能更倾向于在网上自己针对自己。网络欺凌专家萨米尔·辛杜贾（Sameer Hinduja）和贾斯廷·帕钦（Justin Patchin）在《青少年健康杂志》（*Journal of Adolescent Health*）上共同发表的一项研究发现，7.1%的男孩和5.3%的女孩曾在网上发表过对自己刻薄的言论，如"你很丑，没人喜欢你"或"你应该自杀"。2013年，14岁的英国少女汉娜·史密斯（Hannah Smith）在遭受了几个月的网络欺凌后自杀身亡，调查人员发现，98%的辱骂信息都是她发给自己的。家长们可能会认为这种自我伤害方式很离奇，但这其实是一种求救信号，必须得到重视。2016年，法国研究人员对64篇文章进行了系统回顾，得出的结论是，有自我伤害行为史的年轻人中，70%至少尝试过一次自杀。网络自我伤害行为与自杀未遂之间可能存在类似的联系。

改变叙事方式

家长可以帮助被欺凌的孩子明白，他们是故事的主角，而欺凌只是故事中的一次考验。澳大利亚欺凌问题专家、英雄建筑公司（Hero Construction Company）总裁马特·兰登（Matt Langdon）敦促成年人使用英雄之旅模式来引导孩子。他在电话中告诉我："每个英雄故事都有相同的桥段。英雄一开始知道这个地方的规则，然后他被带到一个有新规则的不同的世界，他开始了一段新旅程，并发生了改变。"

在这种情况下，最好避免过分夸大受欺凌的经历。如果把欺凌经历作为重点，就会对孩子造成伤害。你可以利用《哈利·波特》等系列电影来讨论应对欺凌的策略，并强调英雄可以在战斗中变得更加强大。你也可以和孩子一起观看最新的超级英雄电影，并让孩子注意其中的相似之处或教训。还可以分享现实世界中催人奋进的图片，或观看有关受欺凌儿童改变世界的振奋人心的视频。寻找有关公开谈论被欺凌的名人的文章，尤其是他所崇拜的名人。当孩子意识到他并不孤单时，他就会得到安慰。兰登在他的网站上提供了一套自我引导的亲子教育课程。他发现人们的注意力总是集中在如何让被欺凌的人变强大上，他感到很沮丧。兰登告诉我："要求受到伤害的人改变自己是非常错误的。相反，我们应该改变叙事方式。"

改变叙事的另一种方法是将所谓的弱点重新塑造为优点，这是我应用在学生身上的一种技巧。当他们总是关注自己的不足时，我会让他们找出每个所谓缺点的两个优点。《怪胎因子》的作者戴夫·伦德尔用自己生活中的例子给孩子们带来希望。他告诉我："我因为很多事情被人欺负。我瘦得怪异，被人称为'Twiggy'，这是一个瘦削的模特的名字。没有一个 13 岁的男孩希望自己的身材被拿来与之相比。但正因为我的瘦削，我才能完成铁人三项赛。"

让孩子相信，折磨他们的孩子目光短浅、大错特错，帮助他们感到自豪而不是羞愧。伦德尔说："书呆子未来会不会成为发明家？穿着怪异的孩子未来会不会因为自己是时装设计师而受到称赞？"在初中阶段，任何一种离经叛道的行为都会给自己带来巨大的压力，迫使个体顺应潮流，这使得被欺凌的目标尤其难以憧憬光明的未来。

我与教育专家安妮·福克斯（Annie Fox）谈到初中生强烈的融入欲望，她是一位青少年建议专栏作家，也是"初中机密"（Middle School Confidential）丛书的作者。她敦促家长向孩子强调，与众不同并不意味着有缺陷，并指出："初中生要么把自己扭曲得像麻花一样，以磨平自己与众不同的棱角，要么就戴上满不在乎的面具。"如果孩子不再试图成为一个与真实自我不同的人，他们反而很可能会吸引到不同类型的朋友。

咨询顾问团，用"咒语"来限制反刍

当孩子受到欺凌时，他们往往会感到孤独。为了消除这种孤独感，兰登建议家长帮助孩子确定一群真实或虚构的顾问，作为他们人生旅途中的伙伴。他将他们比喻为亚瑟王的圆桌骑士[⊖]。

他解释说："家长可以让孩子思考，在自己的故事中他人可以扮演的不同角色，可以是跟班、导师或者啦啦队队长。"孩子可以

⊖ 源自中世纪骑士传说，圆桌没有主次座次的设计，象征平等、协作的精神。在此借喻为孩子构建支持系统。——编者注

向顾问团提问："如果这个人每天在学校都欺负我，我该怎么办？我怎样才能不再总是想着发生在我身上的事情？"他们可以想象与虚构人物、名人或历史人物进行对话，同时也可以与现实生活中的朋友和家人交谈。鼓励他们在自己的顾问团中加入自己崇拜的各种人物，无论是哈莉雅特·塔布曼（Harriet Tubman）⊖还是赛琳娜·戈麦斯（Selena Gomez）⊜。这一练习会强化向他人求助的重要性，并帮助孩子认识到每个人都会遇到坎坷。"

如果你的孩子无法停止反刍⊜自己受到的欺凌，他们可能需要一句咒语或歌词来帮助他们控制侵入性想法。反刍会放大痛苦，减慢复原速度，而且会增加他们认为欺凌者对他们的看法具有正确性的风险。当有事情发生时，那首歌就会出现在他们的脑海中。罗莎琳德·怀斯曼敦促孩子们尽可能多地尝试这种练习，使之成为一种习惯。咒语可以是任何肯定他们在这个世界上存在的权利的语句，比如"我不应该被这样对待"，但要让孩子自己选择自己的咒语。告诉他们，虽然你不能让欺凌行为神奇消失，但你会一直在他们身边提供策略和支持。

这样做的好处是：被欺凌者往往会发展出更强的同理心，并从让他人免受同样的痛苦中获得意义。当他们帮助他人时，他们的自信心会增强，压力也会减少。米歇尔·博尔巴与我分享了一个故事：几年前，一名青少年从海地移民到美国。起初，没有人愿意看他，也没有人愿意和他一起吃饭。在他进入足球队并获得认可后，他想起了被排斥的感觉。他动员了其他学生，包括他所

⊖ 哈莉雅特·塔布曼（1822 年—1913 年）是一位杰出的美国非裔废奴主义者和女性主义者。——译者注

⊜ 赛琳娜·戈麦斯，美国女歌手、演员、制片人。——译者注

⊜ 反刍在心理学中指个体反复地思考负面情绪或经历，易导致个体陷入不良情绪，甚至形成负面信念，继而影响正常生活。——编者注

在的整个足球队，和那些独自吃饭的孩子们坐在一起。同样，16
岁的娜塔莉·汉普顿（Natalie Hampton）创建了"与我们同坐"
应用程序。在上一所学校，她完全被排斥在外。她还记得那种羞
愧和孤立无援的感觉，她想向处于同样境况的人伸出援手。

管理好自己的焦虑——知道何时该换个环境

有些时候，家长应该给孩子转学，尤其是在有安全顾虑的情
况下。要警惕孩子出现过度哭闹、改变睡眠和饮食习惯、社交退
缩、拒绝上学或学习成绩下降的现象。如果你发现孩子的情绪突
然低落，应带他们去看专门治疗受欺凌者的心理治疗师。

"几年前，一个来自得克萨斯州的女孩写信给我，"安妮·福
克斯告诉我，"在游泳课上，有人从她的柜子里偷走了她的胸罩。
她的胸部发育良好，但她也只能不穿胸罩去上课。"这个女孩在走
廊里被人录了像，她感到非常羞辱，想要自杀。福克斯联系了她
的父亲，父亲安排了一次与校长、学校心理咨询师和偷胸罩的女
孩的家长的会面。

福克斯说："当这个女孩在这个所谓安全的空间分享她去储物
柜，然后穿过走廊的感受时，家里有女儿的其他妈妈却都笑了。"
校长说，他无法确保女孩的安全，就把这件事搁置了。这个女孩
最后转到了另一所学校，并在那里健康成长。

你的孩子需要安全感才能学习，如果学校不作为，你需要为
孩子发声。不要承诺你不会告诉别人，并保存好所有证据。你甚
至可能需要报警。

但也要给学校时间进行调查，找出正确的肇事者。家长的行
动往往太过急迫。怀斯曼说："如果你自以为是地发脾气，唯一的

结果就是让情况变得更糟。"如果你的孩子回家后感到受伤，为他感到难过和愤怒是正常的，但首先要收集证据。他是一时的抱怨还是持续的痛苦？他是否总是被同一个孩子盯上？如果没有你的干涉，他是否能够自己处理？他是否尝试过在学校寻求成人的帮助，或填写欺凌报告表？

请第一时间联系学校心理咨询师或老师，以了解情况或寻求建议，而不是冲进教学楼要求对方孩子承担后果。你可能会发现，是你的孩子挑起了事端，或者在攻击者和被攻击者的角色之间切换。保持开放的心态，认识到自己可能并不了解全部情况。你也不希望用正确的方法解决错误的问题。你要相信教育工作者也希望制止欺凌行为。我们中的大多数人都不是野蛮人，我们没有兴趣容忍同伴的残酷行为。此外，一个具有攻击性的孩子可能会对整个校园氛围造成严重破坏。

给教育者的建议

解决冲突要深思熟虑

在把欺凌者和被欺凌者聚在一起之前，要做一些准备工作。如果你强行让双方迅速停战，可能会在无意中加强欺凌者的攻击性，使另一个学生再次受到伤害。在你做任何事情之前，确保两个学生都做好了见面的准备。与欺凌者交谈，确认他已经准备好真诚地道歉，并确保另一个学生对这个计划感到满意。处理完后，继续关注目标学生的心理健康状况。欺凌的影响可能会持续很长时间。

穿越时空，前往未来

加利福尼亚大学伯克利分校的研究人员发现，如果人们能够想象自己在遥远的未来将如何解释一件痛苦的事情，他们目前的焦虑、悲伤、伤害和愤怒就会减少。可以问问孩子："你觉得 10 年后你会如何回顾这件事？"斯坦福大学教授、《跟任何人都合得来》（The Asshole Survival Guide）一书的作者罗伯特·萨顿（Robert Sutton）在《华尔街日报》（Wall Street Journal）上撰文介绍了这种心理时空旅行。他解释说，这是箴言"一切都会过去"的变体。他讲述了美国空军学院一名学员的故事，这名学员在大一期间受到了高年级学生的欺凌。这名学员想象，几年后他就能驾驶飞机了，而暂时的折磨只是为了实现成为飞行员的目标所付出的微不足道的代价。

萨顿还建议与欺凌者保持情感距离。他写道，一个大学行政人员假装自己是一名医生，专门诊断罕见的极端"浑蛋症"，以此应对欺凌者。他没有沉浸在负面情绪中，而是告诉自己能发现这样一个"令人着迷的病例"是多么幸运。

欺凌者也需要帮助

如果你的孩子有欺凌行为，无论他们是第一次还是第二十次伤害他人，干预都同样重要。小题大做是有道理的。欺凌他人的孩子不仅会伤害他人，他的攻击行为也会让自己付出代价。研究员罗伯特·法里斯告诉我："很多我们认为属于青春期的行为其实是环境的产物。学校不像工作场所，学生没有工作、老板和下属。"

学校没有地位结构，孩子们只能自己建立等级。好斗的孩子可能会积累社交资源，但也会付出心理代价。法里斯指出，这些孩子在初中出现抑郁症状的可能性较高。此外，还有长期的负面影响。普林斯坦在他的《受欢迎》一书中指出，那些更注重社会地位而不注重被爱和善良的孩子，在以后的生活中往往会有更高的物质滥用率，仇恨和绝望的情绪也将经历得更多。（我会在第 8 章再次谈到这个观点。）

尽早制止孩子的欺凌行为，不要让孩子为病态行为找借口，也不要错误地认为这只是一个阶段性产物。博尔巴告诉我："每重复一次这种行为，他们的道德观就会受到一次严重破坏。"他们会将目标非人化，同理心减弱，并开始认为欺凌行为是可以接受的。这些都不利于他们在成人世界的发展。我与《战胜欺凌者》(*Taking the Bully by the Horns*) 一书的作者凯西·诺尔(Kathy Noll) 交换了电子邮件，她建议我问学生以下问题："你做了什么？为什么这么做是不对的？你伤害了谁？你想达到什么目的？下次你再有这样的目的时，如何在不伤害任何人的情况下实现它？你将如何帮助被你伤害的人？"这些问题将帮助他们认识到自己的行为及其后果。

你还可以收集证据和信息，指出孩子在何时、何地、为何对他人实施残酷行为。他是否想获得社会权力？同伴是否在怂恿他？他是否从观察其他孩子或成人的行为中学会了这种行为？他是否缺乏同理心，无法理解这种行为对他人的影响？他是否有愤怒或嫉妒问题？他的行为是什么样的？他生活中的教练、学校心理咨询师、老师和其他成年人观察到了什么？欺凌行为在初中阶段达到高峰，有些孩子可能会将其视为满足自身需求的正常方式。

如果学校老师就孩子的某一事件或行为模式与你联系，请认真对待，并共同想办法，采取有效的干预措施。你的孩子是否需要与某些孩子分开？他是否需要参加社交技能小组，或观看有关受欺凌儿童的视频和阅读有关图书？也许他们没有清晰的自我概念，参与有意义的服务工作会让他们受益匪浅。理想情况下，纠正学生不良行为的办法应该是让他们尽量去弥补，因为恢复性教育比停学更能促进行为改善。一旦你意识到孩子有问题，就应立即开始监督孩子的进步情况。要求他们生活中的成年人定期提供最新信息，然后让孩子对自己的行为负责。你可以充满爱心和同理心，但也可以坚定自己的期望。

当你听到孩子与朋友谈论不友善的行为时，不要害怕介入。当涉及关系攻击时，不要把男孩排除在外。与性别刻板印象相反，男孩也会结成联盟、传播流言、发表贬损性评论。法里斯指出："大多数孩子都想成为善良的人，但与此同时，他们却在社交媒体上共同发起了排斥和骚扰运动，他们在折磨别人。"你的孩子可能会认为一定是因为这个人做了什么事，所以此人罪有应得，你需要向他解释这种观念是绝对不能接受的，也是没有道理的。谈谈"挺身而出"的意义，并说"这不是一个好人会做的事"。如果是因为孩子一念之差导致的错误，家长的失望能给孩子带来巨大的改变的力量。

如果你的孩子学习成绩又好、朋友又多，你可能不会担心孩子的行为，但依然要深入了解一下。这些朋友的素质如何？法里斯告诉我："如果我的孩子超级受欢迎，我就会担心，因为这会带来很多风险，家长可能会放松警惕。"他对六年级的学生进行了纵向研究，一直到他们上十二年级，研究发现，当他们越接近社交网络的核心，就越有可能通过欺凌同伴来获得更高的地位。然而，当他们真正到达顶端，就不再有攻击性行为了。

法里斯解释说："这是一个重要发现，因为它表明欺凌可能不仅仅是虐待狂才有的行为。这与孩子利用攻击性行为来攀登社会阶梯的观点是一致的。"当他们的社会地位提高后，他们就不再需要做那样的行为了。让他感到震惊的是，孩子对朋友的攻击性行为远远多于对非朋友的攻击性行为。当孩子攻击的对象地位高、本身具有攻击性或与其属于同一个朋友圈时，攻击者的地位会得到最大的提升。因此，你的好斗的孩子可能缺乏亲密、忠诚的朋友。他可能很受欢迎，也可能很不友善，还可能被很多人讨厌。他所处的位置越接近顶端，他的敌人就可能比朋友还多。

就像你会帮助受欺凌的孩子扩大社交范围一样，欺凌者也需要帮助来扩大自己的朋友圈。当孩子感到安全稳定时，他们就不太会去追求更高的社会地位，也不会太看重坏朋友。你可以强调，为了地位而做出的行为是短暂的，但欺凌造成的伤疤却是永久的。无论是在工作场所还是在个人生活中，孩子一生中任何时候都可能会遇到不友善的行为。现在就教育他们，没有人会从欺凌他人的行为中获益，也没有人应该被欺凌。

— 给家长的建议 —

- 永远不要向孩子保证你不会说出去——他们需要你为他们发声。
- 不要故意询问痛苦，努力控制自己的焦虑。
- 记录所有信息，了解学校的反欺凌政策。可能需要填写一些表格。与学校合作。
- 找到能发挥孩子特长的联盟、活动等。

- 头脑风暴，列出孩子在遇到困难时可以咨询的真实或想象中的顾问。
- 强调那些公开谈论被欺凌经历的名人。
- 让孩子们列出自己的特质以及每个特质可能带来的优势。
- 展示如何用肢体语言建立界限。找出发生问题的地方，可能是学校食堂，也可能是网上。
- 帮助他们选择一句可以重复的歌词或个人"咒语"来避免有害的反刍，比如"我不应该被这样对待"。
- 不要因为你的孩子有很多朋友，就认为他没有攻击性。欺凌其他孩子的孩子也会付出代价。
- 当你无意中听到孩子计划做一些不友善的事或对同学说一些负面的话时，请及时干预。

— 谈话开场白 —

- "我不能对你的遭遇置之不理，但我们可以一起想一想，你希望我对学校老师说些什么。"
- "当你在学校时，什么时间、在哪里会让你感到不安全？"
- "如果你无法避开那个给你带来麻烦的人，就让我们一起想一些对策吧。"
- "我知道你对自己的这一部分感觉不好，但我认为这其中也潜藏了力量。"

第 8 章

应对流言和社交动荡

关键技能	1——明智地选择朋友
	2——协商冲突
	9——做出负责任的、健康且道德的选择

 "这个女孩一直告诉大家,我从她的柜子里偷走了她的夹克,她真能说谎!"

"我不肯和威廉约会,所以他现在向他的朋友散播关于我的流言。"

"大家都说我在商店行窃被捕了。"

得克萨斯州一所学校的心理咨询师斯蒂芬妮·卡拉斯从小学调到初中工作后，对闹剧事件的数量之多感到震惊。她的一名新学生吉娜在七年级之前一直很受欢迎。就在那时，她的同学凯特琳指责她与一名男生有染。事实并非如此，但这并不重要。凯特琳和她的朋友开始在厕所的墙上写下对吉娜的恶毒评论。卡拉斯告诉我："吉娜很难过，开始有自我伤害的念头。"吉娜越是崩溃，她受到的关注就越多。

卡拉斯告诉吉娜，不要再把朋友拉到厕所去寻找新的侮辱性语言，不要再助长负面情绪。她告诉其他女孩不要再在社交媒体上发布涂鸦的照片。吉娜的朋友不断向她提供最新消息，这让她几乎无法结束这种循环。卡拉斯说："当我质问时，那些不友善的女孩的头目都会撒谎说不是她们干的。我感觉自己就像在原地打转。"

初中生敏感地意识到了想象中的观众，并认为自己一直在被监视。对他们来说，流言就是他们被评判的铁证。他们可能会觉得自己被错误地定性，感到愤怒、受伤或无能为力，然后在社交上把自己封闭起来或拒绝上学。成年人也会像孩子一样感到无助。家长会问我："我们应该让学校介入吗？我们应该给其他孩子的家长打电话吗？我们该如何保护孩子的名誉？"

流言和欺凌都是令人痛苦的关系性攻击的形式，会摧毁孩子的自信和自尊，但流言带来的挑战更特殊。从流言的始作俑者，到流言的对象，再到争论是否要散布流言的孩子们，可能有多方参与其中。当不实言论在网上传播时，孩子的未来和名誉都岌岌可危。如果是暗中传播，目标可能完全不知道自己被诽谤了。流言在传播过程中会被篡改和夸大，而且会被用于各种目的。孩子可能会为了适应环境、讨好某人、伤害假想敌、提高自己的自尊或获得关注而开始传播他人的流言。

遏制流言就像把牙膏挤出来后又试图放回去，或者就像在大风天里把装满羽毛的枕头套倒空，然后期望把每根羽毛都找回来。这些是不可能的。但是，家长可以帮助孩子摆脱尴尬，隔离消极的社会互动，并转到更温和的社交群体中。以下是一些具体的方法，可以最大限度地减少社交闹剧，让孩子振作起来。

帮助孩子找回正常的感觉

要消除流言并不容易，尤其是当有人在社交媒体上煽风点火时。前初中学校心理咨询师朱莉娅·吉伦·威廉斯与我分享了一个假设情况，她把自己想象成今天的初中生。如果她欣赏一个男孩，而且她认为他也欣赏她，她可能会给他发一张自己的半身照。朱莉娅接着说，他可能也欣赏她，但他才 13 岁，容易冲动，所以他在午餐时掏出手机把照片给他的朋友们看。朋友们看到后，要求他转发给他们。朱莉娅解释说："即使他是一个正直的人，他也可能会感到压力。"

顷刻间，朱莉娅的一切都改变了。"我突然变成了流言中心，因为我发了那张照片，照片到处都是，也许照片被篡改了。我父母也知道了，大家都在说我的闲话，而那甚至不是我发的照片。这太难了，因为信息无法撤回。"即使是成年人也可能不知道如何解决这个问题：如果他们试图收走所有孩子的手机，这张照片仍然可能会在社交媒体上重新出现。更复杂的是，学生们可能已经违反了与侵犯他人肖像权有关的法规。大多数 12 岁的孩子都"活在当下"，也根本不懂法律。

面临朱莉娅这种情况的学生如果在事件发生后在家待了一天或多天，那他们可能需要帮助才能重返学校。与你的孩子、学校心理咨询师和行政人员一起，想出一段枯燥无味的回应话术，让孩子重复说，直到所有人都失去兴趣为止。吉伦·威廉斯说："她可以决定对前 15 个骂她或说看过她照片的女孩说什么。我们鼓励孩子说，'那是个错误，已经过去了'，或者'我不想谈论这件事'，或者'我不能谈论这件事，因为有人会被停学'。当孩子处于情绪高涨的状态时，他们会让故事继续传开。"

你要认识到这对孩子来说是多么痛苦，给予无条件的爱和接纳，并提醒他们没有人可以在未经他们允许的情况下夺走他们的尊严。你也可以考虑分享自己的创伤经历。当别人散布关于达拉14 岁女儿林赛的恶毒流言时，她就是这样做的。达拉告诉我："这两个女孩知道她正在从贪食症中恢复，她们一直说她的手上有呕吐物。"林赛躲在房间里一哭就是几个小时。达拉告诉女儿，她13 岁那年参加了一个夏令营，其他孩子嘲笑她。在舞会上，她的室友会告诉男孩们她从不冲马桶。"我还记得那些男孩大喊'呸'，然后从我身边跑开，"达拉说，"当时，我以为我会死，但我挺过来了。我告诉林赛那很痛苦，但我没事，我知道她也会没事的。"

当孩子明白他们的社会地位并不是固定不变的时候，他们会过得更好。《棍子与石头》（Sticks and Stones）一书的作者埃米莉·贝兹伦（Emily Bazelon）与我分享了一段亲身经历，她强调："我可以拿八年级时朋友们'开除我'的事开玩笑，因为我过得很好。'这只是痛苦的一瞬间，而不是你的余生。'我真希望我在中学时就相信这一点，因为这会让整件事变得不那么沉重。"

当你的孩子回到家感觉很不舒服时，不要批评或指责他们。给他们一个拥抱，倾听他们的心声。当他们能够参与讨论时，承认他们的感受，说："我能理解为什么那让你感觉很糟糕。"然后转入解决问题模式。问"你想尝试什么"。让他们发挥主导作用，但要帮助他们列出一个选项清单，并要求他们不要退缩。告诉他们不要与任何没有直接参与这场闹剧的人接触。如果他们很生气，觉得受伤并在策划报复，要劝阻他们，让其不要报复。问："如果你这么做，你觉得那个人会怎么反应？"虽然很难想象，但在那一刻，你的孩子可能想在以后恢复友谊。建议他们"休息一下"，而不是永远与对方撇清关系，从而帮助他们敞开友谊之门。然后，你要抑制住联系对方家长的冲动。因为你不能强制让另一个孩子变得善良，并且冲突可能会被过分放大。

你也可以把自己的问题拿出来分享。谢里登学校校长杰茜卡·多诺万（Jessica Donovan）向家长们讲述了她最好的朋友珍妮弗·黑尔在六年级时抛弃她的事情。"出于某种天赐的奇迹，最受欢迎的小组决定让黑尔加入他们的小组，而我没有被邀请，我很伤心。"40 岁那年，她给父亲转发了一封电子邮件，邮件的原作者是一位房地产经纪人，巧合的是，她也叫珍妮弗·黑尔。父亲立即给她回了信："珍妮弗·黑尔，那个恶人——我们不会再和她说话的，对吧？"她已经痊愈了，但她父亲还记得她的旧伤。她说："重要的是，家长要知道他们的孩子可以渡过这些难关，我们需要让孩子释怀。"我们要始终如一地传达这样的信息：时间是我们的朋友，你相信孩子能够并即将摆脱这些闹剧。

虽然听起来像陈词滥调，但是还要向孩子指出，他们无法控制其他人对自己的看法。教会他们放下为自己辩护或恢复名誉的需要。虽然他们可以也应该在一开始就反驳流言，但如果他们坚持不懈地每次都否认，反而会使流言传播得更厉害。你可以问孩子："如果有人指责你是来自外太空的外星人，你觉得有必要反驳这种荒谬的说法吗？"鼓励他们转移话题，以驳斥流言。正如网络欺凌专家萨米尔·辛杜贾所说："孩子们会对你讲脏话。这对事情的影响有多大？总会有人讨厌你的。"他建议家长用流行文化、政治和体育领域的例子来说明，拥有大量粉丝的人也会被很多人讨厌。他会提到歌手泰勒·斯威夫特（Taylor Swift）。"看看她的作品吧，都非常棒。如果我们能够接受自己的决定和自己的成就，我们就必须接受其他人可能发出的不同声音。"

你还可以指出，这样的情形对成年人来说也很困难。儿童和青少年心理治疗师凯蒂·赫尔利解释说："我们就像身处浑浊的水域，试图应对政治动荡和'假新闻'。我们翻开《美国周刊》（*Us Weekly*）等杂志，说'你听说格温·斯特凡妮（Gwen Stefani）发生了什么事吗'。在美国，我们有这样一种感觉——谈论名人、评论运动员和音乐家的私生活是我们的权利。"如果你去报刊亭，请指出每本杂志之间不一致的说法。一木杂志可能声称某位名人已怀孕，而第二本却声称她正在离婚，第三本则说她正在与不孕症做斗争。正如赫尔利所说："一个说法可能不是真的，另外两个也没真到哪里去。"她会问自己的女儿，如果那位名人正在努力备孕，走到报刊亭时看到这些文章会做何感想。分析这类事件有害的原因。

不要散播恶意

孩子有时并不知道如何回应流言。教他们如何拒绝参与让自己不舒服的谈话。他们可以做出怀疑的样子，用"这听起来不像是真的"来戳穿流言片段。他们也可以提出更积极的观点。例如，如果他们的朋友说"吉娜从沃尔玛偷化妆品"，你的孩子可以说"这听起来有问题——吉娜一直都很诚实"。如果他们问了足够多的问题，说流言的人最终会失去兴趣，心慌意乱，或无法自圆其说。不爱说话的孩子也可以通过埋头看书等方式，发出强有力的信号，表达拒绝参与传播流言。

实际上，孩子们之所以会参与散播流言，往往是因为流言的内容总是诱人的故事，或者是因为他们不想被排除在谈话之外，或者被同伴完全抛在一边。一个七年级女生告诉赫尔利，聚在一起吃午餐最糟糕的部分就是"最好的故事"获胜。但它可能是最伤人的故事，也可能是为了博取同情或关注而编造的自我膨胀的故事。对于那个讲"最好的故事"的孩子来说，午餐总是以"略胜一筹"而告终，所以赫尔利选择不参与其中。赫尔利说："我告诉同学们，'想想冰山，你能看到的只是露出水面的部分'。如果你穿上潜水服潜入水底，你就可以知道是什么在驱使他们。"也许散播流言者很孤独，或者在家里没有得到足够的关注。

一旦孩子听到了流言，他们可能不知道该如何处理这些信息。如果流言是关于自己朋友的，不让朋友知道会让他们觉得自己对友谊不忠。向孩子解释，如果他们不想散播流言，就必须让流言随风而逝。如果孩子不知道别人如何评价自己，他们就不会将信息内化。而且别人怎么看他们与他们无关。艾琳·肯尼迪-穆尔对家长们说："你不希望你的孩子一生都在追寻别人对他们的评价。如果孩子说，'但这是关于我的，我必须知道'。请对他们说，'不，你不需要知道'。"

— 给教育者的建议 —

引导学生自主讨论

请引导学生在班会或咨询中心就流言问题展开讨论。他们可以考虑一系列问题："善意闲言和恶意流言有什么区别？

怎样才能压制流言或改变谈话的语气？当你感到不舒服时，怎样才能脱离对话？人们为什么要散播别人的流言？对于经常传播流言的同学，你有什么看法？流言是如何侵蚀校园氛围的？"学生们还可以头脑风暴，提出自己的问题。之后，让他们创建并签署一份社交约定，列出他们对彼此的期望。

保护他们的名誉

如果是破坏性的流言，社交媒体会将流言放大并使其具有持久的影响力。用头条新闻帮助孩子了解潜在的后果。有很多故事可以讲，包括弗吉尼亚州夏洛茨维尔的白人至上主义集会。民权活动人士指认了他们认为参加过游行的人，但他们却错误地指认了阿肯色州立大学的教授凯尔·奎因（Kyle Quinn）。奎因的生活完全被颠覆了。陌生人威胁他，人们向学校施压，要求解雇他。他告诉美国公共广播电台，感觉自己就像在被一群暴徒追赶。

如果你的孩子在网上被描绘成负面的形象，可能会对他们个人和职业生涯产生持久的影响。根据美国最大的在线招聘网站凯业必达的一项调查，70% 的雇主会查看求职者的网络形象，37% 的雇主会查看其他人发布的关于求职者的信息。我曾与《羞耻国度》一书的作者休·舍夫讨论过社交媒体如何放大了羞辱和流言。她建议家长们关注孩子发布的话题和评论，因为一切都是公开的，他们在网上的朋友也反映了他们的性格。即使只是有人在孩子社交媒体账号的个人页面上发表了粗俗的评论，也会被别人看到。正如舍夫所指出的，"很难把这一点教给十一二岁的孩子"。为了帮助孩子了解可接受与不适当之间的界限，请与他们一起上网。

指出你认为不友善的评论，保持参与，并将错误作为教育时机。

为了尽量减少名誉损失，请提醒你的孩子不要加不认识的人为好友或关注他们，也不要与任何逼迫他们分享私人图片或披露私人信息的人互动。告诉他们不要回应那些让他们感到被轻视、羞愧或不舒服的网上评论，当他们不确定该如何处理时，要寻求成人的帮助。"我非常喜欢拉黑别人，"辛杜贾告诉我，"如果有人十分不友善，就把他从你的生活中抹去。孩子对拉黑、取消关注和取消好友都很犹豫，但他们应该保护自己，并且要上报不实内容。社交媒体公司会将这类内容删除。"

家长和学校老师也可以联系社交媒体公司的工作人员，他们会删除违反使用条款的帖子。尽你所能帮助孩子保持适当，包括阻止过度分享。孩子是天真直率的，他们想得到喜欢、评论和欢笑。提醒他们，任何人都可能利用他们所说的或发布的内容来伤害他们。当你的孩子陷入困境时，你不能指望他主动与你交谈，因此你要经常主动与他交谈，并保持开放的心态。舍夫告诉我："几年前，我们曾与孩子谈论过别的重要问题，现在我们也要谈论网络发帖的问题。"你不必监控每一条短信和每一个帖子（你可能也不想这样做），但可以定期抽查，以确保你的孩子做出安全和负责任的选择。让他教你最新的技术，以此鼓励他向你谈论自己在网络上的经历。

网络行为可能会影响孩子在学校的生活。朱莉娅·吉伦·威廉斯回忆说，学生乔恩喜欢在公共论坛上与陌生人一起玩游戏。其中一个名叫"布吉侠5"的玩家嘲笑乔恩喜欢一个叫凯瑟琳的女孩。布吉侠5不愿透露自己的身份，乔恩也不知道他是谁。乔恩担心这人是自己的同学，并且会把这个流言告诉所有人，这一可能性让他焦虑不安，无法集中注意力或与学校里的任何人交谈。在这种情况下，他可以寻求学校心理咨询师和管理人员的帮助。有些孩子担心如果他们寻求帮助，就会被当作告密者而曝光，但请他们放心，学校老师可以说他们是从"社区中的某人"那里获得的信息。

科技让一切变得更有挑战性，但要想监管孩子的社交媒体使用情况却很难。根据皮尤研究中心发布的《2018 年青少年、社交媒体与技术》(*Teens, Social Media & Technology 2018*) 报告，95% 的青少年（13～17 岁）拥有智能手机，45% 的青少年表示他们"几乎经常"上网。这些数据几乎是上一份报告中相关数据的两倍。与此同时，新闻中充斥着关于恶性流言、网络成瘾、自杀风险增加、过早接触色情内容和名誉受损的报道。难怪家长们不知所措。他们可能会问，是否应该让孩子完全避免接触社交媒体，推迟给他们智能手机的时间，禁止他们使用某些应用程序，使用屏蔽软件，或者监控他们在网上所做的一切？他们可能觉得自己的孩子还不够成熟，无法用好"口袋里的电脑"，但又担心这样做会让孩子在社交上与他人隔绝。

答案并不简单。不管你什么时候给孩子手机，他们都会在朋友家或学校先接触到社交媒体。每个孩子都需要学习如何应对棘手的情况。在孩子上网之前，先向他们展示一些假设场景。假如他们被卷入恶意短信链，或者朋友威胁要自我伤害，或者在社交媒体上看到被篡改的照片，他们会怎么做？应用程序会不断变化，因此要教会孩子如何在不同平台上规范自己的行为。强调你的家庭在任何情况下都重视文明和善良，网上没有隐私或秘密。

一些家长正在行动，推迟孩子开始使用智能手机的时间。在康涅狄格州的韦斯特波特，"等到八年级"运动倡导家长们在孩子上八年级之前不给孩子用智能手机。他们希望通过联合起来，减轻孩子和家长共同面临的压力。埃米莉·贝兹伦认为，从文化上讲，我们给 11 岁的孩子使用智能手机就是犯了一个错误。她解释说："危险不来自陌生人，而是因为手机的使用，孩子无法像在面对面接触中那样获得发挥同理心的线索，从而对他们的社交能力造成损害。如果家长能够集体延迟，那就更好了。"

研究人员琼·特文格（Jean Twenge）曾研究过手机与青少年心理健康之间的关系。她在文章中指出，2010 ～ 2015 年，表示自己感受不到快乐的美国青少年人数激增了 33%。试图自杀的青少年增加了 23%，13 ～ 18 岁实施过自杀的青少年人数则增加了 31%。她发现，被她称为"i 一代"的这一代（1995 年之后出生的人），比千禧一代更容易出现心理健康问题。

在对几项大型调查进行研究后，特文格得出结论，这种转变的一个可能原因是青少年对智能手机的使用，以及随之而来的社交隔离的增加。到 2015 年，73% 的青少年都能使用智能手机，而相比于那些每天上网时间仅为 1 小时的青少年，那些每天上网时间达到或超过 5 小时的青少年拥有至少一种自杀风险因素的可能性要高出 71%。当每天上网超过两小时，这些风险因素会显著提升，并且在女孩中的提升更为明显。

特别是在八年级学生中，每周使用社交媒体超过 10 小时的学生，比那些使用社交媒体时间较少的学生不快乐的可能性高出 56%。正如特文格在《大西洋月刊》上发表的一篇文章"智能手机摧毁了一代人吗？"（Have Smart Phones Destoryed a Generation）所说，与同伴见面时间超过平均水平的孩子，比那些与朋友出门玩耍时间低于平均水平的孩子，说自己不快乐的可能性要低 20%。

尽管如此，《孩子，别玩手机了》（Screenwise）一书的作者德沃拉·海特纳（Devorah Heitner）说："深思熟虑、明智的指导以及对孩子心理健康的持续观察，会比简单地阅读头条新闻和担忧更能帮助理解孩子的心理健康。"特文格在《大西洋月刊》上的研究"在家长中引起了恐慌"。海特纳告诉我："研究引起了媒体的广泛关注，而且看起来似乎不止一项研究，但所引用的研究的结论远非定论。我们不能说电子设备和花在设备上的时间会让孩子抑郁，但我们可以确认，如果孩子睡眠不足，会损害他们的身心健康。"

美国国立卫生研究院的研究人员曾做过一项研究，为了收集更多信息，他们使用磁共振成像仪对全国 21 个测试点的 11 000 名孩子的大脑进行了扫描。初步结果显示，每天使用电子设备时间超过 7 小时会改变青少年的大脑发育，每天使用超过两小时会降低他们在语言和思维测试中的分数。

在科学家们收集数据的同时，我建议家长将孩子每天与学习无关的电子设备使用时间限制在两小时以内，并规定何时必须关闭电子产品并去睡觉。关注孩子的线上和线下生活，关注他们的情绪状态。确保他们在线下与人交往，可以是参加体育运动、加入国际象棋俱乐部等。如果他们一直是不友善的流言的对象，帮助他们与信任的老朋友接触。并提醒他们，随时都可以寻求成人面对面的帮助。上网时间过长的孩子可能最需要帮助，但他们可能最不愿意与人接触。我已经开始要求我的每一个学生都在心中确定一个当他们遇到危机时会去寻求帮助的成年人。很多孩子不知道同伴并不具备处理重大问题的能力，而在家里问一个简单的问题，就能让求助变得正常。

好的一面是，被散播流言的目标往往会发展出一些技能和洞察力，从而增强韧性。他们可能会更善于选择支持自己的同伴群体。这种经历还可能增强他们的同理心或磨炼他们接受批评的能力。他们可能会对人类行为以及嫉妒或不安全感等情绪的作用有更细致的把握。他们还可能开始明白，散布恶意流言的人可能是为了让自己感觉更好，因为他们要么很自卑，要么就是想获得更高的社会地位。换句话说，这种行为揭示了更多关于散播流言者而非被散播流言者的信息。

孩子也能从自己的错误中吸取教训。虽然没有任何理由可以为关系性攻击开脱，但如果他们能够自我反省，也许就不会发送那条短信或使用那个应用程序，也许他们会在情况失控前寻求成人的帮助，或者更早地发现游戏中潜藏的问题。如果他们能客观、无私地审视自己的角色，将来就可能避免类似的情况发生。与他们一起总结，并问："你更了解自己了吗？你学到了如何保护自己的名誉吗？"这在当下可能只是微不足道的安慰，但从长远来看，他们可能会比散播流言者过得更好。正如研究人员杰米·奥斯特罗夫（Jamie Ostrov）所说："这有点儿违背直觉，但我们从纵向研究中得知，关系性攻击与物质滥用、一般的人际关系问题、饮食病理学和人格障碍有关。"

― 给家长的建议 ―

- 帮助你的孩子想出一段枯燥无味的回应话术，并让他重复说，以减少他人对关于他的流言的兴趣。
- 与孩子分享你的个人故事，告诉他这类经历是正常的，并展示你可以从困境中走出来。
- 如果你的孩子分享了自己或他人友谊冲突的细节，请帮助他识别并只与核心参与者接触。阻止他的报复行为。

- 如果你的孩子拒绝上学，无法停止反刍，社交退缩，经常哭泣，对曾经喜爱的活动失去兴趣，或者饮食或睡眠习惯发生变化，请考虑让他接受治疗。
- 指导他们如何让听到的流言随风而逝，而不是散播恶意。
- 和他们一起上网，指出你认为不友善或八卦的言论。保持参与，并将孩子的错误当作教育时机。
- 谈论他们喜欢的应用程序，让社交媒体成为你们日常讨论的一部分。限制他们使用电子设备的时间。
- 当别人传播流言时，教给他们一些台词来正确回应，比如"嗯，她好像很喜欢你"或"我想知道这是不是真的"。
- 提醒孩子不要回复那些让他们感到被轻视或羞愧的评论。
- 指导他们根据需要取消关注、取消好友关系或拉黑他人。如果你需要社交媒体公司删除违反其服务条款的内容，请联系它们。

― 谈话开场白 ―

- "当你准备好倾诉时，我就在这里倾听。发生这种事我也很难过。"
- "我能理解你为什么不开心。你觉得有什么方法可以改善这种状况吗？"
- "如果有人散布恶意的流言，你会如何处理？"
- "如果有人想跟你说流言，你该如何转移话题？"

学习

第 9 章

鼓励平衡发展，设定合理期望

"如果我拿不到全 A，我就只能上一所糟糕的大学，找一份糟糕的工作，过糟糕的一生。"

"我的父母总是要求我做这做那。他们想让我成为马特或贝克特那样的人，但这两个人都是天才！"

"我不介意有时得个 A-，但得个 B+ 会要了我的命，我没开玩笑。"

丽贝卡和她六年级的朋友们不同。她不在乎社会地位、社交媒体或时尚。她在乎成绩，而且是非常在乎。六年级第一个学期结束时，她的情况变得很严重，我作为学校心理咨询师收到了她母亲的反馈。她告诉我："丽贝卡睡不着觉，除了成绩她什么都不想。每天晚上，她都睡在地板上，泪流满面。她根本无法承受这种压力。"她的母亲试图将女儿的注意力从成绩上转移开，但并不成功，焦虑愈演愈烈。

当我和丽贝卡见面时，她坚定地认为每个人都能拿到全 A，所以她也能。她有一次少见地得了 B+，就哭着跑到我的办公室来。这还是初中，我担心高中更高的要求会让她一蹶不振。我和丽贝卡的父母都希望她能保持平和的心态，但她的父母并不知道该如何在家里与她谈论成绩。他们觉得否认成绩的重要性是不诚实的，但他们也不想给她施加压力。

幸运的是，丽贝卡还有很多时间。我和她的父母及学校教职员工使用了一些方法（这些方法在本章会详细讨论），帮助她认识到自己已经不知不觉偏离了轨道。她能够意识到自己什么时候会情绪失调，需要采取什么样的应对策略。现在，她把更多的时间投入到体育运动、休闲以及与朋友和家人共度时光中。成绩不再让她彻夜难眠，而且她知道自己能从成绩不理想的失望中走出来。虽然她生活的环境还是非常强调成绩，但她决心保持平衡。

艾伦·古德温曾是马里兰州贝塞斯达的沃尔特·惠特曼高中的校长，最近刚刚退休。他对丽贝卡这样的学生非常熟悉。他还见过各式各样的其他情况，包括学习上有困难的孩子以及过分担心孩子学习成绩的家长。很多学生从初中就开始感受到压力，因此，孩子一上九年级，他就会尽快与家长开会，鼓励他们正确看待问题。"通常，这部分家长最关心成绩单。"古德温在学校的办公室里告诉我。他会告诉家长们,当他们的孩子获得第一个 B 时,可能会很不适应,尤其是在涉及同伴压力的时候。即使家长试图淡化成绩,孩子之间也可能会相互比较绩点、考试分数和参加 AP 课程⊖的数量。

为了鼓励平衡,古德温还试图打破"满分是普遍现象"的神话。在毕业典礼上,他会请几组学生起立,表彰从体育生到音乐生的所有人。他会故意把全优生留到最后。他告诉我:"12 次毕业典礼,每次站起来的学生也就 5 个吧,反正从来没有超过个位数。"尽管如此,一些孩子还是过分担心成绩,然后他就会想方设法减轻他们的压力。在期末考试间隙,他们可以玩躲避球、练习正念或瑜伽、参加艺术活动,或者和借来的小狗依偎在一起。不过,即使你孩子的校长不像古德温那样,作为家长,你也可以帮助孩子正确看待成绩,关键是要在孩子还在上初中时,就为他们轻松过渡到高中做好准备。

现实情况是:不是每个人都能拿到全 A。即使是成绩优秀的学生,也不一定能上哈佛大学,因为还有很多其他因素。随着大学录取的竞争越来越激烈,家长们也越来越关注学生的学习成绩。即使在初中阶段,我发现当孩子的成绩低于 B 时,越来越多的家长会要求孩子努力获得更高的分数。他们可能担心孩子跟不上高级课程,或者担心孩子会习惯于获得低分。但是,分数是主观的,而且可能具有欺骗性。老师可能会夸大分数的重要性。选修轻松课程的学生可能会比选修高级课程的学生得到更高的分数。有些老师评分可能特别苛刻。通过承认这些不一致和局限性,你可以帮助孩子专注于更重要的目标,如积累知识、确定优势和兴趣以

⊖ 指美国大学先修课程(Advanced Placement classes),是由美国大学理事会在高中阶段开设的具有大学水平的课程。——译者注

及培养对学习的热爱。

事实上，美国数以百计的初中已经完全取消了考试分数。取而代之的是鼓励学生专注于学习知识本身，掌握一套符合本年级水平的技能，并能够按照自己的进度学习。在此过程中，他们会定期收到有关进步的反馈。虽然这种方法的反对者众多，但据《纽约时报》（ New York Times ）报道，越来越多的学校正在试点此类项目。

就连大学招生委员会也明确表示，他们感兴趣的不仅仅是成绩。哈佛大学教育研究生院的教师理查德·魏斯博德发表了一份报告，呼吁大学改变招生标准，强调对他人的关爱和有意义的道德参与，而不是只看成绩单。50 多所大学的招生办主任认可了他的报告，其中包括整个常春藤校盟。学校仍然希望看到卓越的学术水平，但不能以牺牲学生的平衡生活为代价。我们希望孩子努力学习，全力以赴，在压力面前不屈服。要做到这几点很难。以下策略将帮助你的孩子设置现实的期望，抵制完美主义倾向。

培养自主性，减轻成绩压力

鼓励孩子独立，让他们自己去战斗。给他们自主权和自由，让他们去尝试、解决问题、自我激励甚至是犯错误。

对孩子严加管教可能会帮助他们在初中甚至高中取得好的成绩，但大学生活可能就会变成一场灾难。他们可能难以与教授沟通或应对失望情绪。杰西卡·莱西（ Jessica Lahey ）在撰写《允许孩子犯错》（ The Gift of Failure ）一书之前曾在初中任教，她曾说过，如果你还没有开始允许孩子犯错，那么现在是开始允许他们犯错的重要时刻。她告诉我："孩子应该开始主动与成年人沟通，提出自己的问题和顾虑，维护自己的权利和需求，让同伴和周围的成年人知道他们需要什么才能获得成功、快乐和安全。"

当孩子接触到更难的学习内容和更具挑战性的社交场合时，他们需要有机会安心地犯错误，让他们知道父母会帮助他们下次做得更好。莱西补充说："如果孩子知道犯错会遭到嘲笑、不合理的惩罚或谴责，他们就不会跟成年人谈论这些错误。他们会隐瞒错误、否认错误或将错误归咎于其他人。"在《梅里尔-帕尔默季刊》(*Merrill-Palmer Quarterly*)上发表的一项研究支持了这一理论，调查人员发现，控制型父母会让孩子产生自我怀疑，从而使他们更容易退缩。

华盛顿特区家庭辅导企业 Prep Matters 总裁、《自驱型成长》(*The Self-Driven Child*)一书的作者之一奈德·约翰逊(Ned Johnson)说："我们看到，那些在学校里取得完美成绩的孩子，也正是那些容易因为焦虑而崩溃的孩子。"他指出，如果我们告诉孩子他的成绩必须在前10%，我们很可能会让他感到恐惧。"90%的人不可能成为前10%的人，而前10%的人会有疯狂的动力且害怕犯错。或者孩子可能会说，'我已经是一个C级学生了，已经把我的生活搞砸了，为什么还要费劲呢'。"

事实是，我从未见过哪个学生在考试中取得好成绩是因为被告知这场考试非常重要。与其表扬孩子数学考了97分，不如表扬孩子创造性地解决了某个问题。告诉孩子你为他在小组项目中的合作而自豪，而不是只关注最终结果。对他的学习过程提出开放式的问题，比如"你在历史课的发言中讲了什么"或者"在全班人面前分享你的想法是否变得更容易了"。如果他在学业上很吃力，指出他的长处，鼓励他在学业之外寻找成就感。也许他觉得科学很难，但他却有着非同寻常的同理心或韧性。斯坦福大学高级讲师、关注学生心理健康的非营利教育机构"挑战成功"（Challenge Success）的创始人丹尼丝·波普（Denise Pope）曾写道："当我们过分强调成绩、考试分数和死记硬背的答案时，我们就忽略了人生成功的要素。成功是用一生来衡量的，而不是用一个学期的学习成果来衡量的。"

如果孩子在学校感到极度沮丧，你可能需要进行干预，我将在第11章对此进行更深入的阐述。但是，在一切正常的情况下，最好能弄清楚孩子的承压能力如何。请克制将他与朋友、同学、兄弟姐妹甚至你自己进行比较的冲动。一位母亲不听学校的建议，强迫她六年级的儿子选修高等数学。因为他的姐姐也走了这条路，但其实她的数学成绩更好。结果，她的儿子把过多的时间花在了那门课上，于是能力的不匹配导致了持续的压力。

前初中校长萨莉·塞尔比对家长的建议是："在现有的基础上发展。不要要求你的孩子在每门科目上都拔尖。在孩子得了B的时候也表现出为他高兴的样子，而不是非要他得到A才为他高兴。不要沉迷于追求一流。这是一种伤害，是由恐惧驱动的，孩子会染上这种焦虑。"反其道而行之并不容易，特别是在以成绩为导向的社区更是如此。

温迪·江-斯普雷理解这种紧张关系。作为一名母亲和学校心理咨询师，她强烈地感受到，高压的教养方式会适得其反，但即使是她自己，在一所高压学校工作时，也曾质疑过自己的方式是否过分松弛。她告诉我："当家长知道孩子下周要交作文时，他们就会不停地催促孩子。我当时想——等一下，如果我不逼孩子，孩子将来可能就会变成平庸的人。"她最终恢复了理性，但这种系统性的压力对每个人来说都很难应对。

有类似诉求的成年人可以团结起来。心理学家玛丽·奥尔沃德（Mary Alvord）是《战胜负面思维》（*Conquer Negative Thinking*）一书的作者，她回忆了自己是如何从理念相同的其他家长那里得到帮助的。她告诉我："我的儿子是一名跳水运动员，还参加过青少年奥林匹克运动会。教练希望他每周练5天，每天练3个小时。但是我觉得这太疯狂了。他还想打棍网球，还想做其他事情。"她向其他跳水队员的家长寻求支持。"我们理念相似，因此可以帮助彼此的孩子强调保持生活平衡的重要性。"

她认识到这就好像是一种微妙的舞蹈。每个人都希望自己的孩子取得好成绩，但韧性研究表明，人际关系才是生活中最重要的方面。一定要告诉孩子，光有学习成绩是不会带来幸福的，同时也要注意自己如何给孩子传递关于人生不同方面的重要性的信息。根据《青少年杂志》（*Journal of Youth and Adolescence*）上的一项研究，过于看重学业成功的孩子最终可能会感到与学校脱节，从而更容易受到压力的影响（我们将在第15章讨论心理健康时再次讲到这一问题）。

初中生和你一样也需要"充电"。请帮助孩子发觉自己何时需要停下来放空一下。他们是否易怒或头痛？他们是否有时间与朋友和家人在一起，或者偶尔打个盹儿？帮助他们认识到，当一个人把过多的时间投入到任何一个领域时，都可能产生负面影响。也许那个成绩优秀的孩子一直担心自己让父母失望，或者不得不放弃体育运动以达到优秀的成绩水平。你的孩子需要时间和工具来帮助自己放松，而这在初中阶段会变得更加困难（突然间，有许多新的课外活动要尝试，家庭作业增多，课间休息也往往成为过去式）。

请给孩子留些余地。他们可能已经踢了7年足球，但如果足球让他们感到痛苦，就允许他们放弃吧。多问一些问题，考察他们对这件事的真正兴趣和投入程度。你当然可以鼓励他们踢完这个赛季再考虑是否放弃的问题，但别错过初中这个探索的最佳时期。如果他们的时间安排得太满，你可以介入，帮助他们进行调整，并提醒他们，初中生活绝不止是做作业。

— 给教育者的建议 —

庆祝"失败周"

　　澳大利亚墨尔本的艾文霍女子文法学校每年都有一个传统活动："失败周"。老师们都会写下自己最大的失误，比如某一门课程的考核不及格。在失败周开始时，学校会将老师的失败经历投影到每个教室的屏幕上。在这一周的剩余时间里，学校会教学生新的技能，包括杂耍、绘画、舞蹈和朗诵中世纪诗歌。然后，就轮到孩子们冒出丑的风险了。学生们会在座无虚席的礼堂里，当着数百名同学的面表演他们新学到的技能。犯错变成一件正常的事情，孩子们对公开失败也越来越适应。你在学校可以尝试这种练习，或者干脆每周抽出几分钟的课堂时间来分享和庆祝彼此的失败。

与完美主义倾向做斗争

　　有时即便父母本身很松弛并鼓励平衡的生活，有些孩子还是会把压力强加给自己。我以前的八年级学生米拉就属于这种类型。尽管她是英语写作能力最强的学生之一，但她很难在课堂上完成哪怕最简单的课堂作业。当我和她交谈时，她告诉我，她担心自己会写错或让所有人失望。她在家里当然也是这样。她的母亲玛吉联系了我，说她们母女俩每天都在为此争吵。米拉会反复擦掉自己的作业然后重写，甚至把作业纸都擦破了。直到午夜过后，她才会关闭电脑电源。因此，米拉经常感到疲倦和烦躁，妈妈也常常感到绝望。

为了避免完美主义，请你告诉孩子你爱的是他们，而不是他们所做的任何事情。不要再强调表现和成就，而是把他们作为一个独立的个体来关注。注意你使用的语言。你是否过度自我批评？当你做出自我接纳的示范时，他们会更容易原谅自己的失败。表达不要太过含蓄。如果你忘记给老板传真文件，错过会议或搞砸销售，请把这些失误告诉孩子。他们需要知道你也是一个会犯错的人，并且你能够从挫折中恢复过来。你可以说："我犯了一个错误，但我下次会改正的。"或者说："我在演讲时完全不在状态，但这种情况时有发生。"

儿童和青少年心理治疗师凯蒂·赫尔利告诉我："我总是告诉孩子们，回家问问自己的父母他们最大的失败是什么。"请告诉孩子你自己什么时候惹了麻烦，什么时候最失望，什么时候成绩最差。隐瞒这些就大错特错了。比如我的孩子们知道我的第一本书被13家出版商拒绝，一直没有出版。然而对父母来说，言行一致并非易事。几年前，一个学生的父亲约我见面。他很震惊，因为他八年级的儿子经常凌晨4点起床做作业。这位父亲是一名记者，他坦言自己也经常在半夜工作。当他把两者联系起来时，他意识到他们都需要重新开始，并决心树立一个更健康的榜样。正如杰西卡·莱西所指出的："如果对孩子的智力和情绪勇气有期待，那么家长在这些方面都必须以身作则，为孩子树立榜样。"

　　完美主义的核心是恐惧。具有完美主义的孩子会带着焦虑而不是兴奋的心情去完成困难的任务，所以如果想要改变，需要一步一个脚印慢慢来。家长可以和孩子一起学习一项新技能，比如瑜伽，如果你们中的任何一个人在过程中摔跤了，就做出幽默的反应。让孩子故意拼错一个单词，然后让他们试着忍受错误引发的不适感。少量的负面情绪可以培养他们的耐受力。还可以让孩子阅读他们心目中的英雄的传记。他们会发现，每个人在取得成功之前都会遇到坎坷。不要认为别人的生活都是完美的，要强调他们需要对自己保持宽容。

　　具有完美主义的孩子需要我们帮助他们设定现实的标准。问问孩子他们想达到什么目标，并讨论这些目标是否现实。他们可能忙于追求更高的目标，而忽略了对小成就的肯定。请以身作则，让孩子知道做得"好"就"足够"了。你可以说："你今晚不可能完成所有任务，但没关系，你可以明天再复习。"如果你的孩子无法自主停止，可以帮他们规定一个停止写作业的时间，让他们有时间缓一下。阻力肯定存在，但请保持耐心。完美主义行为很难改变，因为它们具有保护作用。它们帮助孩子应对不确定性，给他们一种控制感。隐藏在完美主义背后比承认自己的弱点更容易。

　　如果你的孩子总是担心大难临头，不要说他们的想法是不对的，因为这会让情况变得更糟。相反，让他们的恐惧浮出水面。让他们闭上眼睛，想象自己已经很努力地学习，但还是在科学考试中得了 C。问他们这是什么感觉，他们认为会发生什么，鼓励他们用更有帮助的观点来代替消极的想法，比如"没有人总是能把所有情都做对"。他们可能认为完美主义是实现目标的唯一途径，或者认为如果他们交了一份不完美的作业，老师就会看轻他们。可以问他们："有什么证据支持你的信念？你会如何建议有同样想法的朋友？"让他们意识到自己的想法是极端的，这样才能把极端想法拉回到正轨上。

玛丽·奥尔沃德通过让孩子们射飞镖来演示这一概念。她告诉孩子们，射不中靶心没关系，但你们肯定不想完全射偏。如果孩子无法停止持续给自己压力，可以尝试留出特定的"烦恼时间"，比如每周选出两次晚饭之后的时间，每次 10 分钟。也可以考虑短程认知行为疗法。心理治疗师会教你的孩子一些技能，帮助他们建立思想、情绪、行为和生理感受之间的联系。

── 给家长的建议 ──

- 挑战完美主义倾向，不要将你的孩子与同伴、兄弟姐妹甚至你自己比较。
- 不要只庆祝他们得 A；强调没有完美的同学。
- 与其他持相同理念的家长结成联盟，在与彼此的孩子交流时，强调保持平衡和人际关系的重要性。
- 以身作则，养成良好的自我照顾习惯，帮助孩子认识到自己失调的迹象。
- 把你现在搞砸的事情或过去的失败经历告诉孩子。
- 要让孩子承受一些小型失败，无论是故意拼错一个单词，还是在试卷上留下错别字。
- 如果你在瑜伽课上摔倒了或在工作会议中犯错了，请笑着告诉孩子，不完美中也要有幽默。

— 谈话开场白 —

- "你觉得你有足够的闲暇时间去见朋友和玩儿吗？"
- "闭上眼睛，想象一下，你努力复习数学考试，结果还是得了 C。你觉得可能会发生什么？"

- "如果你交了一份不完美的作业，最坏的结果会是什么？你有什么证据证明会发生这种情况？"

第 10 章

应对家庭作业

"我完成了作业，只是忘了交。"

"我知道我应该在午休时找老师答疑，但课间 10 分钟我只想和我的朋友们在一起。"

"我什么都背不下来。我的脑子里好像有个洞，什么东西都往外掉。"

我的朋友尼基很沮丧。她的女儿柯尔斯滕马上要升入八年级，刚刚完成了暑期阅读作业。作业要求她对小说进行总结，尼基催促她趁对细节还记得清的时候写下来。"现在才 6 月，妈妈，"柯尔斯滕说，"9 月才开学，我可以晚点儿再写。"尼基不知道她是否应该再推一把。她告诉我："我希望她养成良好的学习习惯，但她太懒了。"

心理学家、《聪明却混乱的孩子》（*Smart but Scattered*）一书的作者佩格·道森（Peg Dawson）告诉我，她经常要向家长们保证，现在担心孩子的"职业道德"还为时过早。她解释说："任务启动是最难掌握的技能，而未来导向直到十年级或十一年级才会开始起作用。对家长来说，这似乎很简单，但 13 岁的孩子的大脑想的却是'既然不是马上要完成，为什么要现在做'。"孩子们总是更习惯处理"现在"。

尼基和柯尔斯滕同意一起做一次实验，而不是吵一架。尼基在一张纸上写下了她认为如果柯尔斯滕等到 8 月再写作文会发生的事情。尼基预测柯尔斯滕的作业质量会很低，她会很难回忆起小说的内容，而且她会着急想要早点儿完成作业。尼基的预测跟实际情况差不多。柯尔斯滕承认她对小说里的情节一头雾水，但她觉得交出的作业不完美也没问题："我和朋友们度过了一个愉快的暑假，我没有把时间花在纠结愚蠢的作文上。"家长心中有个日程表，初中生也有自己的。正如道森所说："初中生正遨游在一个更加复杂的社交世界中，从人类发展的角度来看，这可能和任何学习任务同等重要。"

孩子逃避家庭作业，除了社交，可能还有很多其他原因。一些孩子不写作业可能是因为灰心丧气，看不到家庭作业与生活的关系，感到被压力击垮，或者更喜欢玩游戏等。有些孩子可能在理解、阅读、组织或动机方面有困难。还有一些孩子可能是想引起忙碌的家长的注意，或者是因为熬夜使用社交媒体而感到疲倦。所有这些都可能引发家庭中持续不休的战斗，尖叫声和摔门声此起彼伏。

一位家长告诉我，她六年级的儿子更喜欢"躲猫猫法"。当妈妈要求他做作业时，他会躲到沙发下面。妈妈说："这是他的惯常反应。他在说'我听不到也看不到，所以这件事不会发生'。当他这样做的时候，我就知道这又是一个难熬的夜晚。"

家庭作业实际上反映了控制感。正如教育顾问里克·沃姆利所说："这个年龄段的孩子想要有自己的声音，许多人宁愿被人说健忘或不负责任，也不愿承认自己不知道自己在做什么。就自我、尊严和精力方面来说，这是一种自我保护模式。"因此，既要培养孩子的自主性，降低他们的挫败感，又要保持良好的亲子关系，是很不容易的事。你需要有耐心并愿意尝试。虽然没有放之四海而皆准的解决方案，但你仍然可以试试以下几种策略。

让孩子有自主感，但也要制定常规

如果你和孩子争夺权力，你是不可能赢的，但这并不意味着你要完全撒手。你可以给孩子选择权，鼓励他们自主选择，并设定期望。需要做选择的事情可以很简单，比如允许他们选择是在饭前还是饭后做作业，或者是选择通过电子邮件还是面谈联系老师。金·坎贝尔是一名八年级全球研究课程教师，也是美国初中教育工作者协会的教育顾问，她告诉我，她敦促家长"检查你的期待"。如果你的孩子答应你要自己与老师联系，他们就需要知道如果他们不履行承诺会发生什么。你可以说："如果你到这周末还不去寻求帮助，我就会直接联系你的老师。"

即使不做其他努力，也要尽量防止孩子养成坏习惯。孩子可能根本不做作业，或者在使用社交媒体和学习之间来回挣扎，或者拖到后半夜才开始写。这可能意味着家长需要和孩子共同制订一个有固定休息时间的课后作业时间表，禁止他们把手机放在卧室里，并确保他们得到充分的休息。从发展的角度看，初中生在计划、组织和时间管理方面都还需要外力协助才能完成。虽然每个孩子的发展轨迹都不一样，但大多数孩子都还无法分解复杂的、多步骤的家庭作业，也无法预测今天写的作业会对长期目标产生怎样的影响。

初中向高中的过渡会比小学升初中更顺利一些，因为高中生已经开始自己摸索最佳的学习方法。在 11 岁的孩子眼中，一切都是新的，他们可能不知道如何应对学业要求。尽管如此，每个初中生都是不同的。有的孩子可能需要家长陪着在厨房里完成作业，而有的孩子则可以在卧室里独立完成作业。有的孩子能记住打包午餐或带运动服等任务，而有的孩子则需要对照清单才能记住。一个孩子的书包可能干净整洁，而另一个孩子则需要你帮忙清理包里的废纸和上周的午餐袋。

尽管存在差异，但所有孩子都能从固定的每日常规中获益。道森告诉我："我告诉家长们，完美的干预措施是每天只需要 5 分钟，但你必须愿意每天都做的措施。对我的孩子，我会说，'你还有 10 道代数题没做，你觉得要花多长时间才能完成'。"随着时间的推移，她的儿子学会了如何每天独立地在心里列出任务清单。

学会如何向老师求助是一个过程。有些孩子可以在班会课上或家庭作业俱乐部里主动寻求帮助，而有些孩子则需要家长给老师发消息请求帮助。有些孩子会自己发电子邮件向老师请求进一步解释说明，而有些孩子则需要更多帮助才能做到。你可以通过示范如何做，然后逐步减少对孩子的支持，来帮助孩子培养自我拥护的技能。

当你自己要发送电子邮件时，可以让孩子坐在你身边，看着你写。六年级的孩子在撰写电子邮件的礼仪方面可能需要你的帮助。如果他们习惯于与朋友发短信，他们可能不会意识到对人说"谢谢"或使用敬语的意义。到了八年级，孩子们应该能做到自己发送语气尊敬的邮件。为了培养孩子这项能力，请尽量不要为孩子操刀。无论孩子是需要额外时间完成作业，还是需要帮助准备考试，都请让孩子自己解决问题。当孩子承担了更多的责任时，你就可以退后一步。你可以通过向孩子传达"我相信你能自己完成"的信息来增强他们的信心。

在努力培养他们独立性的同时，也要监督他们对技术的使用。请他们在学习时把手机拿开，可以放进篮子里，封在信封里，或者放在高处。科学研究也支持这种做法。《社会心理学》（*Social Psychology*）杂志上的一项研究表明，相比于手机不在视线范围内的参与者，手机在视线范围内的参与者在两项对注意力和认知能力要求较高的测试中犯的错误要更多，即使手机已经关机也是如此。《应用认知心理学》（*Applied Cognitive Psychology*）杂志上的另一项研究发现，不带手机上课的学生比带手机上课的学生的成绩高出整整一个等级。并且无论学生是否真正使用手机，他们的成绩都可能因带手机上课而变差。

2010 年，研究人员研究了在学生学习时打扰他们学习可能产生什么后果。他们让一组学生阅读一个章节并准备考试，然后在学生阅读的同时给其发送一系列即时信息。这些学生不仅花了更长的时间完成阅读，还承受了更大的压力。正如研究人员在《计算机与教育》（*Computers and Education*）杂志上报告的那样：
"生活繁忙的学生可能会认为他们通过多线程工作完成了更多任务，但我们的研究结果表明，他们实际上需要更多的时间才能在学术任务上取得同样的成绩。"

技术确实有一些优势，有时将手机与学习联系起来可能是有意义的，比如孩子们可以和朋友一起在线学习。他们可以使用应用程序制作闪卡，把每单元的学习任务分解成更简单的练习，为作文和故事收集素材，练习数学题，设计计划表或学习语言。

优化学习体验

在孩子们看来，学习是枯燥乏味的，但家长可以帮他们改进学习体验。让孩子自己挑选五颜六色的笔记本并加以装饰。在线辅导服务公司诺贝尔教练（Nobel Coaching）的心理学家兼教练安娜·约万诺维奇（Ana Jovanovic）告诉我，她会让孩子们给自己的计划本命名，这样他们就更难拒绝完成计划。这也为这个过程注入了一点儿乐趣和天真。他们会说："我今天要做什么？我应该问问杰克。"保证学习空间的设备齐全，但确保不会分散孩子的视觉注意力。

可以让孩子选择特殊的学习服装来营造学习氛围，比如一顶"学习帽"或一副眼镜。让他们在做作业时穿戴上指定物品，但在休息时取下。美国西北大学的研究人员发现，这种方法对成年人也有效。当穿着白大褂的参与者被告知他们穿的是医生的大褂时，他们比那些被告知他们穿的是画家的大褂的参与者更加专注。同样，在《儿童发展》杂志上发表的一项研究中，研究人员发现，当幼儿假装自己是超级英雄时，他们坚持完成任务的时间更长。

奖励对很多孩子都有激励作用，但即时性奖励对初中生来说效果最好。金·坎贝尔说："最好只要孩子坚持做一周的作业，而不是一个季度的作业，就能获得奖励。有些家长告诉孩子，你必须在一学期内的所有考试中都取得 A 才能有奖励，但其实长期目标是行不通的。"努力的回报可以有多种形式，从积分到贴纸，再到出去吃冰激凌。应该让孩子选择一些小而有意义的东西。就连成年人也喜欢在奖励制度上下功夫。我采访了六年级老师兼执行功能教练珍妮弗·古德斯坦，她说："在减肥中心，如果你参加了 13 次集会中的 11 次，它就会给你一个贴纸和一个额外的挂饰。如果成年人还在用贴纸和挂饰来激励自己，那么 11 岁的孩子也可以这样做。"

一位家长问我，如果孩子拿到全 A 的成绩，奖励 500 美元是否合适。我不鼓励这种做法。这种做法可能会让孩子的学习成绩在初期有一个小的提升，但并不是一个长期的好策略。你的孩子会觉得自己不需要对学习负责，很可能会失去对学习的热情，并可能开始期待定期的报酬。而且，正如我们在第 9 章中所讨论的，全 A 的成绩本身并不总是一个理想或健康的目标。相反，更应注重培养孩子的毅力和良好习惯。

让学校做"坏人"

当做家庭作业变成对抗性活动时，家长可能需要抽身出来，联系孩子的老师、学校心理咨询师或学校里其他值得信任的成年人。古德斯坦告诉我，她会告诉家长，如果孩子情绪失控，家长应该立即停下，并给她发邮件。"学校可以扮演坏人，告诉孩子说'好吧，布伦丹，因为你和你妈妈吵架了，所以你需要在学校做作业'。"她会制订一个时间表，确保孩子能得到老师的帮助。

许多初中还提供课后作业辅导班服务，如果孩子做作业的情况不好，这也是一个不错的选择。如果你的孩子抵制作业辅导班，你可以将其作为一种谈判工具。你可以告诉孩子："如果你能够保证不吵不闹地完成 85% 的家庭作业，那么你就可以回家学习。"在帮助孩子和妨碍他们的自主性之间，有一条微妙的界限。古德斯坦 11 岁的儿子贾斯汀就面临着这样的挑战，他很容易感到沮丧。她说："我会考考他，或者帮助他理解方向。"不过，如果贾斯汀不理解某个概念，她会告诉老师需要给他举更多的例子来帮助理解。但是她不会过度地管他作业的细节："如果他只写了两句话，而我认为他应该写 5 句，但是他说这就是老师要求的，那么让他明白作业应该做成什么样就是老师的责任。"

请记住，老师最清楚一般初中生的学习成果应该是什么样的。你可能认为孩子的读书报告太肤浅或太短，但它可能完全符合孩子的年龄特点。请让学校负责质量把控和问责。我知道这很难，但在某些时候，孩子需要知道如何坚持到底，管理自己的时间，对自己的任务负责并明确自己的期望。这些技能与他们的学习成绩一样重要。

— 给教育者的建议 —

召开小组会议

如果学生总是不做作业就来上课，可以召集老师和家长一起开小组会议。你可能会发现某位老师采取了不同的、更有效的方法，或者是家庭问题妨碍了学生集中注意力。有一次，我在一次小组会议上了解到，一个学生家里养了一只鹦鹉，当他努力写作业时，鹦鹉会不停地说话干扰他。小组成员可以进行头脑风暴，找出最佳的解决方案。例如，老师可以需要在每节课结束时检查学生的计划表，或者家长可以需要给孩子找一个更安静的地方学习。如果家长和孩子在家庭作业问题上冲突严重，老师可以起主导作用。建立相关制度，比如规定学生在固定时间与不同的老师面谈。小组还能决定是否强制学生参加课后作业辅导班或在有监督的自习室里学习。

评估和修改家庭作业

如果学生对家庭作业不够重视，可能是因为家庭作业不适合、不够有趣或太简单了。如果家庭作业涉及课堂上没有涉及的内容，或者不能加深学生的理解，家长可能需要与老师沟通。里克·沃姆利回忆说："我的大儿子被布置做一个透视模型，他不擅长精细动作，所以我们费了很大的劲。"他意识到这个作业与其说是科学，不如说只是把一个东西悬挂在鞋盒里，于是他联系了学校的老师。他告诉我："家长完全有权对老师说，我没有看到这个练习和后续知识理解之间的联系。"

如果做家庭作业是苦差事，孩子们就不会参与其中，也不会有进步。沃姆利告诉家长："相信你的孩子想要找到目标、意义和联系。当这三者都被找到时，家庭作业就不是什么大问题了。输入青少年大脑的所有信息中有 95% 首先进入情绪反应中心，而不是认知存储中心。"为了增加相关性，你可以在得到老师同意的情况下自己修改家庭作业。你可以对老师说"我把数学作业与棒球统计或选举辩论联系起来了",或者其他任何能引起孩子共鸣的事物。孩子是以兴趣为基础的学习者,因此可以通过实地考察、参观博物馆、观看纪录片或做相关实验来帮助他们建立联系。

你可能还需要请老师将作业分块,或者自己帮助孩子分块。如果你的孩子在听指令方面有困难,可以尝试让他们主动完成带有多步骤说明的有趣的在线任务,从而建立他们的信心。之后,如果他们再抱怨家庭作业太难,你可以提醒他们,他们已经能够制作机器人或用纸折长颈鹿了。如果他们还是不高兴,那就该站起来活动活动了。坎贝尔一旦看到学生们在课堂上快睡着了,就会让他们做 20 个开合跳,或者假装自己在海里,需要用最快的速度游泳来逃离鲨鱼。

在开始做作业之前做一些运动,比如参加体育锻炼或骑自行车,也很有意义。如果孩子在做作业时需要放松大脑,可以尝试简单的正念活动,比如用控制呼吸的方法吹泡泡。无论如何,都不要替他们做作业。老师会知道什么时候家长替孩子写了作业。此外,正如沃姆利所说:"我们能给孩子的最好的礼物是什么呢,是让他们学会知识并保持长时记忆,还是让他们获得一种虚假的能力感?"

命名消极的声音,让失败变得安全

你的孩子可能会觉得自己在某一方面无能,但在另一方面却很成功。训练他们注意到并说出感觉自己失败的声音。例如,如果他们对自己的运动能力有信心,但对自己的数学能力没有把握,让他们为消极和积极的声音各起一个名字。也许可以把这两个声音分别叫作迈克和乔恩。安娜·约万诺维奇告诉家长,可以对孩

子说："是迈克给你带来了问题，而不是你自己出了问题。"可以
向孩子提问，比如："迈克需要做什么才能感觉更好一点儿？乔
恩会如何建议迈克？下次迈克做作业遇到困难时，你能把乔恩带
来吗？"

通过将困难人格化，孩子可以更专注于问题解决方案。他们可
能会意识到迈克需要在放学后去找老师问问题。榜样也能起到类似
的作用。让你的孩子列出几个他们崇拜的人，可以是职业运动员、
音乐家甚至是励志小说中的人物。之后，当孩子遇到困难时，你可
以问："你认为勒布龙·詹姆斯（LeBron James）会怎么做？"

有时不能轻易放过孩子。如果孩子在还没有尝试之前就说自
己做不到，那就挑战他们吧。告诉孩子："你现在要让我相信你做
不到，那就举两个你失败的例子。要想完成这项任务，你必须做
出哪些改变？"如果你的孩子确实觉得很困难，你可以说"那又怎
样"，并谈谈通过尝试和犯错来学习的价值。你可以用电影来说明
这一点。在《拜见罗宾逊一家》（Meet the Robinsons）中，有一
个角色才华横溢，却深陷失败的泥潭。到最后，他意识到他所犯
的每一个错误其实都帮助他过上了他想要的生活。电影《头脑特
工队》（Inside Out）讲述了欣赏负面情绪的重要性。例如，悲伤可
能会促使孩子去寻求帮助。

父母教孩子管理不舒服的情绪，也就是在帮助他们培养毅力，
这是坚持完成困难任务所需的一种性格特征。毅力还能帮助孩
子保持成长心态，斯坦福大学心理学家卡罗尔·德韦克（Carol
Dweck）认为，智力并不是固定不变的，人们并不是天生就"聪
明或愚笨"。拥有成长心态的孩子相信，只要努力，他们就能学
到更多或变得更聪明。要培养这种心态，就要注重努力多于注重
结果。

　　孩子很难克服考试不及格、与老师关系不融洽或难以理解作业等障碍。寻找孩子沮丧的蛛丝马迹。老师可能会说他们在作业本上写的是胡言乱语。孩子可能会告诉你老师布置的作业很蠢，或者老师从不分享她做的作业，因为"别人都比她聪明得多"。孩子有很多不同的方式来表达"这很难，我想放弃"。逃避或退缩会让孩子感觉更安全，甚至更明智。当你的孩子情绪低落时，请他们休息一下，缓和一下气氛，提醒孩子他们只是还没有完全掌握某项技能。

― 给家长的建议 ―

- 试着找出作业问题的根源。孩子是否感觉作业与学习没有关系？孩子是否没有组织性？孩子是完美主义者吗？他们在主动完成任务方面有困难吗？还是他们花了太多时间上网？
- 找出让他们做作业效率最高的地方。对有些孩子来说，可能是厨房的餐桌旁，而对另一些孩子来说，则可能在自己的房间里。
- 优化学习体验。让他们穿上"学习服"，营造学习氛围，并要求他们命名和装饰自己的计划表。清除学习空间中的干扰因素。
- 安排休息时间，可以做正念练习，也可以骑自行车。
- 如果做作业会导致严重的亲子冲突，请让学校的老师介入。
- 通过提供支持，教会孩子自我拥护。
- 小而有意义的奖励是可以的，但不要因为孩子取得好成绩而给他们发钱。

- 选择一个你可以坚持做的 5 分钟仪式来强化良好习惯。
- 提醒孩子他们只是还没有掌握某项技能，从而培养他们的成长心态。

― 谈话开场白 ―

- "你似乎遇到了困难。我能帮什么忙?"
- "我们来制订一个家庭作业时间表。你觉得怎样安排最适合你?"
- "我看得出你很沮丧。你可以向老师寻求帮助。你想给她发邮件还是明天早上当面问她?"
- "你现在太沮丧了，无法集中注意力。你要不要休息一下?"

第 11 章

当孩子在学校
遇到困难时如何干预

"我的老师总说我问的问题太多了，但我不知道她到底想让我怎么做。"

"数学考试让我抓狂，我什么都忘了。"

"我试过嚼口香糖、玩橡皮泥和涂鸦，但都不管用。我就是坐不住。"

布赖恩和丹尼尔在六年级的走廊上飞奔，用马克笔在他们能偷袭到的所有人身上乱涂乱画。当他们被带进校长办公室时，身上已经沾满了墨水。校长让他们等一下，他要先接电话。布赖恩注意到了桌上的印章。电话结束时，布赖恩已经在丹尼尔的额头上印上了"布伦特校长办公室"的字样。

布赖恩在小学时就很冲动，六年级给他带来了更大的挑战。在课程增多、作业增加和没有课间休息的压力下，他崩溃了。几个月后，一名学校心理咨询师诊断他患有注意障碍，特殊教育小组为他制订了504条款计划（Section 504 Plan；一项民权法规）⊖，以帮助他达到学习和行为方面的要求。他的正式适应措施规定，教师必须分解他的作业，检查他的计划表，并安排运动休息时间。布赖恩的父母称自己的儿子为"吃了炸药的乒乓球"，他们为有了一个计划而感到欣慰。那是几年前的事了。布赖恩现在已经上大学了，几乎找不到当年那个拿着笔偷袭同学、把作业丢在冰箱里的12岁男孩的影子了。他想出了一系列方法，从设置日历提醒到列清单，来解决自己的弱点。

当孩子在学习、行为或情绪上遇到困难时，家长往往会与我会面。他们提的问题既有后勤保障方面的，也有个人方面的："应该让孩子咨询专业人士还是给他一点时间？他怎么知道自己的期望是否现实？诊断会不会打击他的自尊心？"

相信自己的直觉，在孩子成绩下降，抗拒上学，饮食或睡眠模式改变或被朋友抛弃时进行干预。不要等问题发酵。华盛顿特区的儿科医生、《给孩子的身体书》（The Fantastic Body）一书的

⊖ 504条款计划是美国《康复法案》（Rehabilitation Act）第504条，旨在禁止接受联邦资助的机构（包括学校）歧视残疾人，包括身体残疾者和心理障碍者。相关人员通过为他们制订个性化计划，帮助其更好地适应和生活。——编者注

作者霍华德·本内特（Howard Bennett）博士说，研究表明，及早发现孩子在学习、注意力或情绪方面的问题可以改善他的学习效果。尽管如此，儿童的成长和发展速度各不相同，没有一个绝对正确的干预时机。也许没有固定的规则，但对支持孩子保持敏感并与他们的学校进行富有成效的合作是一门艺术。当你踏上发现和解决问题的旅程时，以下是你支持和赋能孩子的方法。

视孩子为专家，但要向其他人请教

教育家奈德·约翰逊告诉我："大多数成人向孩子提出的问题其实都是在末尾加上一个问号的指责。"比起问"你为什么这么做"，更有效的做法是表现得像一个冷静、好奇的观察者，说："你觉得这项任务对你来说比其他同学更难吗？你是最后一个完成测验的吗？"每天结束时进行总结，询问孩子具体哪门学科或哪些作业学或做得更好，哪些学或做得不够好。

保持记录，以便发现其中的规律，并与学校心理咨询师和老师等多人交流沟通。教练、邻居和同伴也可以帮助你确定对孩子的问题应该关注的程度。家长可能会发现，孩子的症状或行为会因教室设置、特定课程所需的技能或老师的行为管理技能而改变。谢里登学校学生支持部主任梅拉妮·奥尔巴赫指出，师生关系也会起到很大作用。"如果老师非常容易分心，而学生又喜欢用指关节敲打桌子，这样的组合是会出问题的。如果问题持续且长期在不同的情景中存在，而不是只在特定情景下出现，那么做检查会更有意义。"

与学校合作需要尽可能具体，以便团队能够进行全面、准确的记录审查。《特殊教育家长指南》（*The Everything Parent's Guide to Special Education*）一书的作者阿曼达·莫林（Amanda

Morin）建议家长可以跟学校的老师说："我孩子的阅读能力没有达到本年级的平均水平，他在吸收信息方面很吃力，英语比数学更容易引起他的情绪失控。"家长请提供作业样本、所有诊断信息和相关历史数据。

家长可以扮演促进者的角色。莫林的儿子在9岁时就因自我调节问题而拥有了自己的个性化教育计划，但上初中后，他的困难升级了。莫林告诉我："他很难适应不同性格的老师。"她与学校分享了儿子的想法，然后帮助儿子理解老师的期望。家长可能需要解释："史密斯老师不是生你的气，她只是在你旁边生气。"老师可能对整个课堂的动态感到不满，但敏感的孩子可能会认为老师不喜欢自己。

表达同理心和理解比指责或提出要求更有成效。美国一对一教育辅导中心"教育联结"（Educational Connections Tutoring）的创始人安·多林（Ann Dolin）建议家长使用以"我"开头的语言与学校的老师沟通，比如说"我注意到，即使在我的帮助下，吉米也要花4个小时做作业"，而不是"你给吉米布置的作业太难了"。（"我注意到"是一个特别有用的短句。）

留意你的沟通方式。初中校长克里斯·纳尔迪（Chris Nardi）告诉家长和教育工作者，如果你发现需要写超过一个自然段的电子邮件，就请选择打电话或面谈。他最近给儿子的老师发了一封邮件，表达他的担忧。当他看到老师的回复很简短，就知道其中可能有问题。"我问老师'我们能见面谈谈吗？因为我觉得邮件暗含的语气可能带来了误解'。"

他告诉家长："学校里的每个人都想为你的孩子提供最好的帮助，所以请直接给老师或学校心理咨询师打电话，告诉他们你的担忧。比如你可以问，'你能帮我理清一下思路吗？这是我孩子告诉我的，这信息准确吗？他应该花 3 个小时做家庭作业吗'。"他也给教职员工提出了同样的建议："曾经有一位老师发给我一封长达 6 段的电子邮件草稿，他本打算发这封邮件给一位家长。我告诉他，'请把这封邮件用作你打电话时的谈话指南'。"

以开放的心态参加会面。教育工作者见过的孩子数以百计，因此他们会从不同的角度来看待哪些方面可能有问题，哪些没有问题。在初次谈话后一定要安排一次后续谈话，评估孩子的进展。确保你了解每个步骤中的特殊教育程序和你的权利。504 条款计划和个性化教育计划具有法律约束力，根据法律规定，家长是团队中的平等参与者。为孩子定制的这些表格是动态文件，需要对其中的项目定期重新评估和更新。家长如果感到不知所措或孤立无援，可以在网上找到资源和在线社区。家长中心将为家长们联系当地的线下支持小组。

知情、积极主动的家长可以发挥重要作用。每 5 名儿童中就有一名有学习或注意力问题，但只有一小部分儿童得到了专门的指导或照顾。这可能反映了教育工作者对识别过程的不确定。一个致力于为有学习和注意力问题的儿童的家长提供支持的非营利组织"理解"（Understood），在 2014 年对任课教师进行了一次民意调查。该组织发现，61% 的教师对提出建议让学生接受学习问题的特殊教育评估的信心不足。

― 给教育者的建议 ―

处理个体适应问题时要慎重

当教育团队制订 504 条款计划或个性化教育计划，或实施非正式的适应措施时，团队成员需要定期评估这些支持措施是否有效。同样，也需要花时间来确定这些支持措施是否矫枉过正。当学生取得进步时，应调整适应措施，以巩固其正在形成的独立性。例如，如果一个有考试焦虑的学生一开始需要在单独的房间里参加考试，那么长期目标应该是让他能够在考场上与同学一起参加考试。可以考虑采取循序渐进的方式，比如让大家在同一间教室考试，但是为焦虑的学生安排一个不那么容易察觉到其他人在翻页的座位。慢慢地让他接触压力源，培养他的胜任感。教育计划是动态文件，可以随时更新。

识别正确的问题

有特殊学习障碍的孩子可能有注意力问题，有注意力问题的孩子可能有焦虑症。这些问题可能会重叠或同时出现，而原因并不总是显而易见的。家长可能会认为孩子焦虑是因为觉得数学很难，但也有可能是因为他们焦虑才觉得数学难。七年级学生埃拉·塔格尔在一年级时被诊断出患有阅读障碍，而她的症状属于典型的注意障碍。她告诉我："有时候我需要动一动，来应对不理解当下的学习内容所带来的挫败感。这给了我时间来摆脱困境。"正确的策略和干预措施因人而异，并随着时间的推移而变化。

有学习问题的孩子可能难以与同伴相处。曼哈顿的罗伯特·路易斯·史蒂文森学校的校长鲍勃·坎宁安说："如果你的孩子不能很好地控制自己的冲动，心里想什么就说什么，不用想也知道这会对他的社交产生什么样的影响。"如果孩子迟到或捣乱，老师可能会惩罚整个班级。如果孩子在小组项目中表现不佳，他在群体中的地位也会受到影响。家长可以在家里与孩子一起进行角色扮演，比如模拟忘记去见朋友。"帮助孩子说出，'珍妮，我知道我迟到让你很为难。我不是故意不尊重你，这是我正在努力解决的问题'，"坎宁安告诉我，并补充说，"一个 14 岁的女孩会接受这样的解释，并改变对你的孩子的看法。"

专家通常强调拥有一两个亲密朋友的重要性，但这对有社交障碍的孩子来说可能是错误的。这样的孩子可能很难与某个特定目标建立深厚的友谊。正如坎宁安所指出的："如果目标是与更广泛的同学或队友进行更自如的互动，那么有社交焦虑、社交互惠或社交意识问题的孩子的生活将得到明显改善。"

满足资优学生和双重特殊学生的需求

如果你怀疑你的孩子是资优生或双重特殊学生——既是资优生又有学习或注意力问题的学生——请带他们去做评估。确保孩子所在的学校有合适的教育课程。你可能需要利用外部资源来满足孩子的需要，例如美国资优儿童协会或资优者情感需求支持协会。为孩子发声，与他们的老师见面。这可能是一场艰苦的战斗。研究人员发现，目前的做法与 20 多年前如出一辙，一项研究表明，超过 40% 的初中没有采用资优教育文献中支持的任何特定方法。

克利夫兰一所 K-8 学制的学校专门招收资优生，苏珊·拉科是这所学校的学校心理咨询师，她在《美国初中教育协会杂志》（AMLE Magazine）中写道："一旦后进生达到所在年级的最低学业标准，教师就很容易忽视他们，而把注意力放在'惹事精'和其他被认为可以或应该达到最低学业标准的学生身上。"难点之一在于，不平衡的发展会让教育这样的学生变得很困难。教育家劳雷尔·布莱克蒙（Laurel Blackmon）是 LCB 咨询公司的创始人，也是一个双重特殊学生的母亲，她告诉我："你可能会遇到一个能读懂大学微积分课本，却写不出一个完整句子的学生。这样的学生不仅聪明，而且在以令人难以置信的速度认识世界。"布莱克蒙记得有人告诉她，要将 80% 的时间用来培养孩子的长处。"这是一个很好的建议。否则，他会说'这是何必呢'。在现实世界中，你要选择把一天中的大部分时间花在自己的强项上，在自己能够胜任的领域工作。"

先改变自己的做法

先看看你能改变什么，让事情变得更好。如果你的孩子不能做好按时上学的准备，而你把它变成了一场每天都在进行的战斗，那么这不仅无法解决问题，同时还会破坏你与孩子的关系。考虑让孩子早点儿起床，或者更仔细地监督孩子。你可能需要在离开他的卧室之前确认他是否真的穿好了衣服。这不是降低期望值的问题，而是认识到，你的孩子可能比没有学习或注意力问题的孩子需要更多的支持。

不要试图一次解决所有问题。每次试验一种新方法，坚持 3 周，看看是否有效。也许你的孩子需要一个单独的闹钟，提醒他们该收拾东西了，或者用列清单的方法来帮助他们安排"必须做的事""应该做的事"和"可做可不做的事"的优先次序。比如，明天要做的实验是必须做的，老师推荐的书是应该阅读的。

确保老师也知道你的孩子的长处。如果孩子的社交能力很强，但阅读和写作能力较弱，老师可以通过布置需要合作完成的作业来帮助他们取得成功。老师还可以让这样的孩子担任领导角色，以强化他们的技能，建立他们的自信，并影响成人和其他学生对他们的看法。坎宁安告诉老师："想一件对你来说最具挑战性的事情，然后想一想每天在你最在乎的人面前持续做这件事 7 小时的感受。"

孩子自身的特定问题往往与某种优势共生。当布莱克蒙的儿子被诊断出有学习障碍时，她告诉他，有阅读障碍的孩子也有特殊能力，比如他们能够很快发现重要的概念之间的联系。患有注意缺陷多动障碍的孩子通常会给课堂带来活力和朝气，如果老师能利用好他们的优势和兴趣，就能培养他们保持注意力的能力。因此，假如你的孩子喜欢天文学，你可以与老师展开对话，请老师围绕太空探索设计作业。

你为孩子挺身而出的时候，也就是在为他们示范如何自我帮助。埃拉的母亲、韦斯特菲尔德州立大学学前教育助理教授米里亚姆·塔格告诉我，她的女儿在五年级时就知道如何询问老师是否阅读了她的个性化教育计划。塔格说："我们一直在为她争取权益，所以她从我们身上学到了很多。"埃拉补充道："我在很小的时候就学会了如何尊重和理智地与老师交谈。我使用老师喜欢的语言，因为我发现，当老师看到你理解知识并想要学习时，他们会更认真地对待你。"

对埃拉来说，六年级是一个转折点。她告诉我："学校给了我耳机，这样我就可以一边听故事，一边跟上班级的节奏。我的科学老师给了全班同学一张表，问我们都是用什么方式学习的。"当她需要大声朗读或想口头展示自己学到的知识时，她可以很自如地告诉老师。她还开始实施自己的学习策略。"我利用自习时间观看了关于进化和细胞的视频，当课文中出现这些内容时，我的脑海中就会浮现出相关的画面，这样我就能理解这节课的内容了。"塔格指出："在学校里你可以尝试很多事情。比如，我们允许埃拉在校园里涂鸦。尽管有些人不喜欢，但涂鸦有助于她加工信息。辅助技术以及大量的视觉和动作能很好地帮助到她。每年，我们都会发现一些对她有帮助的东西。"

在孩子学习技能的过程中，应该逐步减少支持。正如韧性领导力中心创始人唐娜·沃尔皮塔（Donna Volpitta）所说："你的目标是确保孩子把每件事都做对，还是教孩子下次如何独立完成？"采取"我做，我们做，你做"的方法。一开始，你可以帮助孩子联系学校的老师，然后指导他们给老师写邮件，但当他们可以自己独立完成时，你可以再退一步。不要过度补偿孩子，尤其是在孩子面临的问题与他们自身的困难无关的情况下。莫林说："当我为了给孩子送运动鞋和课本而跑了三趟学校，影响了家庭中的其他成员时，我就知道自己做得太多了。"

蒙哥马利县公立学校校长斯科特·墨菲说，即使你替孩子完成了他们的工作，他们也不会对自己的技能产生信心。"当我担任中学校长时，我发现六年级到八年级之间会发生一些变化。学生们开始自己决定什么是自己擅长的，什么是自己不擅长的，甚至有时他们认为自己不擅长某事其实并不是真的，"他告诉我，"我们需要确保我们不会强化这些认知，也不会限制其发展，我们要继续培养学生的数学思维模式并让孩子学习 STEM 学科[⊖]，带给学生富有成效的磨砺。"

⊖ 指科学（science）、技术（technology）、工程（engineering）和数学（mathematics）4 门学科。——编者注

直接但敏锐

学习不顺时，孩子的自尊心会受到打击，但解决问题的方法绝不是隐瞒他面临的学习困难问题。安·多林解释说："如果你生病了两个星期，终于有人告诉你，你得的是鼻窦炎，那么你就可以解决这个问题了。我的经验是，当你告诉一个孩子他符合书写障碍的标准时，他会说，'哦，这就是为什么这么长时间以来一直这么难，这就说得通了'。"精神病学家爱德华·哈洛韦尔（Edward Hallowell）告诉患有注意缺陷多动障碍的孩子："你的大脑有法拉利的发动机，但只有自行车的刹车。如果你不加强刹车系统，你就会失控撞车。"他建议家长和教育工作者强调孩子的优势，并适度减少日常"撞车"。

埃拉告诉我，当她第一次得到诊断结果时，她的情绪很复杂，但当她明白自己为什么不能像其他同学一样学习时，她又感觉好多了。专业人士能够以不做评判、适合孩子发展的方式向孩子说明情况。梅拉妮·奥尔巴赫解释说："心理学家不像老师或家长，他们不会向孩子传递那么多的价值观。他们可能对孩子说，'你的大脑就是这样工作的。知道为什么你能轻松记住这些数学知识吗？因为你有非常好的长时记忆。但你知道为什么你在解一道题时很难记住 6 加 7 吗？那是因为你的工作记忆没有那么强'。"

在向孩子分享信息和策略时，请记住孩子是想向你寻求安慰。如果你发现自己无法接受孩子的局限性，或者对孩子的成功过分期待，你可能需要通过做心理咨询来解决自己的问题。你的孩子对你的反应非常敏感，能保持冷静和同理心至关重要。我的朋友玛丽的七年级女儿佐耶患有注意缺陷多动障碍，当她无法应对女儿的冲动时，她寻求了心理治疗的帮助。玛丽的心理医生帮助她接受了一个事实：患有注意缺陷多动障碍的孩子总是前后不一致。玛丽告诉我说："佐耶就像一个9岁的孩子，她不知道隐私的界限——她会问别人有关私生活的问题。"玛丽发现放下那些让她俩都陷入失败的期望是一种解脱。

好消息是，面临挑战的孩子往往有很强的韧性，知道自己的局限，善于与人相处，并能为自己争取权益。有了正确的支持，即使是最容易冲动、最辛苦挣扎的孩子也能获得爆发式的发展。用长远的眼光看问题也许并不容易，但埃拉希望家长们能认同她的态度。她告诉我："有某方面的障碍代表我不能做到某些事情。但我可以阅读和学习，只是方式不同。长大后，我打算成为一名火箭科学家或天体物理学家。"

— 给家长的建议 —

- 听从直觉。
- 与老师、学校心理咨询师和其他了解你孩子的成年人交流，并记录下来，找出孩子的行为模式。
- 与学校的老师分享孩子的长处、兴趣和个人经历。
- 定期重新评估504条款计划或个性化教育计划的执行情况。
- 帮助孩子了解他们学习困难的原因。
- 如果你的孩子是双重特殊学生，你可能需要利用外部资源。
- 在孩子掌握某项技能后，逐步取消对他们的帮助。
- 通过角色扮演，和孩子提前熟悉可能出现困难的社交场景。
- 必要时为自己寻求支援。
- 从孩子的角度了解他们的具体困难。

- 要有好奇心，而不是指责。不要以"你为什么这么做"作为开场白。

― 谈话开场白 ―

- "你觉得这对你来说比对其他人更难吗？"
- "你是最后一个完成数学测验的吗？"
- "今天你的英语有哪些进步？"
- "是什么让历史作业如此具有挑战性？"
- "你希望老师了解你的哪些学习方式？"
- "你觉得老师会认为学习的哪方面对你来说最难？"
- "你在学校里做什么的时候最自信？"
- "你在学习方面的困难有没有影响你的友谊？"

赋能与
韧性

“ 世界上有形形色色的人，
我们每个人都能找到自己
的立足之地。 ”

第 12 章

与男孩建立联结，
并帮助他们建立人际关系

 "我妈妈一直在用 1000 种不同的方式问我同一个问题。我需要时间思考。"

"我不是不关心，只是不想卷入其中。"

"如果我说，'嘿，我能告诉你一件你做过的让我很困扰的事吗'，我的朋友会说，'啊？我们大部分时候只是开开玩笑而已'。"

我的朋友利兹担心她 14 岁的儿子安迪受到了心理创伤。在一次滑雪旅行中，安迪看到一个孩子从缆车上摔了下来。他就坐在近处，他看到医护人员用直升机将男孩送往医院。利兹试图和安迪说说事故的经过，但他没有任何反应。她又试着沟通了几次，然后就不再追问了。

接下来的周末，酷爱滑雪的安迪拒绝再去雪山。利兹很快就联想到了这与之前的事故有关。她打电话给我，让我以学校心理咨询师的身份给她建议。她问我，如果安迪不开口，她如何知道他是否需要支持和帮助？我安慰她说，她本能地退后一步，给他留出空间，这很好。利兹和丈夫开始确保有非固定的时间与孩子在一起，他们告诉安迪，只要他想倾诉，父母随时都在。

这种努力毫无结果，因此他们尝试了另一种方法。在缆车事故发生一个月后，他们说服安迪再试一次滑雪。在开车去山上的路上，车里的气氛很紧张。当他们到达时，安迪的父亲无声地把他带上了缆车，他们一起完成了一次滑雪。父亲的平静和沉默给了他勇气。在回家的路上，安迪终于说出了他的悲伤，并问起了那个受伤的男孩的情况。利兹告诉我，这次经历改变了他们的沟通方式。她不再逼着安迪说话，因为她清楚地意识到，当她给安迪留出沉默的空间时，他才更愿意表达。

十几岁的男孩有着强烈的情绪或情感，但家长们往往误以为他们的沉默意味着想要置身事外。青少年发展儿科医生肯·金斯伯格告诉我："这是我们必须与之斗争的观念。不要以为沉默就是没有思想。男孩有时会装聋作哑，或由于疲惫不堪，想要创造一个可以退缩的空间，但这绝不是一个空洞的空间。男孩有丰富的内心世界，他们非常在乎忠诚、友谊和保护自己所爱的人。"男孩会像他们的父母一样相信这些观念。因此，他们可能会在父母和同伴面前压抑情感。

纽约大学发展心理学教授尼俄伯·韦（Niobe Way）正试图改变这种模式。她是"倾听项目"的主要研究者，该项目教男孩交谈和倾听技巧，帮助他们建立人际关系。她告诉我，当她在纽约市乔治·杰克逊学院向七年级男生讲述一个男孩对他最好的朋友的爱"无法用语言形容"时，他们都嗤之以鼻。当她问他们什么这么好笑时，一个学生说："这家伙听起来也太奇怪了。"

韦想要挑战这种刻板印象。她问他们："如果我告诉你们，大约有 85% 的男孩在青少年时期对朋友有这种感觉，你们会怎么说？"一个男孩问她："真的吗？"她说："是的，是真的，男孩们希望有亲密的友谊，可以和朋友分享他们的秘密。"不到 10 秒之后，两个男孩就分享了他们吵架后"分手"的经历。"他们当着全班同学的面谈论了这件事，"韦告诉我，"我所做的只是允许他们讲述。他们不知道这件事很正常。"

这个年龄段的男孩开始受到男性化期望的冲击。七年级学生哈拉布告诉我，他觉得这些信息让他很困惑。我和一位男老师共同指导一个初中男生小组，这位男老师一直是一个冷静、成熟的贡献者，并且从一开始就明确表示，他不符合大众的刻板印象。他解释说："这些信息限制了我们的成长，因为你很难成为你看不到的人。"他计划走一条与众不同的路——一条依靠朋友并支持朋友的道路。"如果一个不爱运动的男孩不想运动，我会告诉他不必勉强。如果另一个男孩想分享他的感受，我会告诉他'我在这儿'。"

安德鲁·赖纳是一位老师，也是研究青少年男孩及其脆弱性的作家，他曾多次来观察我的男孩小组，每次我们都会谈到我们生活在一个相互联结的世界中。赖纳告诉我："首先，初中男孩希望得到其他男孩的认可和接纳，这是最重要的。但也有一些男孩走在了前面，他们从小就被培养得更加自信、更加有自我意识，他们想要与其他人建立联结。这一代的孩子中，有越来越多的人因为其他男孩的欺凌行为而感到沮丧和害怕。欺凌者不允许联结发生，并将他人的自我意识当成一种威胁。"

我采访了斯沃斯莫尔学院助理教授约瑟夫·德里克·纳尔逊，他研究性别刻板印象如何影响男孩的同一性发展。他敦促家长在儿子年幼时教他们如何表达除了愤怒、沮丧和同情之外的其他情绪或情感。他告诉我："如果男孩不学习如何获得情感上的亲密，他们就可能在以后的道路上陷入关系困境，产生成瘾行为、暴力行为或冒险行为。"

你可以从自己与儿子的关系入手，采取措施防止这种结果发生。金斯伯格解释说，在儿子的青少年时期维护和加强亲子关系更多的是要接受一种理念，而不是完成一份清单。"如果你能够一直在场，真正相信孩子，把他当作自己生活中的专家来对待，以他能够接受的方式说话，那么细节问题就会自动消失。"有些男孩在进入青春期后确实会变得更加沉默，但这只是意味着你需要用不同的方式与他们沟通。以下是几种你可以继续与上初中的儿子有效沟通的方法，同时也可以帮助他与其他人建立亲密的联结。

专注于有爱的、有高收益的互动

如果你能始终如一地表现出你的爱是不变的，你的陪伴是无条件的，你就能为男孩们创造一个分享感受的安全空间。我儿子本上初中的时候，如果他认为自己考试考砸了，会想立刻卸下这个包袱。我去学校接他的时候，他会打开车门，然后在身体还没完全坐进座位时就把这个消息脱口而出。他告诉我："我不可能通过数学考试，有一半的题目我都答不上来。"他知道我会作何回应，但他还是要听到。我会说："真烦人，我知道你已经努力学习了。放心，没事的，现在该专注于历史考试了。今天还发生了什么事吗？"

我本来可以换个角度，建议他更换学习方法或寻求额外帮助，但这样做会适得其反——我会给他传递这样的信息：我对他很失望，我关心他的成绩胜过关心他的感受。在那一刻，他已经感到被打败了，只是想得到安慰。更何况，我们还有更好的话题可以聊。在放学回家的路上，本总能分享一些精彩的故事，他讲的趣闻逸事揭示了他觉得哪些事是有趣、恼火或鼓舞人心的。这些比起聊他的成绩，都是更有价值的话题。

如果你一味强调儿子的不足，而不是赞扬他的长处，你们之间的关系就会受到影响。找出他的动力所在，想方设法肯定他的特殊才能和兴趣。我认识一位父亲，他特别会赞美儿子设计迷宫的巧思，还会表扬他做了一个无与伦比的煎蛋卷，或者表扬他在学校被称为"小瑞士"，因为他是一个天生的调解员。在大多数孩子都充满自我怀疑的初中阶段，采用表扬优势的方法尤为重要。

我亲自见证了这样一件事。卡梅伦是一个内向、敏感的八年级学生，他和父亲托德的关系很紧张。他们两人的性格简直有天壤之别。卡梅伦从起床到睡觉一直在画漫画。他会到我的办公室来"充电"，经常用他的数学量角器把一团黏土雕刻成一朵花或一只狗。卡梅伦认为学校一年一度的5公里长跑是他的"地狱"，棍网球更是令他深恶痛绝。

他的父亲托德则是一名性格强硬的前棍网球一级运动员。他不仅坚持让卡梅伦打棍网球，而且还执教卡梅伦的球队。他会强迫卡梅伦在家里做额外的练习，然后以不够努力为由训斥他。为了把卡梅伦培养成精英运动员，他破坏了他们的父子关系。他也不懂得欣赏儿子的其他天赋。他俩的这种互动让卡梅伦陷入了矛盾。卡梅伦既觉得自己受到了攻击，又觉得自己被忽视了，他对自己令人印象深刻的艺术创作也毫无自豪感。

金斯伯格经常提醒家长们："青少年的主题包括我的父母是否为我感到骄傲，我是否能融入同伴群体，我的学习能力是否够强，我是否知道我未来能做些什么，我是否能接受自己正在发育的身体，以及最基本的——我是否足够优秀？如果把所有这些问题放在一起，你就会明白为什么父母对孩子无条件的爱是如此重要。"无条件的爱为初中男孩回答所有这些极具挑战性的问题提供了安全感。

对他的生活表现出兴趣，创造共同体验

如果你对儿子的爱好表现出真正的好奇心，你就更有可能与他建立紧密的联结。参加他的班级表演或足球比赛，了解他在学校的学习情况。你对他的生活了解得越多，你们就有越多的共同话题可以讨论。一起做一些他感兴趣的活动，可以是观看体育赛事、电影或者去博物馆。了解他和哪些同学在一起，以及他喜欢如何放松。这并不意味着越界。你可以在不侵犯你儿子的隐私和自主性的前提下表现出真正的兴趣。

尝试创造你们都喜欢的共同体验。如果这看起来很复杂，不妨试试这个练习。拿出两张纸。首先，写下 3 项你的孩子会喜欢、你也愿意做的活动。然后给你的儿子一张纸，让他写下 3 件他想做，而且他认为你也愿意做的事。最后你可能会得到 6 种有积极

效果的亲子活动。

你们单独在一起的时候，可以通过提出具体问题来促进对话。临床心理学家、《培养高情商男孩》（*Raising Cain*）一书的作者迈克尔·汤普森（Michael Thompson）说："问他们在学校发生的最好或最糟糕的事情，或者问他们和数学老师的关系是否变得更好。否则，他们就会想，这是什么意思，为什么我妈妈会问这些。"你可能会觉得很难忍受儿子长时间的沉默，但不要逼得太紧。如果你保持耐心、陪伴和参与，他就会开始分享更多他的生活。

也就是说，你可能需要在交流中发挥创意。交换留言是一种干扰较少的沟通方式。买一个笔记本放在厨房或前厅的桌子上，在上面给儿子留言，并邀请他回复。你可以从简单的问题开始，比如"今天过得怎么样"。即使交流在最初可能显得很肤浅，但他之后可能会鼓起勇气告诉你，他很担心无法融入集体，或者被足球队开除的事让他比你想象中的更难过。

车里也是与儿子交流的好场所。因为眼神交流在这个空间中是可选的，男孩可能就会觉得谈话不那么可怕。乘车途中是谈论令人不舒服的话题的好时机，但你要愿意主动发起这些谈话。无论是讨论性还是其他难以启齿的话题，当你的儿子谈及敏感话题时，请注意不要对他的评论反应过度。你可能会误解他说的话，如果你保持中立，谈话更有可能继续下去。如果谈话演变成争吵，不要停止谈话。正如我在关于"说谎"的一章（第3章）中解释的那样，孩子们认为争吵是一种富有成效的交流，是更好地理解你的观点的一种方式。争吵是他们尊重你的意见的好迹象。

玩电子游戏和车内沟通一样，提供了一种不需要眼神交流的沟通方式。阿齐兹·阿卜杜勒-拉乌夫（Aziz Abdur-Ra'oof）是一名前职业足球运动员，也是一名指导青少年男孩的教育顾问，他建议家长让儿子教自己玩他喜欢的电子游戏。他还建议为儿子设定一个固定的谈话时间，准备好谈话的开场白，并能真正参与进来。阿卜杜勒-拉乌夫告诉我："这意味着关掉电视。并且如果你在和他们谈话时接电话，他们会认为你不在乎他们。"

为了增加有效亲子时间，也要防止孩子注意力分散。制定一份有关电子设备使用的合约。例如，你可以明确规定，每周三个晚上全家一起共进晚餐时不能使用电子设备。当电子设备妨碍了你儿子在与同伴过夜、聚会、拼车或其他社交场合的相处时，你也可以这样做。设定明确的期望永远都不会太晚。

虽然听起来有些莫名其妙，但男孩会觉得自己与那些在游戏和聊天室里认识的人关系很密切。他们可能没有意识到，他们错过了更真实的面对面互动的时间。在线互动确实能帮助他们掌握一些建立友谊的基本技能，但牺牲了其他方面。正如心理学家亚当·普莱德所说："他们在打字交流的过程中，尽管也在分享、妥协、协商，并感受到彼此的联系和认同，但眼神交流和肢体语言完全消失了。"如果你尝试了以上所有策略，但仍然碰壁，那就放自己一马吧。正如迈克尔·汤普森告诉我的那样，没有掌握着让初中男孩敞开心扉的秘诀的神奇家长。

消除对男子气概的刻板印象

本 14 岁时的某天，我的平板电脑突然开始同步收到别人发给他的信息。这是个小故障，我马上向他坦白了，我以为他会被吓坏。但是他却告诉我说"没事，随便吧"。我就没有继续说。就在我工作时，信息一直弹出来，有些还很生动。我确信他的朋友们不会喜欢我看这些信息，于是我建议他解决这个问题，但他坚持说这没什么大不了的。他的坦率与人们对青少年的普遍看法大相径庭，因为他们往往被描绘成极度注重隐私的人。这就是问题所在。刻板印象无法帮助你更了解儿子。

但这并不代表"做男人意味着什么"的刻板印象没有影响到他，也不代表你无须正视这些刻板印象。父亲尤其需要向儿子示范如何建设性地处理困难情绪。当你感到有压力时，你会打电话给朋友，还是压抑自己的情绪？确保你的儿子看到你使用健康的应对策略。这并不是贬低母亲或其他女性在男孩生活中的重要性。正如哈拉布告诉我的那样："我爸爸告诉我，我可以做任何我想做的事而不会受到苛责，但我还是更愿意和我妈妈说话。"他每晚9点睡觉前都会向妈妈汇报一天的情况。他说："虽然她是女性，但她会告诉我应该如何与异性交往，她还向我保证，即使我犯了错，我也可以放心地与她交谈。"

与孩子谈谈"做男孩意味着什么"。正如约瑟夫·纳尔逊所说："他们得到的信息是——'要为自己挺身而出，要坚强，不要让任何人不尊重你，不要表现得像个女孩，要看重友谊，不要表现出悲伤'。特别是对于低收入的黑人和拉丁裔男孩来说，他们的人身安全很大程度上取决于他们是否被视为弱者。我接触过一些黑人父亲，他们会告诉自己的孩子，'你在家里哭没关系，但在公园就不行了。在家里，你是被爱的，你是安全的'。"一定要告诉你的儿子："你可能从外界听到不同的声音，但你也可以因此而感到不高兴。"

你可能需要审视一下自己的观念，尤其是你是否固守着"所有女孩都很戏剧化"或"所有男孩都不爱说话"等性别刻板印象。心理治疗师凯蒂·赫尔利告诉我："男孩会做饭，女孩会跆拳道。让我们打破边框，让孩子们做自己想做的人。"但同时，我们也要承认，要对抗男性化期望可能很难。

我的许多学生，就像哈拉布一样，确实想要对抗。在一次男孩小组活动中，我让他们在一个"男人箱"（man box）里放入反映男子气概文化观念的词语。"竞争性""侵略性""强悍"和"运动"都被放进了盒子里。然后，我让他们描述自己的特点。男孩们认为，他们用来描述自己的许多词和短语，包括体贴、自知、聪明、喜欢阅读和写作，都不能被放进男人箱。还有一次，我给他们读了一份单词表，其中包括痛苦、温柔、害羞、羞愧、信任、快乐、兴奋、不安、悲伤和愤怒。他们认为，有几个词是中性的，但只有"愤怒"真正属于男人箱。我很吃惊，于是我问他们是否能回忆起自己曾毫无顾忌地表现出纯粹的快乐的时刻。他们说，那可能是在上小学二年级或三年级的时候。

"你不应该在乎成绩，也不应该在乎你是否能在朋友面前做自己，"一个男孩对大家说，"我想我们都觉得这些事情很重要，但没有人愿意拿别人对自己产生不良看法冒险。"另一个学生补充说："我不能就这样走到我的朋友面前说，'嘿，乔，你和我一样有复杂的情绪吗'。在男孩小组之外，我最多对惹我生气的人说'我不喜欢这样'，而不能说'这让我很沮丧，甚至是毁了我的一天'。"

赖纳为《纽约时报》撰写了一篇关于男孩小组的文章，在采访我的几个学生时，七年级学生哈里森·古德韦瑟告诉他："这是让我感到安全的地方。离开这个小组后，我对在学校的生活感觉更好了，因为我知道，在那些困扰我的事情上，我并不孤单。"哈里森和其他男孩已经下定决心，要辅导学校里更小的男孩，并树立一个积极的"预防性"榜样。

幸运的是，越来越多的成年男性也在挑战这些文化规范，其中包括职业运动员。美国职业篮球联赛球员凯文·乐福（Kevin

Love）在《球员论坛报》（*The Players Tribune*）上写道，在他的成长过程中，他一直遵循着"要做个男人"的剧本。他要独自处理艰难的经历，这样才不会显得软弱。然而，在 29 岁时，他惊恐发作，他意识到自己需要帮助。现在，他公开谈论男孩需要表现出脆弱的一面，并指出："我们身上都背负着受到的伤害，如果我们把它们埋在心里，它们就会伤害我们。"

父亲可以通过自己打破刻板印象来帮助孩子。亚历克西斯·刘易斯是一名 18 岁的大学生，他告诉我："我不知道自己不必过于男性化。我需要从我父亲那里听到这些，我需要他作为榜样。"他还认为，家长不应该强迫儿子参加他们讨厌的运动，尤其是那些他们不得不与"对男子气概理解有偏差"的男孩打交道的运动。

家长还可以通过展示肢体接触的力量来打破刻板的性别期望。俄克拉何马州初中教育协会执行主任威廉·帕克告诉我，他非常注重身体上的示范。"我拥抱我 12 岁的儿子杰克，就像我拥抱我的女儿一样，但我也告诉他，他也可以拥抱别人。我拥抱我认识的人，在我居住的俄克拉何马州，这是一种文化。我希望我的儿子在成长过程中知道，他可以拥有深厚的友情。"

给教育者的建议

开展"男人箱"活动

开展男人箱活动，让男孩思考男性化规范。首先，让他们独立想出他们认为可以描述"真正的男人"的词语。然后，让他们与小组成员分享他们的清单。你们还可以讨论当男孩不符合社会期望时，他们会收到哪些有贬低意味的词。做完这个练习后，请男孩再次单独列出描述自己的词语。让他们把答案匿名写在便签上，然后把便签收集起来，读出每个描述词。针对每个描述词，询问小组成员是否认为它属于男人箱。学生们会发现，每个男孩都有不符合他人定义的"真正的男人"的兴趣爱好和性格特征。

通过类比使亲密情感正常化

在体育运动中，许多亲密的时刻都是可以接受的，如果你的儿子对体育运动感兴趣，这些例子可以成为很好的教育案例。约瑟夫·纳尔逊指出："当男孩观看足球比赛时，会有很多侧身拥抱的动作或坐得很近，但这并不被认为是不恰当的。"运动员也是如此。阿卜杜勒-拉乌夫说："当有人对队友说球接得可真'好'时，其实是一种脆弱的表现，但我认为男孩们并不知道这一点。"他们这么做只是因为他们经历过接球失误或成功，知道那是什么感觉。他告诉家长们，可以对孩子说："当你的队友在篮球比赛中表现不佳时，你走上前去帮助他，这很好。"他告诉我，家长们可以把这个概念概括为："乔恩，还记得你和詹姆斯第一次一起打篮球时你不喜欢他，但后来你发现他是一个好人，是一个很支持你的队友吗？当你在学校里与人接触时，想想这种经历，记住，了解一个人是需要时间的。"

也要教他们如何修复关系。当友谊出现裂痕时，男孩比女孩更容易逃避，但这可能会影响到他们成年以后的亲密关系。"他们的女朋友可能会做一些事情，而他们能想到的唯一解决办法就是离开。"尼俄伯·韦解释道。家长可以以身作则，告诉孩子纠正错误需要付出努力，也需要展示脆弱。父亲可以对孩子说："我真的很生我朋友的气，但是我必须花点儿时间想想我的问题。冷静下来后，我给他打了电话，为我的行为道歉。"

你还可以努力防止冲突，尤其是肢体冲突。纳尔逊说："所有教导男孩关于所谓男子气概的规范其实都是关于肢体的强硬态度。你要是不尊重我，我就推你一把，让你知道不能再这样做了。"如果争吵升级，请在事件发生后汇报情况。要求你的儿子解释事件发生的先后顺序。你的同学做了什么，他是如何回应的，然后帮助他分析"为什么"。你可以说："你推了他，他摔倒了——这是为什么？"韦会当着儿子的面讨论女儿或自己在友谊方面的挣扎，并征求他的意见，这样能使儿子以旁观者的眼光看问题。因为"对他来说，谈论自己的友谊过于感性了"。

通过谈论朋友间的界限来提高儿子的敏感度。初中学校心理咨询师里基·斯特克姆告诉我："男孩喜欢戏谑和互相嘲讽，这确实是男孩很多问题的根源，因为他们对讽刺的容忍度不同。如果一个男孩看到别人眼睛上有乌青，就说'你毁容了'，即使说话的孩子并没有恶意，听到的孩子的感情也可能受到伤害。"向你的孩子解释，如果一个朋友看起来受伤了或者不再主动与人交往，那么就是你需要停止的时候。

男生的底线可能千差万别。杰夫是一名体育老师兼足球教练，他告诉我，他带的初中体育生会互相发送具有"阅后即焚"功能的恶作剧图片，以达到"吓人一跳"的效果。他还说，男孩们会把这些恶作剧玩得太过火。"有些男孩几乎已经麻木，但有些男孩会觉得被冒犯。而家长们则完全不理解，"他说，"当那个孩子的妈妈在他的相册里看到他朋友的恶作剧图片时，她就会问'这是什么'，而我必须和我的队员进行大量的沟通，让他们适可而止。"

肢体互动会让很多男孩感到不舒服，但又很难避免。初中男孩之间经常会互相嬉闹，不喜欢打闹的男孩可能会独自忍受这种不适感。如果你儿子的朋友在公交车上把你儿子双脚的鞋带系在一起，或者他被朋友拽着背包直到摔倒，你可以询问他是否能够接受这种行为，以此鼓励他提高敏感度。初中的教育工作者可以通过在全校范围内开展有关尊重同学界限的互动咨询课程，为男孩成立有组织的小组以及密切关注走廊上的互动来帮助孩子。教练也可以通过示范公开交流、透明和良性竞争来发挥影响力。在男孩的对抗性运动中，教练甚至可以扮演"代理父亲"的角色。赖纳指出，在男孩的生活中，教练可能比其他男性更受尊重，因为他们代表着男性的理想形象。

培养好奇心，增加男孩的情绪词汇量

如果我们想让孩子们拥有相互信任、有意义的人际关系，我们就需要给他们传授实用的技能。韦要求倾听项目的参与者反思他们自己的友谊，然后挑选一个他们喜欢但不太了解的人进行交谈。有趣的是，她告诉我，几乎所有的男孩都会选择与自己的母亲交谈。男孩们化身为"友谊探索者"，问出诸如"你最信任谁以及为什么"的问题。他们学习如何做一个好的倾听者，并追问更深层次的问题。人们重视同理心，但好奇心在友谊中同样重要，家长可以培养孩子的好奇心。韦会对自己的孩子说："我正在做一个项目，问人们最害怕什么。你会怎么回答这个问题？"

为了进一步提高男孩的情绪词汇量，可以帮助他描述自己的人际关系。问他："在与纳特的友谊中，你最喜欢或最不喜欢其中的哪一点?"让他指出好朋友是如何对待他的。也许他愿意把自己最喜欢的游戏机借给这个朋友,或者当他生病在家几天时,这个朋友会打电话问候他。要触及他的情绪,可能需要逆向思维。如果他看起来心烦意乱,可以问:"你的身体感觉是什么?具体在你身体的哪些部分?"告诉他感觉可以为他的情绪状态识别提供线索。到了初中,男孩们已经习惯于忽略更深层次的感受。赖纳告诉我:"他们从电视、社交媒体和流行文化中获得的所有信息都是关于坏蛋和硬汉的。动作片中的英雄不是会寻求帮助、表现出犹豫或自我怀疑的人。"

最终的线索当然是哭泣。一位家长曾问赖纳,她是否应该担心儿子经常哭泣。"我说,'哭泣是展示我们最脆弱的一面的一扇窗户,也是为数不多你们可以一起坐着,并且你不用问他很多关于他的感觉的问题的时候。他显然正沉浸在悲伤中'。"利用这些时刻,对他说:"你现在显然感受到了强烈的情绪。眼泪代表着什么?如果你准备好倾诉,我就在这里。"至少,你可以做一个情绪见证人,让你的儿子知道他并不孤单。

— 给家长的建议 —

- 爱并尊重你儿子本来的样子,关注他的长处。
- 优先进行"高价值对话",而不是关于成绩或控制其行为的对话。
- 在沟通的时间点和方式的选择上要有策略。
- 不要认为他沉默就意味着他想逃离。
- 在厨房或前厅的桌子上放一个记事本,互相留言。

- 不要过分苛责自己：没有哪个家长能回答青少年男孩的所有问题。
- 消除刻板印象，示范健康的应对策略。
- 不要问引导性的问题，提问要具体，否则他会怀疑谈话的方向。
- 拥抱你的儿子，通过肢体接触向他表达爱意。
- 当朋友对他好或明显信任他时，要指出来，并提醒他了解一个人是需要时间的。

— 谈话开场白 —

- "你最信任谁，为什么？"
- "你最害怕什么？"
- "你喜欢你和纳特的友谊中的哪一点？"
- "你认为电影中的主角是一个好的朋友吗？你会选择不同的行为方式吗？"
- "我看得出你很难过，如果你想谈谈，我就在这里。"
- "你觉得人们容易对男孩产生哪些误解？"

第 13 章

培养坚强、强大的女孩

关
键
技
能

2——协商冲突

5——考虑他人的观点

6——自我拥护

7——自我调节情绪

8——激发热情与认识局限

9——做出负责任的、健康且道德的选择

 "我讨厌当守门员。因为每次对方进球都是我的错。"

"老师忘了轮到我主持班会了，但这不值得大惊小怪。"

"我的脸上长满了痘痘，所以我不可能去参加舞会。"

14 岁时，我在一家冰激凌和三明治店当服务员。经理没给我任何培训就让我直接上手，而我完全不知道该干什么。给客人端餐时，我记得汉堡包却不记得番茄酱，记得冰激凌却不记得勺子。到了第三天，我开始掌握窍门，但这对经理来说还不够快。一周结束时，他把我拉到一边。"你不用再回来了！"他对我咆哮道，"因为你在这方面真的非常非常糟糕。我真没想到会有人做事这么慢。"我紧张地看着自己的脚，向他道歉。我也没有回去，甚至没有去领工资。尽管我花了一周的时间拖地板，端上无穷无尽的烤奶酪三明治，挖冰激凌，但我觉得我不配领薪水。成年后，我为当时自己的怯懦而摇头叹息。我可能不是一个完美的服务员，但我努力工作，应得那笔钱。

当我和我的闺密们分享我们十几岁或年轻时的第一份工作中的故事时，怯懦是一个共同的主题。苏珊大学毕业后在巴黎工作，她对自己的女上司记忆犹新。"她遇到一点儿小事就会大发雷霆，大喊'你一无是处'。"苏珊会躲进卫生间哭泣。她告诉我："我没有信心去解决问题或者彻底离开。"我的朋友莎莉在纽约一家杂志社工作时，忘了给编辑部主任传真一份文件，她那时也有过这种"瘫痪"的感觉。她回忆说："他一直等到所有人都离开，然后锁上门，告诉我他对我深感失望。"她不知道该如何应对他的过激反应，因为她觉得自己犯了错还依然为自己辩护的感觉很复杂。

苏珊和莎莉希望自己在开始工作之前就学会自我拥护和应对别人的反馈，因为那时的风险要小得多。她们希望自己十几岁的女儿能过得轻松一些，但又不知道该如何传授这些复杂的经验。如果说有什么变化的话，那就是她们上初中的女儿似乎突然变得更害怕冒险或引起注意了。

研究证实了这一假设。在 Ypulse 公司的一项调查研究中，研究人员发现，女孩的自信水平在 8 岁到 14 岁之间会下降 30%，她们自称自信的可能性也比男孩低 18%。此外，超过一半的女孩表示感受到了追求完美的压力。将近 80% 的女孩表示，她们希望更加自信。所有这些数据表明，初中阶段是努力让你的女儿掌握应对困难的技能和勇气的理想时期。在她感到最脆弱的时候，你可以通过以下几种方法帮助她保持自信。如果你的方法奏效，她将更有可能发展出并保持职场和人际交往中所需的技能。

不要培养对完美主义的期望

当我们寻求给女孩赋能时，我们需要小心谨慎，不要再给她们施加一系列难以企及的新期望。作家佩姬·奥伦斯坦（Peggy Orenstein）说：“我担心，我们几乎把女孩们禁锢住了。现在，她们不仅要友好、善良、苗条、漂亮，还要勇敢、有能力、聪明。”她 14 岁的女儿会说：“如果再有人告诉我女孩需要勇敢，我就会对他们发火。”这个女孩每过一段时间就会对这种说法嘲弄一番，翻个白眼，说“够了”。奥伦斯坦补充说：“我们希望女孩们在这个世界上能够拥有韧性，但我们似乎把‘赋能’这个概念想得太简单了，所以这成了她们焦虑的根源。”

女孩们取悦他人的愿望会放大焦虑感，并适得其反。“女孩领导力”组织的创始人之一蕾切尔·西蒙斯解释说，当女孩专注于赢得认可时，她们就会回避风险。“如果你是一个典型的好女孩，你就会把失败看作是让别人失望——不是‘我在足球比赛中没进那个球’，而是‘每个人都会讨厌我’。”她敦促家长帮助女孩关注自己的表现，而不是别人对她们的看法，并帮助她们避免反刍，因为反刍会放大挫折的消极影响。

研究表明，女孩也更可能倾向于将失败归咎于自己能力不足，而男孩倾向于将失败归咎于外部因素，如没有学习。家长可以通过更加关注进步而不是结果来扭转这种思维。女孩也可能比男孩更容易自我怀疑。《告别玻璃心的 13 件事》（*13 Things Mentally Strong Women Don't Do*）一书的作者、心理治疗师埃米·莫林（Amy Morin）说：“如果你在孩子每答完一道考试题后问‘你有多大把握答对这道题’，男孩的成绩就可能比女孩更好。女孩可能因为怀疑自己而更改原先的答案。自信是问题的关键，所以要教女孩注意自己的思维模式，以及这些想法是如何影响她们的行为的。”

对于《女孩的自信密码》一书的作者之一、一个 11 岁女孩的母亲克莱尔·希普曼（Claire Shipman）来说，了解到失败有助于培养孩子的韧性是一种解脱。“我不再纠结于此，而是能够迅速地说‘好吧，人生必修课’，并专注于帮助她向前看。”最近，她的女儿没有进入足球队，希普曼担心她会放弃这项运动。“我告诉她还有其他的选拔机会，结果另一支球队非常想要她。那是‘地狱’般煎熬的 24 小时，但我很高兴她决定继续努力。”

为了帮助女孩保持合理的期望，就要挑战难以实现的理想。寻找并向你的女儿分享真实的女性图片，让她不止能看到修图过和加了滤镜的女性图片。希普曼和她的合著者卡蒂·凯（Katty Kay）发起了以“捕捉自信”为话题的网络活动，告诉女孩不完美和自信并不相互排斥。女孩利用这个话题做了很多事情，从挑战对舞者身材的刻板印象，到帮助黑人女孩为自己的天然头发感到自豪。

也要教女儿批判整个文化。奥伦斯坦的女儿 12 岁时，他们在超市看到了一排“超级女侠”和“蝙蝠女侠”玩偶。她问女儿对这些娃娃有什么看法，听到女儿评论说"这些娃娃的眼睛比手还大"（这也是奥伦斯坦常做的批判之一），她感到非常自豪。她的女儿是混血儿（亚裔和白人），她也会评论化妆品行业如何不承认人们有各种各样的肤色。奥伦斯坦告诉我："她会说，即使他们承认女性多样化的肤色，往往也只承认黑白两色。"而这些言论都会影响女孩的自我意象。

注意你传递的信息

不经意的评论可能给女孩留下深深的创伤。如果你希望你的女儿能够自我接纳，你可能需要检查一下自己的语言。一个七年级的女孩告诉我，她没有邀请她喜欢的男孩跳舞是因为她"太胖了"。她说，她第一次对自己的体重有了自我意识，是父亲不经意地建议她晚餐时不要吃土豆泥。他并没有伤害她的意思，但那句话却刺痛了她。几个月来，她一直为自己的体重而烦恼和纠结。一个八年级女生也分享了一个类似的故事。在一家煎饼店吃早午餐时，她把糖浆倒在了华夫饼上。当她伸手去拿黄油时，她的母亲抓住了她的手腕。"不要又吃糖浆，又吃黄油！"她说，"你会长小肚子。"

西蒙斯告诉我："当你看着自己的孩子做一些你认为是自我毁灭的事情时，闭上嘴巴是一件非常困难的事情——尤其当你自己也有体重焦虑的时候。"家长需要明白，孩子很难从批评中听出想帮忙的好意。她说："批评的声音对于女孩来说就像大喊大叫，她们很容易就能听到。涉及她们身体的话题尤其容易触动她们的敏感神经。在某些时候，反馈会从建设性变成破坏性。'你真的要吃那个吗'意味着'你不可能做到吃那么多还保持好身材'。"相反，你应该关注女儿的身体需要什么来保持强壮和健康。西蒙斯敦促家长扪心自问："我以前说过这样的话吗？我这样说是为了帮助孩子，还是为了让自己从焦虑中解脱出来？如果是这样，有没有更好的方法来管理我自己的情绪？"

如果你认为自己是在帮助女儿，那你可能很难克制自己。密歇根大学罗斯商学院研究"反馈"的教授休·阿什福德（Sue Ashford）回忆说，在女儿上初中时她自己就掉进了这个陷阱。她告诉我："我研究反馈寻求是有原因的——我往往过度在意他人的反馈。我希望自己能少批评我的女儿，只是支持她，告诉她'你很棒'，但我并没有总是这样做，因为我担心别人对她的看法，担心她是否会有朋友，是否能融入其他人。"

一旦奥伦斯坦发现自己的个人压力会妨碍和女儿沟通，她就会让丈夫来负责这方面。"我必须隐藏我的真实想法，假装不那么在意负面的身体形象，而他没有这些问题。所以让那个对吃东西的看法很正常的人去沟通吧。他能给她一些我给不了的东西。"说到培养强大的女儿，人们往往会想到母亲的作用，但父亲可能更适合教授某些技能。我们常常忽略了父亲的作用，当女孩进入青春期时，父亲往往会退缩。这种做法是错误的。女儿上初中后，同样需要父亲，甚至更需要。琳达·尼尔森（Linda Nielsen）在维克森林大学教授一门关于加强父女关系的课程，她发现，当父亲与上初中的女儿保持健康的关系时，女孩往往会更加自立、自信和成功，也更不容易患上进食障碍。

家长需要注意自己对女儿说的话，同时也要注意自己不经意间传递的信息。注册财务策划师南希·安德森渴望自己在 12 岁生日当天，能像前一年哥哥 12 岁生日时一样，收到 200 股股票作为生日礼物。她在一封电子邮件中写道："我太激动了，整整一年我都在想他们会给我什么股票。我想知道会是同一家公司还是另一家公司？股票凭证上会不会有我的名字？"后来，她的生日到了，她却没有得到任何股票。"我在那个年纪学到的潜台词是，'投资是男孩的事'。"

向女儿传递不同的信息，让她了解自己的商业能力，可以试着帮助她培养谈判技巧。安德森建议："在压力较小的环境中教她，比如去旧货市场或跳蚤市场摆摊。告诉她原始定价要比她想得到的高，这样她就可以降价。挑选一些对她来说不太重要的东西，这样她卖不掉也可以捐给慈善机构。这样买卖就成了一个有趣的游戏，她也能享受到讨价还价和交易的乐趣。"同样，西蒙斯告诉我，她也打算鼓励女儿去协商家政服务费："我认为，学会讨价还价是很重要的，但很多年轻女性都不具备这项技能。"

雅尼娜·谢尔弗是一个 14 岁女孩的母亲，同时也是瑞银投资银行技术、媒体和电信部门的联席主管，她经常通过讲述自己工作中的故事来向女儿解释基本的金融概念，比如风险和回报之间的关系、货币的时间价值以及过度杠杆化的隐患。她希望这些认知能为女儿今后做出明智的储蓄和投资决策打下坚实的基础。

帮助她适应"领导者"一词

我们需要更好地重视女孩的领导力。阿什福德的研究表明，女性倾向于回避当领导，因为她们会担心"如果我动了别人的蛋糕或破坏了一段友谊怎么办"。她发现，真的当了领导的人对"领导者"这个词的感觉更舒适。家长和教育工作者需要共同努力，帮助女孩自我认同为领导者，这可能意味着要审视自己的态度。她解释说："当学校系统看到女孩的领导力时，他们会巧妙地或直接向女孩及其家长提供负面反馈，希望家长能将其扼杀在摇篮里。"

孩子会将这些信息内化。哈佛大学教育研究生院创办的"让关爱更普遍"项目的研究人员在对近两万名学生的调查中发现，许多青少年男孩、女孩及他们的父母都对女性领导者（无论是女孩还是成年女性领导者）持有偏见。学校环境也有影响。阿什福德的女儿刚上六年级时，转到了一所新学校。她在小学时就被贴上了固执的标签，因此阿什福德决定提前与学校心理咨询师见面，以缓解女儿过渡时期的压力。

"学校心理咨询师问我'你女儿是一个什么样的人'，我说'她总是很热心，也很想帮忙，但她有时会惹别人生气'。学校心理咨询师说，'我希望你能把她送到我们学校来，我会让校方做好准备接纳她，并接受她现在的样子'。"

阿什福德哭了5分钟，因为这是第一次有人对她说"你有没有想过，其实那些人都错了，她现在的样子就很好呢"。

学校认可并鼓励她女儿与生俱来的领导力。她出演了话剧，当选为班干部，并在高年级时入围了学校文化贡献奖的最终候选人名单。上大学后，她具备了在大学里领导一个重要组织的能力。

注意不要把领导力定义得过于狭隘，也不要忽视那些比较文静的女孩。在我女儿埃米莉11岁时，她参加了希拉里·克林顿（Hillary Clinton）的一场问答会，当时希拉里刚刚结束国务卿的任期。埃米莉并不腼腆，但性格偏内向，她曾经怀疑自己是否有能力成为一名领导者。希拉里演讲完后，埃米莉举起了手。她问道："你是否认为必须担任领导职务才能给世界带来积极的变化？"希拉里毫不犹豫地回答："绝对不是——教师也是领导者，护士也是领导者。你不一定非要竞选政府官员或成为公司总裁才能有所作为。事实上，一些身居要职的人并没有利用他们的影响力来帮助他人。"

这是我希望我在初中时就能听到的一句话。在八年级的社会研究课上，我害羞得不敢发言，但其实我喜欢历史。那一年，我第一次听到斯汀（Sting）的歌曲《俄罗斯人》（*Russians*）[⊖]，并开始阅读关于"相互保证毁灭原则"[⊖]的图书，这一理论让我感到恐惧。我瞒着所有人写了一篇专栏文章，阐述了我对核建设的看法，并寄给了《波士顿环球报》（*Boston Globe*）。我还记得几个月后我的文章见报时父亲和老师的震惊。当时我从未想过，写作和分享想法也是一种领导力。对 14 岁的我来说，"真正的"领导是足球队队长和学生会主席。

现在，当我与比较文静的女孩交谈时，我会努力培养她们的兴趣，帮助她们超越对传统的领导角色的认知。正如《内向性格的竞争力：发挥你的未来优势》（*Quiet: The Power of Introverts in a World That Can't Stop Talking*）一书的作者、"宁静革命"的创始人苏珊·凯恩（Susan Cain）对我说的那样："很多时候学生自然展露的才华并不符合狭义的'领导力'概念，但其实领导力是指一个人如何产生影响，采取行动，并以积极的方式重塑他人的生活。"

凯恩和我分享了一个故事，说的是一个初中女孩为了被选中做同伴导师，假装外向，"把自己拧成一根麻花"。她表现出色，但被一位外向型老师淘汰出局，因为老师觉得她不够外向，不适合这个职位。凯恩说："那个女孩当时完全崩溃了，但后来她意识

⊖ 斯汀于 1985 年创作的一首旨在反对战争、向往和平的歌曲。——编者注

⊖ 英文为 Mutual Assured Destruction，核心思想是：当两个拥核国家均具备在先遭受对方的核打击后仍能发动毁灭性报复的能力时，双方会因恐惧同归于尽而不敢主动发动核战争。——编者注

到，她真正喜欢的是科学，而不是当什么同伴导师。"那个女孩开始在课余时间跟随生物老师学习，她的生物老师很欣赏她的长处，最终她在 17 岁时就发表了第一篇科学论文。

我们应该告诉女孩们走出去，做自己，实现远大的梦想，而不是让她们去征服世界。正如凯恩所说："我们需要确保我们给女孩们树立的榜样并不都像谢里尔·桑德伯格⊖（Sheryl Sandberg）那样。我们还需要展示那些风格更加低调的女孩或女性，让她们明白让自己成功、快乐，同时还能为世界做出贡献的方式有很多。"

确定导师和榜样

鼓励你的女儿养成与她尊敬的导师建立联系的习惯，导师可以是她的老师、教练或者她兼职工作的部门主管。这是一项看似简单却需要判断力的任务，它将成为职场中的一项重要技能。导师还可以为女孩提供一个空间，让她们感到自己的声音被倾听和认可。女孩往往无法与同伴坦诚相待，因为她们担心自己会受到评判或批评。而导师可以鼓励女孩将自己与别人的不同视为优势而不是失败，从而帮助到她们。这并不是要强加一种机械的关系，而是要教会孩子们如何注意到与自己心灵相通的同类人。

"在我上七年级的时候，鲁德老师告诉我，我是一个领导者，我应该参加他的领导力课程，"谢里登学校校长杰茜卡·多诺万在她的办公室里与我聊天时告诉我，"有一次我们在郊游的巴士上，他告诉我，我的想法很重要，我应该写日记。他是第一个让我觉

⊖ 曾任 Facebook 首席运营官、美国财政部长办公厅主任、谷歌全球在线销售和运营部门副总裁。——译者注

得自己很重要的人，这让我印象深刻。我成了一名初中教师，因为鲁德先生就是一名教师。他告诉我，我是一名领导者，我现在真的成了一名领导者。"

谢尔弗说，在她职业生涯的早期，有很多自信的、能够拥抱自己的独特性的榜样人物让她受益匪浅。他们让她更加坚信，职业成功没有单一的脚本。她补充说，导师不一定要是同性，一些有女儿的男性是对她影响最大的导师。他们往往更能理解女性想在职场中取得成功所面临的微妙障碍。

和男孩一样，女孩也无法成为她们看不到的人。18岁的亚历克西丝·刘易斯从初中就开始在发明竞赛中获奖，她说："女孩和其他人一样能做很多事情，她们只是需要有同性别和同种族的榜样。"从类似于瑞秋·伊格诺托夫斯基（Rachel Ignotofsky）所著的《无所畏惧》（*Women in Science*）等图书中，我们得以一窥优秀女性的一生，从灵长类动物学家简·古道尔（Jane Goodall）到计算了1969年阿波罗11号登月轨道的非裔美国物理学家和数学家凯瑟琳·约翰逊（Katherine Johnson）。只要有机会，就向你的女儿介绍在STEM领域或投资银行等女性占少数的领域工作的真实女性。

唐娜·奥伦德（Donna Orender）是《通向卓越：给女孩的积极指南》（*Wowsdom: The Girl's Guide to the Positive and the Possible*）一书的作者、美国女子职业篮球联盟前主席，也是一名退役的职业篮球运动员，她定期为初中女生组织"与导师同行"活动。女孩们穿上特定颜色的衣服，以表示她们感兴趣的领域，如医学或科技，然后与在该领域工作的女性（穿同样颜色的衣服）结成对子。她们沿着小径在大自然中散步，分享自己的希望和梦想。

有一次，奥伦德将女孩们与65岁以上的女性配对。散步结束后，年长的女性读"写给年轻的自己的信"，女孩们则读"写给年长的自己的信"。她告诉我："这是一种非常有力量的方式，让女孩们知道她们并不孤单，代际联系是双向的。"每次散步结束时，她都会提醒女孩们，她们的导师会随时接听她们的电话，她还鼓励她们继续寻求帮助。

— 给教育者的建议 —

邀请女性演讲者在职业生涯餐会上发言

开始定期举办职业生涯餐会，邀请从事各种职业的女性，包括女性从业比例偏低的职业。这些女性可以是学校学生的母亲，也可以是来自更广泛社区的嘉宾。鼓励演讲者分享她们在人生旅途中取得的胜利和遇到的挑战。她们可以强调，女孩们不应该因为挫折而放弃追求自己的目标。如果演讲者愿意，可以扮演导师的角色，与感兴趣的女孩保持持续的联系。

认可自己的成功

家长一定要鼓励女孩认可自己取得的成就。女孩比男孩更容易自我贬低，或将自己的成功归因于运气或其他人。希普曼指出，女孩担心被人认为很傲慢或爱吹牛，他们只想融入群体，但问题是她们会开始相信自己的谦辞，并产生自我怀疑。她告诉我："当我在莫斯科做驻外记者时，人们会问我是怎么得到这样的工作的，我觉得有点儿尴尬，就说我不知道。"她后来去了白宫做报道，这一转变让她感到害怕。"如果我能向自己传递一个有用而有力的信息，告诉自己'看看我在莫斯科取得了什么成就'，我就不会相信自己只是碰运气才获得了这个职位。"

你可以向女儿保证，自信和了解自己的价值并不代表自负。告诉她善良的女孩也可以有竞争意识、雄心壮志和明确的目标。当她缺乏信心时，教她"假装自信"，并提醒她，每个人都会有觉得自己是个"冒充者"的时候。

教你的女儿使用扩展性的肢体语言可能会有所帮助。《高能量姿势：肢体语言打造个人影响力》（*Presence: Bringing Your Boldest Self to Your Biggest Challenges*）一书的作者、社会心理学家埃米·卡迪（Amy Cuddy）告诉我，女孩在小的时候会双脚分开、挺胸站立，但到了初中，她们就开始表现得缩手缩脚。她说："如果说男孩开始占据更多的空间，女孩则会把袖子拉长盖住手，把自己包得更严，含胸驼背，想让自己变得更小。"告诉你的女儿，她应该舒展身体，不良的姿势会影响她的情绪和自我效能感。可以问她："你这样坐着感觉如何？"卡迪解释说："感觉自己很强大会激活所谓的行为趋近系统，让我们更乐观、更快乐、更自信、更愿意冒险。"

教女孩支持彼此的成功

鼓励你的女儿为其他女孩喝彩，尤其是在初中阶段，因为这个时期的女孩特别容易产生竞争情绪。帮助她集中精力做到最好，而不是打败别人。专注于为女性赋能的非营利组织"女孩快跑"就采用了这种方法，该组织负责计划和评估的高级副总裁阿利·赖利（Allie Riley）说，这种方法很有效。"在 5 千米跑中，整个团队都会和一个陷入困境的女孩一起跑，或者你会看到两个女孩努力同时冲过终点线。"在家里，鼓励女儿提出一个具体的目标，然后问"你今天是否比昨天多跑了几圈"。相比于纠结她是否比别人更强，这种提问思路更健康。

当女孩们加入一个有共同目标的团体时，她们就能学会把自我放在一边。当她们进入职场时，也更有可能支持其他女性。奥伦德指出："不幸的是，多年来我们得到的信息是，提供给女性的职位较少，存量有限。"团队运动能教会女孩支持他人的成功。对体育不感兴趣的女孩可以加入其他有共同目标的团体。《积极团队的力量》一书的作者、咨询顾问乔恩·戈登推荐戏剧社或军乐队等。他告诉我："在戏剧社中，你必须以表演的最佳效果为重；在军乐队中，你必须相信旁边的人不会打到或踩到你。这都是为了让彼此变得更好——没有人能在孤立无援的情况下取得伟大成就。"

卡洛琳·米勒（Caroline Miller）是一位积极心理学专家，也是《坚毅》（Getting Grit）一书的作者，她希望初中女孩在成长的过程中明白，无论是现在还是长大成人后，互相拆台都会适得其反。当我与她交谈时，她刚在魁北克给女性领导者做完演讲。她问她们："有没有人觉得，我们在工作中面临的最大挑战之一是女同事在背后互放冷箭？"每一个女性都举起了手。在反复听到这种抱怨后，她发起了以"分享222"（Share222）为主题的活动：当一个女性听到另一个女性的成就时，米勒希望她把这个消息发布在两个社交媒体平台上。你可以为女儿树立这种支持行为的榜样，并指导她做同样的事。与其发布聚会照片或自拍照，不如鼓励她分享一个女性朋友实现了有意义的个人目标的消息。这种做法会开启一个积极的循环。女孩们希望互惠，她们能够学会更加注重友谊和坚韧，而不是受欢迎程度或外表。

除了教育女儿为其他女孩的成功喝彩，你还可以帮她们寻找一些团结女孩、为女孩赋能的会议。阿什莉·埃克斯坦（Ashley Eckstein）是女性科幻服装品牌"她宇宙"（Her Universe）的创始人，也是《星球大战》（Star Wars）中阿索卡·塔诺（Ahsoka Tano）的配音演员，她最近带着13岁的侄女参加了在华盛顿特区举行的"女孩向上领导力峰会"。她想让侄女体验一下与数百名女孩在一起相互庆祝的感觉。演讲者之一是16岁的沙妮丝·李（Chanice Lee），她是深受黑人青少年欢迎的全球在线平台"黑色素日记"（Melanin Diary）的主理人。"当我介绍沙妮丝时，台下其他女孩的欢呼声简直让我起鸡皮疙瘩，"埃克斯坦告诉我，"那间屋子里发生了非常正确的事情。"

学会处理冲突和表达感受

家长可以指导女孩自己解决问题，无论她们是需要学习支持还是希望在实习中承担更多责任。不管是通过积极参加课堂讨论、为校报撰稿，还是声援某项事业，都要敦促女儿发出自己的声音。之前，希普曼的女儿对学校的一项活动仅限男孩参与感到不满，于是她鼓起勇气要求管理人员重新审视这项政策。虽然她并不喜欢校方给的初步审查结果，但能够为所有女孩发声的感觉很好。这对希普曼来说也是一次学习经历："在中途我就意识到结果并不重要，因为这是她为自己争取权益的宝贵经历。"

母亲可以在女儿面前为自己发声。西蒙斯告诉我："我小的时候，妈妈会在餐厅抱怨薯条不是热的。当时我觉得尴尬'死'了，但当我30岁时，我发现自己也在做同样的事情。"你可能不知道哪些行为会产生影响，但其实你的女儿一直在看着你和听着你。

奥伦斯坦指出，有些母亲可能很难表达自己的感受、想法、限制和愿望。她解释说："男孩只被允许表达快乐和愤怒，这是有问题的，但女孩更需要练习如何表达不同意见或设定边界。我们没有给女孩太多为自己说话的机会，因为为自己说话可能会让别人觉得你不够友善。我女儿上幼儿园的时候，当需要表现得更加自信时，我丈夫就会和她一起练习，说'你要这么说，你要这么做'。我看了之后就想，'哇，我怎么不知道还可以这样'。"

不要让其他人定义她的目标

如果你希望女儿有远大理想，就应该和她强调由家人、同伴甚至是未来的同事组成的支持网络的重要性。没有人可以事事成功，所以要鼓励她保持乐观，即使磕磕绊绊也要相信自己的内在价值。如果她没有经历过失败或失望，她可能永远也不会发现自己内在的力量，也不会意识到自己可以在一连串挫折后取得胜利。

每走一步，都要问女儿一些问题，并帮助她制订计划。她希望实现什么目标？为了达到目标，她需要做些什么？如果计划不成功，她该怎么办？无论她走的是安排好的道路，还是意想不到的弯路，只要她能自信地掌控方向盘，她的旅程就会更加顺利。

── 给家长的建议 ──

- 不要对女儿（或你自己）过分苛责。
- 鼓励她认可自己的成就并寻找导师。
- 将领导力定义为"做出改变"。

- 对你的儿子和女儿一视同仁。比如，如果你教儿子股票市场的知识，也要教女儿。男孩和女孩也应被分配同样的家务，遵守同样的规则。
- 谈谈你作为女性的个人经历，以及你克服困难的经历（也可以与你的儿子分享）。
- 鼓励女儿为其他女孩取得的有意义的成就喝彩。
- 鼓励女儿为自己发声，无论是在餐厅点餐，还是抗议学校政策等。

— 谈话开场白 —

- "你觉得别人对你的要求和你对自己的要求一样严格吗？"
- "作为领导者对你意味着什么？成为领导者有哪些不同的方式？"
- "什么能帮助你在挫折后振作起来？"
- "当女孩们互相帮助而不是互相拆台时，她们会从哪些方面受益？"
- "如果你知道没有人会评判你，你会采取哪些不同的做法？"
- "有没有哪次你意识到自己比想象中更强大？"

第 14 章

在充满拒绝的
世界中冒险

关
键
技
能

6——自我拥护

7——自我调节情绪

8——激发热情与认识局限

9——做出负责任的、健康且道德的选择

10——创造和革新

"我不可能有机会出演这部剧，那我为什么还要参加试镜呢？"

"埃利奥特会得到所有选票，因为他的朋友比我多得多。"

"我在新球队一个人都不认识，所以我不踢球了。"

我女儿埃米莉告诉我："我不会花暑假时间去参加网球队选拔赛。我怀疑自己进不了球队。"她当时 14 岁，还没上高中，但教练会在八年级结束的那个暑假举办校二队[⊖]选拔赛。

"你想进队吗？"我问她。

"想，但我肯定会被淘汰。"她 15 岁的哥哥本从手机中抬起头，说："但是如果你不参加选拔赛，就肯定进不了球队了。"

小时候，埃米莉喜欢为陌生人唱歌，喜欢分享自己随意串联字母"写"出的故事。但像许多孩子一样，到了初中，她开始变得更加谨慎，不愿意犯错。我们鼓励她敢于冒险，拥有自己的目标，并学会失望后仍可振作起来。

我试图从积极的角度来帮她看待这次选拔，但我真的希望她能自己做出决定。几天后，我们还在纠结这件事，她哥哥突然有了一个好主意。他对她说："你知道吗，你应该直接去报名校队选拔赛。"结果表明这是一个极具刺激性的建议。

"你疯了吗？"埃米莉问，"如果我都担心进不了校二队，我为什么还要参加校队的选拔呢？"

本解释说，被校队淘汰的孩子在参加校二队选拔赛中的起点会更高。他告诉她："我希望我也能这么做。这样我就更可能会被校二队选上，这是一个聪明的策略。"不知怎么的，他说服她告诉教练，她"可能"会参加校队选拔赛。

校队选拔赛的前一天晚上，教练给球员们发了电子邮件。显然，他忽略了埃米莉邮件中的关键字"可能"。她被列入了花名册，并且教练要求她第二天早上就报到。教练解释了这个过程。他写道，每天，女孩们都可以向排在她们前面的人挑战。一周结束后，

⊖ 校二队（Junior Varsity），指比校队入选资格较低的队伍，是校队的"预备培养团"。——译者注

排名前12位的球员将入选校队。埃米莉下楼给我看了邮件，特别强调了一个数据点。"我告诉过你，"她说，"我真的排名最低。25名选手中的第25名！"

"往好的方面想，"我说，"你无处可去，只能向上。"她终于笑了。

第二天早上，我开车送她去学校球场，然后去上班。她到了之后给她哥哥发了条短信。她写道："你要知道，我会被击垮的。""去战斗吧。"他告诉她。然后她就没了消息。

那天下午我去接埃米莉时，她明显平静了许多。她说："我战胜了第24名。"在一周的时间里，她不断向上挑战。第二天，她战胜了23号种子，然后又战胜了第22名。她以全胜的成绩将排名升至第19名。最后一天我去接她时，教练把我拉到一边。他说："她本来不可能打败其他选手的，因为她们在技术上都更胜一筹，但她每球必争。如果你继续给她报名上课，她可能就不用这么辛苦了。"

那天晚些时候，埃米莉被校队淘汰了，但她不在乎。她克服了恐惧，取得了超出预期的成绩，并发现自己很有力量。她之后参加了校二队选拔，并获得了第三单打的席位。这时，我终于松了一口气。作为家长，把孩子推出舒适区可能比我们自己去冒险更难。

现在这个世界以花样百出的方式告诉孩子们"不，你不行"。他们从成年人、同龄人那里听到这些话，甚至就像埃米莉那样，从自己内心也听到这样的话。孩子们很容易受到阻挠，屈服于消极情绪和内心自我否定的声音。有时，我发现自己也在劝孩子们不要追逐不切实际的目标，但我的做法其实对他们毫无益处。我的建议看似充满爱意、具有保护性，甚至是合理的，但同样可能是不成熟的、误导性的或限制性的。我努力提醒自己，要记住孩子们一直在学习，一直在成长。

挫折能培养人的韧性，也是成长中的必要组成部分。我们需要教会孩子们如何承担风险，如何乐观前行。这对任何人来说都是一项艰巨的任务，尤其是对总觉得好像每个人都在看着自己的初中生来说。以下是帮助初中生鼓起勇气面对失败的几种方法。

确定让孩子感到有风险的原因

你的孩子可能不明白他们为什么害怕某项活动。他们担心被人评头论足吗？他们害怕犯错吗？是否忧虑风险太大？休·阿什福德研究了人们回避担任领导者的原因，她解释说，"风险分为三类，第一类是形象风险——当我在有需要时主动担责，会不会显得很愚蠢？第二类是人际关系风险——我可以承担责任，发挥领导作用，但也许我的朋友也想当领导，这会伤害我们之间的关系。"第三类是工具性风险，这与实际结果有关。如果一个孩子领导了一个项目，并且进展顺利，他们就会因为是项目的主心骨而受到表扬。但如果进展不顺利，他们可能会受到指责。

不要只说一句"都会好的"，而是要帮助孩子找出让他们感到不安的原因，并验证他们的担忧。然后试着逆向思维——让他们设想最终目标，并鼓励他们做出尝试。正如我儿子指出的，你不参加比赛就不可能赢，所以要提醒他们，拒绝你的应该是别人而不是你自己。如果他们落选话剧参演资格，或者被棒球队淘汰，没有规定他们不能再次尝试。也许结果还是对他们不利，但他们可以自己决定进行多少次尝试。

你可以指出，即使是科比·布赖恩特（Kobe Bryant）也不得不面对消极情绪。他的学校心理咨询师曾经告诉他，成为一名美国职业篮球联赛球员是不切实际的梦想，他应该做其他的选择。虽然这对 99.9% 的孩子来说可能是可靠的建议，但总有人会成为像科比·布赖恩特一样的人。没有人能预测未来，你的孩子应该去做能激励他们的事情。告诉他们，虽然他们无法控制别人的想法或行为，但他们可以依靠自己的毅力。他们应该把赌注押在自己身上，期待成功，这并不是因为他们比别人懂得更多，而是因为他们深深地关心自己，他们相信自己会付出时间和努力。

认识到放弃可能会有风险

放弃也需要勇气。孩子可能会坚持到底，因为他们被告知自己很有天赋，不应该浪费自己的潜能。或者，他们可能害怕承认自己很痛苦，因为家长为他们的追求投入了大量的时间和金钱。成年人都很难改变方向，更何况是初中生。你的孩子可能需要你明确对他表示可以放弃。

毅力和勇气固然重要，但放弃也许能让孩子们过上更快乐、更健康的生活。包括加拿大研究人员格雷戈里·米勒（Gregory Miller）和卡斯滕·沃尔斯奇（Carsten Wrorsch）所做的研究在内的多项研究表明，放弃无法实现或不想追求的目标的人，拥有更高的幸福感和更低的患病率。帮助孩子弄清他们的动机是什么，什么是他们真正喜欢做的事，什么是他们希望实现的目标。正如作家兼教育家阿尔菲·科恩（Alfie Kohn）在《华盛顿邮报》上所写的那样："就算你没有因为坚持做某事而崩溃或枯竭，但是假如你停下来，重新评估或尝试其他事情，结果可能会更好。"

尽管如此，放弃还是会让人感觉违反直觉。如果你的孩子（或你自己）需要安慰，不妨看看许多名人放弃一个目标而选择另一个目标的例子。商业内幕网刊登了一篇关于著名转行者的文章。王薇薇（Vera Wang）从职业花样滑冰运动员转行成为时装设计师。宇航员约翰·格伦（John Glenn）成为美国俄亥俄州参议员。"巨石"强森（"The Rock"Johnson）在转战电视和电影界之前，曾是加拿大橄榄球联盟的替补后卫。

你的孩子可能知道了他们不爱做什么，但可能并不知道他们还想尝试什么。一起列出一份可能的清单，然后告诉孩子选择一项。如果他们拿不定主意，告诉他们你会为他们选一个，但要让他们放心，如果他们不喜欢，下次可以做出不同的选择。为了最大限度地提高匹配成功的概率，请围绕他们的兴趣来罗列冒险尝试。如果你的孩子害怕陌生的社交场合，但喜欢画画，那么美术课可能是一个很好的课外延伸选择。

帮助孩子准确解读反馈信息

孩子们在学校能得到大量的反馈，有好的也有坏的。对于容易自我怀疑的孩子来说，一个错误的反馈解读可能就会让他们停下前进的脚步。在一群你认为是在评判你的同伴面前做演讲或演话剧是一件非常可怕的事情。我辅导过一个六年级的学生萨默，她坚信老师有一个最喜欢的学生，而这个学生不是她。她的母亲告诉我，这影响了她参与课堂讨论的意愿。她还告诉我，她怀疑自己的女儿过于敏感，偏离了事实。

有些孩子的内心过于细腻，因此一旦有人用异样的眼光看他们，他们就会觉得自己被轻视了。自卑的孩子倾向于以符合他们自我概念的方式来解读信息。你的孩子可能需要跳出来看问题才能获得正确的观点。帮助他们寻找模式，质疑自己是否准确解读了他人的反应。比如在萨默的例子中，我告诉她，我会观察课堂动态。当我告诉她我没有看到任何偏袒的证据时，她承认她的不安全感来源可能是无稽之谈。我们讨论了无论她是不是"老师的宠儿"，她都可以继续举手发言。

从小步暴露开始

克莱尔·希普曼向家长们解释说，承担风险和建立自信是可以迁移的，孩子可以通过承担"起步风险"来锻炼这些能力。如果他们想鼓起勇气参加篮球队的选拔，但是做不到，那就从小型冒险开始。他们可以尝试做蛋卷，或者向潜在的新朋友介绍自己。这些更自在的行动会让他们产生愿意冒更大风险的心态。所有的焦虑都会在暴露中得到缓解，这就是许多孩子似乎都能在成长中摆脱害羞的原因。

希普曼对女儿采取了这种循序渐进的方法。她告诉我："我女儿最近想和一个新来的七年级女生出去玩，但她不敢直接问她。她制订了这样一个徐徐图之的策略，先跟那个女孩谈论周末可能会做的事情，然后间接地问她'你想什么时候一起出去玩吗'。"当一切顺利后，她给那个女孩发短信说"这个周末你想过来玩吗"。"每走一步，她都会为自己鼓掌，我看得出她的自信心在不断增强。虽然我不明白这件事对她究竟有多重要，但我知道任何社交都是很难的。"

小步暴露法在学校环境中也很有效。有不止一次，我发现一个七年级女生在她的小型 TED 演讲（关于她同一性的一个重要方面的录像演讲）之前，躲在厕所里哭泣（我在第 5 章里详细解释了这项作业）。对有些学生来说，当众演讲是件可怕的事。在这种情况下，我会为学生提供冒险的支持。学生可以单独向我朗读演讲稿，或者向我和几个他们相信会支持他们的朋友朗读。我曾让孩子们背对观众练习演讲。一个男孩问我，他能不能不要抬头，并快速读完。一个女孩则想通过在厕所隔间里念演讲稿来为这一重要时刻做准备。不同的方法适用于不同的学生，我会尽我所能不让他们彻底放弃。

在这种情况下，先让孩子从 1 到 10 给自己的焦虑打分，然后谈谈他们认为在 4 到 7 分的范围内的风险有哪些，这样你就可以为孩子量身定制冒险计划了。寻找他们所有可能的动力并制定应急预案。如果没有成功，也不要反应过激。相反，建议他们休息一下或尝试不同的策略。正如"宁静革命"创始人苏珊·凯恩对我说的那样："想象一下，人们通常会有的恐惧在初中阶段会被放大到无以复加的地步。和你要好的朋友或与你吵架了的朋友可能就在观众席上，而家长们很容易忘记这些事情是多么耗尽人的精力。"

重要的是，要趁孩子可塑性强的时候培养好这种意识。如果你在孩子的成长关键期强迫他们离开舒适区，但他们又没有成功，从而造成他们的创伤性经历，那么这种恐惧可能会持续几十年。"在他们的余生中，他们的杏仁核都会发出信号——'快离开那里，别这样做'。他们的大脑被如此编码后，他们就不会继续前进了。"凯恩解释说。与此同时，感到有些不舒服也是正常的。有情绪本身不会致命，你也不希望你的孩子只是因为感觉害怕就认为自己不应该做某事。如果你说的是在早晚高峰横穿繁忙的公路，害怕可能是有用的，但当他们的恐惧阻止的是他们参加学校的话剧表演时，就没那么有用了。

你也要在自己的生活中表现出勇气。谈谈你的恐惧，并让孩子们看到你试图战胜它们。如果你恐高，告诉他们你什么时候勇敢地站在高楼的阳台上。如果你害怕公开演讲，分享你鼓起勇气向大家演讲的经历。家长可能会在不经意间传递出相反的信息。例如，如果你说"我不想邀请邻居来家里做客，因为家里一团糟"，你的孩子就会认为你在逃避社交风险。

有些孩子的问题恰恰相反，他们太过激，容易给自己带来危险。但是如果你的孩子掌握了多种管理压力的策略，他们就不会那么容易地把自己置于危险境地（我将在第 15 章中提供一些建议）。有时，孩子只是比家长有更高的风险阈值。我的朋友艾莉森·皮翁的儿子 14 岁时，参加了一个户外项目，每次都要追踪狼群数周，没有手机，也无法与外界联系。当他走向荒野时，皮翁不得不多做几次深呼吸。她告诉我："我想让他冒合理的风险，但这意味着我必须放下顾虑和控制欲。我必须权衡这些对立的责任。我既要保证他的安全，又要培养一个在现实中能独立生活和做事的人。我觉得这是我能给他的礼物。"

避免给出矛盾的信息很难。"家长会说'要敢于冒险'，但同时他们也会说'你想什么呢？要骑着电动滑板车穿过城市？'。"我采访心理治疗师埃米·莫林时，她指出，孩子们的冒险精神到了初中就会变得具有不均衡性。"一个孩子可能会面不改色地做一项体能特技，但不愿做一次公开演讲。如果你胆子够大，你可能会获得一些同伴认可，但如果你搞砸了科学实验，你的社会地位可能会掉好几个等级，对于初中生来说，这可能是世界上最糟糕的事情。"

为了避免混淆，请帮助孩子理解安全的冒险和不安全的冒险之间的区别。肯·金斯伯格建议把孩子的行为看作一个1000块儿的拼图。拼图边框象征着纪律和榜样的力量。你希望孩子理解你的边界，因为这关系到他们的安全。一旦拼好了边框，就应该参考盒盖上的全貌图，了解图拼起来之后应该是什么样子的。你本人就是那张全貌图，你的工作就是示范安全冒险的意义。最后，你们会看到中间不规则的拼图块，它们代表了孩子的角色。孩子的任务就是在你设定的范围内尝试和重来。要始终如一地陪伴他们经历起伏，请记住，在学校里发生的几乎所有事情都是安全的冒险。

如果你的孩子想要明智的冒险，积极的鼓励是关键。你可能需要挑战他们或你自己的消极倾向。里克·汉森（Rick Hanson）是一位神经心理学家，曾撰写过《大脑幸福密码》一书，他的研究表明，我们的大脑天生就更关注坏的经历而不是好的经历，而消极的自我对话会阻碍我们。一定要关注孩子的进步，并记录下所有成功，无论多么微小。

— 给教育者的建议 —

为惧怕公开演讲的学生提供支持

在演讲之前，向学生承认公开演讲可能会很可怕。邀请有具体顾虑的学生提前与你会面。请学生用1到10分来评定自己的焦虑程度，并询问他们在4到7分范围内的风险有哪些。他们可能会回答说，他们如果先向一个较小的小组做演讲，或者先做一个简短的演讲，会感觉更好。如果你把学生逼得太急，可能会适得其反，他们可能会产生更大的恐惧。最好的办法是循序渐进，表扬微小的进步。这样做的目的是为冒险提供支持，而不是让他们退出。

向外看，而不是向内看

帮助孩子专注于他们希望在这个世界上创造什么东西，而不是被动地适应环境。如果初中生将目光从自身转向社会需求，他们会更容易摆脱恐惧或其他消极情绪。你可以提出这样的问题："怎样才能让大家在一起时有更好的体验？"

我目睹了这种向外寻求意义的活动对学生的影响和肯定。我以前的学生埃米莉·阿克塞尔罗德在八年级时就想在派尔初中成立一个学生社团。这是学校第一个由学生管理的社团，也是学校第一个且唯一一个人文关怀团体。我在阿克塞尔罗德上高中时采访了她，让她谈谈前几年的经历。她告诉我："当时我还不清楚社团是什么样子，是否会被允许，以及我们是否会遇到阻力。在那之前，社团都是家长给你报名参加的，而这个社团讨论的是家长都不一定知道的事情。我们必须低调行事。"

她与校长克里斯·纳迪和我见了面，谈了谈她的想法。她和社团的共同发起人一起写了一份详细的计划书，从广告到安全都有涉及。她还单独与我见了面，讨论了保密、学生福祉和一些个人问题。作为学生自己建立的团体，她觉得自己有责任确保参与者不受到负面影响。

3年后的今天，阿克塞尔罗德说她最引以为豪的是这个学生社团仍在不断壮大。"我们曾担心它只能维持一年，因为大多数活跃成员都是八年级的学生，但它仍然在蓬勃发展。事实上，我们创办它就是向前迈出的一大步。"

当孩子们向外看的时候，他们的思虑也更不容易聚焦在自己外表的不完美上。初中生看待自己的视角往往与他人看待他们的视角不同，而且往往更加苛刻。向他们解释，消极的自我认知可能会阻止他们把自己展示出来，无论他们是想结交新朋友还是参加话剧试镜，没有人会像他们想象中的那样关注他们。

让他们挑战规则

让孩子看到你质疑或违抗荒谬的规则，或为受到不公平待遇的群体发声的景象。有时，与其寻求许可，不如寻求原谅。无论你的孩子是想反抗过于严格的着装规定，还是要求课间休息，都不要否定他们的诉求。初中阶段是强调"只要你问的人足够多，总会有人说'不'"的最佳时机。

如果你孩子的追求是有价值的、道德的和安全的，请鼓励他们抓住机会。阻止一件事比创造一件事容易得多，所以要鼓励他们不要让反对者给自己踩刹车。然后，记得在背后支持他们。可以坦诚地说出你的担忧，但不要让你自己的不舒服感觉影响到孩子。如果孩子的冒险出了差错，就进入总结模式。你可以问："下次你会怎么做？你觉得自己做出了积极的改变吗？冒这个险的感觉如何？"

如果你的孩子觉得自己受到了不公平的对待或轻视，你可以做他们的倾听者，帮助他们保持目标感。世界上有很多善良、美好和慷慨的人。但是，也要让孩子知道，如果他们试图改变现状，有人可能会以批判或蔑视的态度对待他们。提醒他们，这些态度与他们无关。鼓励他们走正道，保持积极乐观。

我朋友吉妮的八年级女儿和她的朋友们决定挑战一项她们不喜欢的学校政策。在学校主办的泳池派对上，女孩被禁止穿露出腹部的泳衣，这让女孩们很不高兴。当她们向一位管理人员寻求解释时，却被告知这是一项由来已久的规定。吉妮告诉我："她们一直得到的都是含糊不清的回答，这让她们越来越沮丧。"她没有对女儿指手画脚，而是倾听她的心声，肯定了孩子们可以挑战成年人的决定，并提到了历史上类似的情况。"不仅仅是性别方面的规则，还有种族。一个规则可能会存在很长时间，我们不会去质疑它，但我们有时也需要打破它。"

女孩们以请愿书的形式写了一封信，提出这是一项不公平的政策。吉妮说："她们抗议的理由是，这样做有失公允，并解释说，若要求遮盖腹部，则应一视同仁，但此政策只针对女生，并暗示女生不遮挡腹部会引诱男生，这对双方都是性别歧视。"学校决定改变政策，只规定"适当和舒适的着装"。吉妮说："我认为关键在于，我告诉她，她的不满是合理的，但行为和选择是她自己做出的。我确实强调了尊重和花时间思考问题。"

— 给家长的建议—

- 让孩子从 1 到 10 分给自己的恐惧打分，帮助他们确定在 4 到 7 分范围内的风险事项。
- 给予积极的鼓励，不要让自己的焦虑影响孩子。
- 让孩子质疑荒谬的规则或政策。

- 鼓励他们追求自己想要的东西，让别人做拒绝者，而不是自己拒绝自己。
- 对于行事过激的孩子，在安全和道德方面设定明确的界限。
- 对于安全和道德外的冒险，允许有尝试、犯错和重来的空间。
- 让他们看到你也在冒险。

— 谈话开场白 —

- "你知道公开演讲会让我紧张吗？嗯，但今天我在我的实习小组面前做了一个报告。"
- "这是一份新活动清单，我想你可能会喜欢。你觉得哪些看起来还不错？你必须尝试一些，但我希望你能选择你喜欢的。"
- "我知道你还没有达到你想要的目标，但我真的为你取得的进步感到骄傲。"

- "如果你不喜欢那条规则，你能做些什么来改变它吗？"

应对挫折，增强韧性

"我父母说，他们希望我们这一代人能收拾他们造成的烂摊子。这压力可真不小。"

"初中可能会一团糟——感情纠葛、朋友恩怨，还有自我认知压力。每个人都假装很清楚自己在做什么，但其实没有人知道。"

"每个人都认为我是天才，可能还有点儿太努力了，但我看起来很开心，所以没有人太在意，直到我的焦虑情绪达到顶峰。"

八年级时，15岁的索菲娅忙得不可开交，她要参加音乐剧演出，担任手铃合唱团团长，为地区辩论赛做准备，参加数学团体赛，在唱诗班唱歌，弹竖琴，还要拿全优成绩。表面上，她看起来很快乐，但内心却在崩溃。初中生活就是一团乱麻。她告诉我："我从未意识到自己生活中积累了多少焦虑情绪。我很难集中精力做功课，除了我自己的压力，我还感受到朋友们的压力，我也不知道如何处理尴尬的聚会。"尽管如此，每个人都认为她很快乐。"虽然很多时候我确实是快乐的，但我也确实很善于微笑和隐藏自己的压力，甚至对我最亲近的人也是如此。"

索菲娅最终说服母亲坐下来，告诉母亲她觉得自己可能得了抑郁症。她说："由于这与我的行为方式很不协调，我的父母花了几周时间才理解我。"她开始与学校心理咨询师见面，并去看心理医生，学习应对策略，包括正念和自我认可。上高中后，最初的几个月很难熬，但她开始少了许多担心。"我的数学测验得了75分，但我能在两分钟之后就不再想这件事。一次数学测验并不能决定我的未来，也不能决定我能否上大学，更不能决定谁会和我交朋友或喜欢我。我已经意识到，我才15岁，我不能改变世界，我不可能在每次评估中都得满分，我喜欢的每个人也不一定都会喜欢我，我必须接受这些。"

识别初中生的抑郁或焦虑并不总是那么简单。他们很难意识到自己的行为何时发生了变化或何时需要支持，而且在巨大的压力下，他们表现出的可能是无知或无忧。在费城举行的一次初中教育会议的间隙，教育家威廉·帕克和我谈到了这个年龄段的孩子家长习惯于预期孩子有相当大程度的情绪波动。因此，身为4个孩子的父亲的帕克并没有意识到他13岁的女儿正在与抑郁症做斗争，直到她承认自己正在查看有关自我伤害的网站。他告诉我：

"如果不是她主动来找我们，我不确定自己会不会注意到她有什么不对劲，这太可怕了。"

美国国立卫生研究院报告称，在 13 ~ 18 岁的青少年中，有近三分之一的人曾患焦虑症，其中女孩的患病率（38.0%）远远超过男孩的（26.1%）。根据《发育与行为儿科杂志》（*Journal of Developmental & Behavioral Pediatrics*）上的一项研究，2011 ~ 2012 年，每 20 个孩子中就至少有一个患有焦虑症或抑郁症。为了帮助发现问题，美国儿科学会发布了最新指南，要求对 12 岁及以上的儿童进行抑郁症普查。在患有抑郁症的青少年中，只有约 50% 得到诊断，而且多达三分之二的青少年抑郁症患者没有得到治疗。

这一发现并不让我惊讶。每次我给学生上有关焦虑和抑郁的课并提供支持后，至少有一名学生会马上来找我。通常情况下，在我提出这个话题之前，他们并不知道无法忍受的悲伤或焦虑是寻求帮助的正当理由。我开始鼓励所有老师主动表明自己是学生在遇到情绪问题时能寻求帮助的"安全成人"。每个孩子都需要一个成年人，但学生与学校心理咨询师的数量比却高得离谱。另外，学生可能更容易与学校心理咨询师之外的其他人建立联结。

对于教育家奈德·约翰逊来说，这个人就是他上七年级时的一位老师。他 13 岁时在精神病院住了 3 个月，因为多年来他一直是个完美主义者，认为自己应该自杀。他一直以为老师喜欢他是因为他成绩优秀。"当我从医院回来时，我害怕自己会被其他孩子说'这就是那个疯孩子'，老师们会说'你怎么能让我们失望呢'。"格林伯格老师是他最喜欢的老师，他以为她会问"你的作业呢"。"但当我像一只害怕被老鹰叼走脑袋的小老鼠一样探出头来时，她的脸一下子亮了起来，"约翰逊回忆道，"她说，'奈德，你还好吗'。我想，'谢天谢地，我可以放松了'。"

孩子们需要类似的支持。美国心理学会对 1000 多名青少年进行了调查，这些青少年表示，他们在上学时体验到的压力水平远远超过了他们认为的健康水平。耶鲁大学情商中心等机构对 22 000 名高中生进行了调查，结果显示，29% 的学生感到压力很大。同时，根据美国疾控中心的数据，从 2007 年到 2014 年，美国 10 ～ 14 岁青少年的自杀率翻了一番。2011 年，青少年自杀死亡的人数在 20 年来首次超过了他杀死亡人数。

这并不代表我们应该消除所有压力。我们已经患上了所谓的"焦虑恐惧症"——如果一件事让孩子们感觉可怕，他们就会认为自己不应该做这件事。当我们还是需要躲避狮子的穴居人时，这种"战斗或逃跑"的条件反射是适应性的，但在今天，它已经没有那么有用了。正如我在讲述关于"冒险"的那一章（第 14 章）中指出的，适度的焦虑对孩子来说是好事，可以教会他们如何适应和振作。你的孩子会遇到他们无法轻易解决的问题。在这种时候，他们需要知道如何保存精力、照顾好自己，并专注于自己能够控制的事情。以下几种策略可以帮助他们增强韧性，在初中及以后的学习生活中更能够游刃有余。

了解孩子的世界，帮他们应对负面新闻事件

今天在上初中的每个孩子应该都出生在 2001 年 9 月 11 日之后，当时的世界在一瞬间发生了变化。我的长子本是在那年夏天出生的，我从来没有预料到，随着时间的推移，我会对让他接触未经过滤的时事感到警惕，也从来没有预料到，一旦他有了手机和全天候的新闻推送，我的警惕也大多徒劳。我从未想过，作为

一名初中学校心理咨询师，我需要安抚担心恐怖主义和校园枪击事件的学生。

时代在进步，新技术的使用放大了每一个新的悲剧，让孩子们反复接触到令人深感不安的画面。青少年社会工作者布里特·拉思伯恩告诉我："他们在互联网上看到了各种令人不安的东西，但他们不想承认自己看了这些东西，所以他们也无法寻求帮助。他们会看到有人被砍头的视频，还有一些很不寻常的内容。"越是不寻常，他们谈论得就越多。如果这些信息来自同样上八年级的同学，那么他们就更难得到帮助。

即使没有不断接触到可怕的新闻，初中生的情绪也常常处于"沸腾"边缘，对许多人来说，恐惧更会为其添上一捆新柴。我的一些学生已经记住了学校应急手册上的流程。他们知道如果发生化学或生物袭击，该如何就地躲避；如果有疯狂的枪手冲进学校，该如何封锁教室并躲进杂物间。这就是他们的常态。我的一个八年级学生告诉我，她的父母希望她这一代人能消除他们造成的混乱。对她来说，这就像是多了一个压力源。最近发生的事件让一些孩子变成了行动派，而另一些孩子则永远处于高度警惕的状态。从神经和生理学的角度来看，所有这些恐惧和焦虑对他们来说都不是好事。这妨碍了他们集中注意力和学习的能力，妨碍了他们的同理心和自我关怀，也妨碍了他们管理自己情绪的能力。

为了帮助你的孩子消化纷杂的信息，请确保他们知道如何从错误信息中分辨事实。倾听他们的恐惧，不要试图告诉他们没必要害怕，并努力分辨他们的需求是什么。是信息，背景，观点，保证，还是安慰？让他们想到还有做好事的帮助者，以及学校官员和专业执法人员在努力保护他们的安全。大多数 12 岁以下的孩子都无法承受暴力镜头。通过监控屏幕和上网时间，尽量限制初中低年级的学生接触令人不安的图像，但也要回答他们的问题并帮助他们处理事件。但是作为家长，当你被要求解释一些你自己也无法理解的事情时，你可能觉得很困难。

放松控制，但要在他们身边帮其恢复

为了确保你的孩子能够经历挑战、恢复过来并从中成长，请明确告诉他们你一直在他们身边，是他们的后盾。迈克尔·米尼（Michael Meaney）关于韧性的经典的大鼠实验表明了这一点。研究人员会将戴着乳胶手套的手伸进笼子里，把幼鼠抓起来，给它们施加压力。然后，他们将幼鼠放回母亲身边，母亲会舔舐和梳理幼鼠。奈德·约翰逊解释说："皮质醇会从幼鼠的体内像水从不粘锅上滑走一样消失，就是这样来来回回——'哦，我的天哪''太好了，是妈妈'……"于是幼鼠的神经系统开始知道，在压力面前，它们可以应付自如，这让它们变成了喜欢冒险的"加利福尼亚慵懒鼠"。与躲在角落里躲避捕食者的典型大鼠不同，这些大鼠会冒险跑到笼子中间来吃东西或玩耍。

最近，约翰逊八年级的女儿凯蒂在一次考试中得了52分。他特别强调要保持冷静，并拿这个情况开玩笑。这是他"舔舐和梳理"的方式。他问她是否对成绩感到惊讶，她说："我真的很生气。我的问答题答得很好，但选择题答得很糟糕。"凯蒂还承认她复习错考试内容。几天后，约翰逊问她，他是否可以给她提一个建议，他们讨论了如何以不同的方式准备下一次考试，包括确保她复习正确的讲义。最后，凯蒂明白了，她可以在考试中失败，但也可以挺过去，继续前进。约翰逊解释说："这就是一种控制感，她不必就此成为一个52分的学生。我以幽默化解，说我并没有比她更难过——这就是舔舐和梳理。是的，她考砸了，但她仍然超级聪明，太阳仍然会升起，爸爸仍然爱她。"

要了解培养孩子自主感的重要性，可以参考研究人员索尼娅·鲁皮恩（Sonia Lupien）的 N.U.T.S. 压力模型。压力事件必须包含 4 个特性：新奇性、不可预测性、对自我构成威胁，以及破坏控制感。当孩子们明白他们所采取的行动有助于决定结果时，他们就不会那么焦虑。例如，在玛乔丽·斯通曼·道格拉斯高中发生校园枪击案后，全国各地的初中生纷纷筹集资金，游说加强枪支管制，并帮助组织各种活动，包括"为我们的生命游行"。鼓励你的孩子承认他们做出的这些积极贡献。虽然常怀感恩之心没有坏处，但研究人员亚当·格兰特（Adam Grant）和简·达顿（Jane Dutton）发现，关注自己所做的好事比采取感恩的态度更有力量，也更不被动。

对家长来说，把掌控权还给孩子并不容易。女性经历分娩之后，大脑会发生变化，以帮助她们对婴儿的需求保持更高的警觉性，而从这种过度警觉中解脱出来是很难的。你并不是想让孩子远离所有挫折，只是想在他们经历逆境时陪伴在他们身边。也许他们的朋友和他们断交了，也许他们没有进入垒球队的巡回赛阵容。如果你的孩子采取了措施，从挫折中振作起来，你可以问他们："你对自己的处理方式满意吗？下次你还会采取不同的做法吗？"并表扬他们为渡过难关做出的努力。

请记住，放松控制并不意味着交出所有决策权。诸如"妈妈或爸爸应该接受那份新工作吗"这样的问题对初中生来说并不合适，会给他们过多的权力。他们不懂一些大事，你这么问只会加剧他们的焦虑。相反，你可以说"我们关心你的意见，但最终决定权在我们手里"。

示范健康的应对策略和情绪调节方法

初中可能是树立自我关怀榜样的最佳时机。你的孩子年龄已经足够大，可以学习健康习惯的知识，但他们也还小，他们还是会关注你的一举一动。

教给孩子压力管理策略，比如锻炼、看书或听音乐。确保他们能够表达自己的情绪，可以是通过哭、笑、交谈、写作或者其他艺术形式的表达方式。他们可以尝试找到适合自己的方法，而你也可以分享你自己的策略。你可能会发现，自己能够从冥想或者断舍离中受益。做任何能让你成为一个不焦虑的人的事情。

我发现正念对初中生特别有效。正念是一种自我关怀的方式，它能帮助你意识到自己的负面想法和感受，但不对其进行评判。在这个倾向于过度地自我批评的年纪，正念可以帮助他们接受人无完人的事实，允许他们犯错。这种心态可以抵御焦虑。《健康心理学开放》（*Health Psychology Open*）杂志上的一项研究发现，能以更宽容的态度对待失败的人的压力感较小，也较不容易出现不健康的完美主义或暴食等行为。

索菲娅告诉我，正念对她来说至关重要。"尤其是在数字时代，正念让我能够倾听，或坐下来观看，并保持当下的状态，而不会觉得自己在拖延时间。"多年来，我让学生们尝试过很多不同的正念方法，其中大部分你都可以在家里尝试。这个方法在大组或小组中都可以开展，可以是在班级中主持大型的随堂瑜伽课程，也可以是每次与一两个学生一起用心地喝热巧克力。他们可以在吸气时闻一下饮料的味道，然后在呼气时专于将饮料吹凉。有时，学生会把毛绒玩具放在胸前，在练习深呼吸时观察玩具的起伏。我还会让学生们吹泡泡，然后问他们："当你努力吹出很多小泡泡和几个大泡泡时，你的呼吸有什么不同？"或者我会让他们想象把焦虑或愤怒吹进泡泡里。

我还会和学生们一起玩抛接球，让他们明白思绪是暂时的，或者只是为了帮助他们平静下来，感受扎根于当下的感觉。许多学生发现，在扔球的时候数数能让他们静下心来（好胜心强的孩子喜欢同时扔两个球，并经常重复练习以打破自己的纪录）。我还让学生们制作并摇晃装有闪粉的罐子，想象他们的心情随着底部积聚的闪粉沉淀下来而变得平静。他们也会用马克笔在气球上写下自己的担忧，然后来回拍打气球，用实际行动提醒自己，可以客观地观察自己的想法，并将注意力回归到手头的任务上。我也会让学生做进食的正念练习，食物从葡萄干到跳跳糖。我会让学生拿着融化的冰块，以证明他们可以忍受不适。我经常让学生在活动前后用 1 到 10 分来评估自己的糟糕情绪。他们无一例外地表示，玩耍、活动和娱乐这些简单的行为会让他们感觉更好。

在家里，你们可以在不使用电子设备的情形下花 15 分钟交谈。如果你的孩子看起来不高兴，请先平复自己的情绪，然后再进行讨论。有些孩子发现，假装自己有一个特殊的遥控器，可以给不愉快的想法换台，这对他们很有帮助。如果孩子因为太沮丧或烦躁而无法专心做作业，不要强迫他们。相反，可以一起散散步或做一些冥想式活动，比如玩叠叠乐或揉比萨面团。短暂的休息后，他们的效率会更高。无论做什么，你对孩子全身心的关注都会让孩子受益匪浅。

我发现，当我将正念策略与技能培养相结合时，学生们的表现会更好（见本章的"给教育者的建议"）。当孩子们觉得自己有能力时，他们就会获得信心，并能更好地应对压力情况。所以，如果你是一个面点师,教你的孩子如何烤蛋糕。如果你是一个业余木匠,让孩子帮你做一个产品。如果你喜欢编织,教他们织一条围巾。

— 给教育者的建议 —

将正念与技能培养相结合

如果你为学生开设正念小组或课程,可以考虑同时教授他们一项宝贵的生活技能。当孩子们感到自己有能力时,他们的自信心就会增强,焦虑感也会降低。几年前,我意识到,虽然参加正念小组的学生都能从学习放松策略中受益,但有学习困难的孩子却没有其他人表现得好。我在想,如果他们学会了心肺复苏术这种救生技能,会不会让他们觉得自己与一般的初中生不同,从而减少他们的焦虑,增强自信。

我决定用一组新学生来验证这一理论。当时的校长克里斯·纳尔迪已经获得了急救和心肺复苏指导员证书,并对一组学生进行了培训。我对这些学生进行了正念培训,我的一个学校心理咨询师同事丽贝卡·贝斯特则向没有接受过心肺复苏培训的另一组学生传授了正念策略。

乔治敦大学临床健康心理学教授肯·特尔切克帮助我们设计了方案。我们只能以非正式的方式收集数据,但根据对学生的前后评估,结合式训练在减少焦虑方面似乎比单独的正念训练更有效。我把这个结果归因于几个因素。其一是,初中生无论是否焦虑,只要相信自己有一种特殊的力量,就会从中受益。第二个因素与人际关系的建立有关。当你的校长选择花时间在你身上时，影响将是巨大的。学生们的收获有两点："我的校长关心我，以及他认为我能学会这些东西。"

教他们不害怕情绪

你不会希望孩子害怕强烈的情绪。正念是一种方法，但我支持混合搭配策略。埃米·莫林使用"朋友还是敌人"练习来帮助孩子们了解如何建设性地控制情绪。举例来说，如果你站出来反抗某个不友善的人，愤怒可能是建设性的，但如果你骂你妈妈，愤怒就是破坏性的。她推荐使用"白熊活动"帮助孩子停止纠结。首先，让孩子用 60 秒时间想一头白熊。接下来的一分钟，告诉他们可以想任何事情，除了白熊（当然，他们都会想到白熊）。然后给他们一副扑克牌，让他们找出所有的 2。在他们完成后，问他们："在你寻找 2 的过程中，你几次想到了白熊？"大多数孩子都会说他们根本没想过白熊。孩子们会发现自己有能力调整注意力，不再纠结。

初中生常常想和朋友翻旧账，但这可能会让他们的友谊陷入麻烦。此时最好让他们做些体力活动，比如跑步或打扫房间。你也可以让他们把烦恼写在小卡上，然后在实际意义和象征意义上都把它们"放在一边"。有些家长认为有帮助的方法是在孩子的卧室里放一个"烦恼箱"，这样他们就能"让烦恼去睡觉"。正如我在第 9 章中提到的，你甚至可以留出短暂的"烦恼时间"，专门与孩子谈论他的恐惧和担忧。其余时间，鼓励孩子练习抛开干扰性想法。你并不是在否定他的忧虑，只是不想让一种想法挤走他的所有其他想法。

我告诉我的学生，我希望他们有一个"策略工具箱"，可以随时自行取用各种策略。我可能会让他们把自己最喜欢的格言或咒语写在"应对卡"上，放在书桌或活页夹里。学生们会想出这样的语句，"我心跳加速并不意味着我处于危险之中"，或者"我能承受压力"。如果你的孩子总是想象世界末日的场景，那就把它表演出来。问他们："有什么证据证明这是真的？如果你是对的，情况到底会有多糟？有没有证据证明这不是真的？如果有朋友这么说，你会怎么建议他们？"

如果灾难化思维与成绩相关，则应尝试将他们的焦虑重构为兴奋。哈佛大学的一项研究发现，将压力视为提高表现的一种方式的人比忽略压力的人更能管理好自己的压力。帮助孩子们将压力情境视为变得更强的机会。即使这些努力都失败了，也可以提醒他们情绪是短暂的，没有哪种坏情绪会永远处于高强度。

在其他章节中，我已经写过写日记的好处，它可以让孩子们了解不同的观点，提高自我意识，甚至激发创意，同时，表达性写作也能让孩子们感觉更好，尤其是当他们写下困难的经历时。要求参与者写日记的研究人员发现，与被要求写中性话题的人相比，那些写令人不快事件的人的心理指标更好。

接纳自己的负面情绪与心理健康密切相关。发表在《人格与社会心理学杂志》（*Journal of Personality and Social Psychology*）上的一篇论文表明，接纳负面情绪可能会使人避免过度反应。

我们的目标并不是让孩子一直保持快乐。这并不现实，甚至不能起到保护作用。研究表明，拥有多样化的情绪实际上可以防止特定的有害情绪（如压力或愤怒）压垮一个人。无论你的孩子是写出来、哭出来还是在屋顶上喊出来，都要让他们释放自己的情绪。没有捷径可走。情绪就像火车钻山洞，唯一的出路就是从隧道中穿出来。

知道何时寻求心理师治疗的帮助

从我成为学校心理咨询师以来，我就注意到人们对心理治疗的态度越来越开放。这是一种积极的转变。越来越多的家长告诉他们的孩子，他们应该感觉更好，也可以感觉更好。儿科医生肯·金斯伯格在家长与青少年交流中心网站上提供了大量有关抑郁和焦虑的信息，他建议家长向孩子保证，治疗不会"带走"他们的情绪。

他解释说："情绪是好东西，关键是要学会管理情绪，使自己成为一个更好的人，而不是让自己痛苦。"当他的来访者深陷情绪困扰时，他会对他们的家长说："恭喜你们，孩子很敏感，对事情有很深的感受。我们虽然现在需要帮助他们渡过此时的难关，但从长远来看，这对他们非常有益。"

关键是，要确保你的孩子得到所需的心理健康支持。正如莫林所指出的，"你带孩子去看牙医是为了保护他们的牙齿，那么为什么不花点儿精力来保护他们的心理呢？"我认识到，做这样的决定可能会让一些家长感到负担沉重。一位家长告诉我，她担心女儿会对心理治疗师产生依赖。另一位家长担心他的孩子会被贴上疾病标签或被迫服药。费用也是一个令人担忧的问题。许多心理健康服务提供者不接受医保，但大多数社区都设有危机处理中心，可以进行免费评估，并提供低价的专业人员名单。

如果发现孩子自我伤害或暴食，你很容易就能做出寻求心理治疗的决定，但更多时候，家长只是凭直觉感觉到事情不对劲。也许孩子的成绩在下降，也许他们在社交媒体上向陌生人表达阴暗的想法，也许他们的朋友圈发生了巨大的变化。他们的同伴群体是一个重要线索，反映了他们对自己的看法。

如有疑问，请专业人士进行评估。他们能够不带情绪地进行评估。你的孩子可能也更愿意对他们说实话。有些孩子隐瞒信息是因为他们不想让家长痛苦。事实上，研究人员在《儿科学》（*Pediatrics*）杂志上报告，有50%的家长不知道他们11～17岁的孩子有自杀的念头，同时年龄较小的青少年比年龄较大的青少年更有可能否认自己的痛苦。儿科医生肯·金斯伯格在电话中解释说："当谈到青少年自杀时，一半时间我们谈论的是抑郁的孩子，一半时间我们谈论的是冲动的孩子。这个年龄段的孩子无法像年长的青少年那样清楚地表达自己的痛苦，他们的同伴也不那么成熟，不知道如何识别这些迹象，而且也不想告密。"把这些综合起来，就不难理解为什么家长可能是最后一个知道孩子正在遭受痛苦的人。一些教育工作者正试图填补这一空白。蒙哥马利县公立学校心理服务部主任克里斯蒂娜·科诺利今年在该学区的所有初中实施了"SOS预防自杀计划"。学生们学习识别抑郁症的征兆，关心陷入困境的朋友，并向成年人报告自己的担忧。

通常情况下，心理治疗可以是短期的，并侧重于技能培养。布里特·拉思伯恩分享了一个六年级男生的典型情况的案例，他在在外过夜和友情问题上挣扎。拉思伯恩告诉我："我可能会在6到8次会面中基本解决他的问题。然后我会问'你想休息一下吗？你想做更多的检查吗'。有时家人会在孩子上十年级时再打电话给我们，不过这时候我们已经了解过他了。"

—— **一些警示信号：当你的孩子出现以下情况时请注意** ——

- 对曾经喜欢的活动失去兴趣
- 变得异常愤怒或易激惹
- 无缘无故哭泣

- 经历强烈的悲伤或无价值感或负罪感
- 长期焦虑
- 在思考或集中注意力上有困难
- 饮食或睡眠行为发生变化
- 需要过度的安慰
- 过度关注体重或身体形象
- 经常想到死亡或濒死，或者发表自杀言论
- 物质滥用
- 自我伤害
- 自我封闭
- 无法下线（沉迷于游戏、社交媒体等）

帮孩子保持乐观，并确认他们的感受

初中生很容易情绪激动，家长需要教会他们挑战极端的或不准确的想法，因为这些想法对他们不利。但同样重要的是，他们也要意识到自己有快乐、敬畏或满足的感受，并尽可能长时间地保持这些积极的情绪！心理学家玛丽·奥尔沃德告诉我："乐观的孩子认为事情是暂时的、具体的——比如，虽然自己没有通过数学考试，但自己的人生并不是失败的。而悲观的孩子则容易将失败泛化，认为'我很笨，什么都做不好'。"

即使你认为孩子的情绪没有理由，也要肯定他们的感受。千万不要说"为什么你怕成这样"。如果他们告诉你"学校里的同学都讨厌我，我是一个失败者"，请抵制想回答"你当然不是失败者"的诱惑。这不会让他们感觉更好，甚至会阻碍他们振作起来。肯定他的话并不意味着你赞同他，而是传达"我能想象你的感受"。

例如，如果你的儿子因为老师在课堂上让他难堪而生气，你可以说："如果老师取笑我，我也会生气的。"等他有机会冷静下来后，你可以问："你觉得他是针对你吗？"索菲娅已经学会了如何肯定自己，她说她的父母也在努力培养这种能力。她告诉我，这让情况大为改观。"当我感觉到自己被倾听时，我就能进入真正的问题解决阶段，而不会像青少年时那样还陷在觉得'妈妈，你怎么就是不明白呢'的阶段。"

— 给家长的建议 —

- 教孩子与烦恼对话，他们可以说"你没有用，所以我不想理你"或者"你很快就会过去"。
- 帮助他们应对负面新闻事件。
- 帮助他们从挫折中振作起来。
- 肯定他们的感受。
- 帮助他们联结过去成功的经历。
- 制作他们最喜欢的应对策略的卡片。
- 想出一些咒语，如"我能应付焦虑的感觉"。
- 留出短暂的指定的"烦恼时间"，或在他们的卧室放一个"烦恼箱"，让他们的恐惧"去睡觉"。
- 如果你感到压力，示范深呼吸——当你要这么做时请大声说出来。根据需要也可使用其他正念策略。
- 关注孩子可能需要接受心理治疗的迹象。

— 谈话开场白 —

- "哪些情况会让你感到焦虑?"
- "如果你遇到危机，你可以向谁求助?"
- "当你感到有压力或焦虑时，有哪些应对策略?"
- "我知道那段经历令人不安。你想谈谈吗?"
- "从 1 到 10 给自己的担忧打分，它有多强烈? 怎样才能让它更容易被控制?"

第 16 章

帮助孩子为应对变化的
世界做好准备

 "我讨厌小组项目，因为只有我一个人在做事。如果我说'算了吧'，我们就会不及格。"

"我不知道自己想做什么。我什么都不擅长。"

"我父母希望我继续拉小提琴，但我讨厌它。他们说，'如果你不拉小提琴了，你就会把时间用来画漫画'。也许吧，但这是我的人生。"

上初中时，凯蒂·巴里总是被储物柜里那堆纠缠在一起的文件和图书搞得心烦意乱。她可以买一个储物柜架子，但那种架子又硬又贵，而且不太耐用。它也不能重复使用，因为不同年级的储物柜大小不一。这对她的同学来说也是一个问题，于是在八年级时，她决定设计"凯蒂储物柜吊床"。她的解决方案——一种用布料、扣眼和吸盘制成的便宜、灵活的架子——赢得了史丹利百得公司 2017 年度的最具创意奖。

佐治亚理工学院研究工程师、K-12 发明挑战赛[⊖]主任罗克珊·穆尔说，在未来两年内，美国有一半的工作极有可能被自动化，因此像巴里这样富有创造力的问题解决者将占据优势。敏捷性和创造力等软技能可能会比成绩、分数或核心知识更能预测成功。

在孩子的初中阶段培养这些能力尤为重要，因为在此阶段这类能力很容易减退。1968 年，乔治·兰德（George Land）在他著名的创造力测试中发现，10 到 15 岁之间，创造力会从 30% 下降到 12%。我采访了位于康涅狄格州韦斯特波特的创新建设公司（Innovation Builders）的总经理雅尼娜·埃斯波西托，她告诉我，她的整个职业生涯都在教人们如何用小孩子的方式思考问题。她说："实际上，90% 4 到 5 岁的儿童都在使用创新型工具来解决问题——迭代想法、不自我审查、从完全不同的角度理解问题。"到 10 岁时，运用创新方法解决问题的人比例会下降到 30%，成年后则会下降到 2%。我们需要在孩子上初中时抓住时机，帮助他们保持已经掌握的技能。

⊖ K-12 发明挑战赛是佐治亚理工学院科学、数学和计算机整合教育中心的一项发明和创业计划，学生需要通过分析、创造力和科学方法发现现实世界中的问题并设计新颖的解决方案。——译者注

这类忧虑逐渐传导到学校，学校正在推行更多的体验式学习。但我们并不否定基础技能的重要性。正如蒙哥马利县公立学校校长斯科特·墨菲所说："如果你不知道如何阅读，你就无法在不同的语境中解读信息。学生们可以在网络上搜索任何信息，但他们仍然需要过滤搜索到的信息，以确保可信度和意义。学校和家长的工作不仅仅是让孩子们为上大学做好准备。大学不是一种职业。"

行业龙头公司的高管们都同意这一点。小说家托普·福拉林（Tope Folarin）告诉我，他在谷歌工作时，老板让他把20%的工作时间用在感兴趣的创作上。他说："老板们发现，最成功的项目来自工程师和其他员工对概念的创新解读，而不一定是为了完成某项任务。"谷歌前人事运营高级副总裁拉斯洛·博克曾公开表示，他认为学习绩点和考试成绩并不能预测什么，最好的员工喜欢"解决没有明显答案的难题"。他还指出，尖子生很少经历失败，因此他们学不到如何从失败中吸取教训。包括谷歌、苹果和IBM在内的10多家公司都不再要求应聘者拥有大学学历。

这些信息令人困惑。"我的同龄人、初中生的家长都在说，'我们该让孩子做什么？我们不知道'。"商学院教授休·阿什福德告诉我，"以前很简单。我们会说，如果你想保险起见，就去读商科或法学，但现在没人知道什么是保险的专业了。"你孩子未来要从事的工作可能现在还不存在。

好在家长们正在努力适应变化的速度。没有哪本指导手册能教会我们培养出有创造力、能容忍不确定性的孩子。为了收集信息，我采访了工程师、艺术家、医生、教育家、创新者、作家、企业家和顾问。虽然通往成功的道路并非只有一条，但以下这些策略能帮助你的孩子为瞬息万变的职场做好准备。

教会孩子创新

亚历克西丝·刘易斯 13 岁时发明了"救援推车",这是一种至少可以运载两名儿童的轮式推车。她告诉我:"我是在阅读关于 2011 年索马里饥荒的报道时萌生这个想法的。我看到一家人被迫步行数周,家长不得不把虚弱得无法行走的孩子丢在路边等死。"她的救生专利产品可以空投,也很容易组装。

刘易斯现在 18 岁,是北卡罗来纳大学的一名学生,她告诉我,她的家庭培养了她的好奇心和自主性。她的祖父是一位火箭科学家,常常鼓励她探究和提问。她说:"他曾参与阿波罗计划,但他认为上 STEM 课程不是学习超级复杂的数学,而是学习周围的世界。你不一定要有传统意义上的聪明才智才能解决问题和做出很酷的东西。"

研究人员发现,童年时期接触创新会大大增加孩子长大后成为发明家的概率。你可以向孩子介绍现实生活中的发明家;带孩子参观科学博物馆;浏览"连线""大众科学"和"新科学家"等网站;查看网络课堂;或使用坎巴拉太空计划(Kerbal Space Program,简称 KSP)⊖设计火箭。你的孩子可以参加科学竞赛,如每年举办一次的全球发明挑战赛,或阅读关于其他孩子的获奖作品的文章。全球创新设计咨询公司 IDEO 为完成改进现有产品,重新设计社区或向当地社区提出建议等项目的孩子颁发徽章。孩子们还可以使用奔驰法(SCAMPER)⊜来思考如何改

⊖ KSP 是由 Squad 开发的一款使用 Unity 3D 引擎,并拥有极高自由度的沙盒风格航空航天模拟游戏。——译者注

⊜ SCAMPER 法,又被称作奔驰法。是由罗伯特·埃伯利(Robert Eberle)于 20 世纪 70 年代初期创建的一种思维工具。SCAMPER 由 7 个英文单词的首字母组成:替代(substitude)、整合(combine)、调整(adapt)、修改(modify)、另用(put to other use)、消除(eliminate)、逆反(reverse)。——译者注

进或替换产品或服务。这种方法通过提问的方式激发创意，如"如果把这个产品和其他东西结合起来会怎么样？如何让产品更有趣"。

谨慎使用语言，释放孩子的想法。雅尼娜·埃斯波西托建议，如果孩子为自己设限，可以通过向孩子提问"我们该如何做"或"要做到这一点，必须具备哪些条件"来扭转他们的消极态度。如果他们试图定义一个问题，鼓励他们在前面加上"我希望"或"如果这样就好了"。避免二元对立的"是或否"问题，因为这样的问题往往会让对话戛然而止；说"是的，而且"，而不是"是的，但是"；试着通过简单反问"为什么"来回答孩子的问题。不要用先入为主的结论打断谈话。

埃斯波西托还喜欢和初中生一起做"最坏的想法"练习，因为他们喜欢玩有规则的游戏。首先，让孩子想一个最糟糕的创意，然后，让他们说出这个创意的两个优点。创意的点子来自找出坏主意中最好的部分。想出一个计划后，他们就可以测试自己的想法了。

在学校里寻找体验项目

在学校里寻找体验式学习的机会。例如，蒙哥马利县公立学校与KID博物馆合作开展了"发明未来挑战赛"。该地区每所初中的学生团队都会通过制作模型解决环境可持续发展问题。墨菲解释说："这不仅仅是STEM课程实践或体验动手制作的过程。我们要求学生成为能够解决全球性问题的优秀人才。"

新泽西州的西温莎-普莱恩斯伯勒学区的初中计划用一周的时间来解决一个现实世界的行动计划，如全球健康、教育或性别平等。该学区参照哈佛大学肯尼迪学院的"春季演习"来设计。拉德纳镇学区的"声音"计划要求八年级学生以班级为单位，用一整年的时间探讨学生自主选择的全球性问题。

安排"无错误"的动手时间

为了培养孩子对创造性思维的信心，谢里登学校的画家兼美术老师奥兰·夸特罗建议家长们准备一个装满材料的"雨天抽屉"。她会把可回收材料、瓶盖、纸张、胶水、冰棒棍、黏土和毛线堆在桌子上，然后问她 11 岁的儿子"你能用这些材料做些什么"。她强调这是"无错误时间"，并指出初中阶段是孩子们开始觉得艺术需要完美的时候。"五年级左右，孩子们开始渴望让自己的艺术作品看起来逼真，如果他们的想法与自己的能力不符，他们就会说'我做不到，我没有创意，我不是艺术家'。"

在儿子的生日当天，夸特罗给他订阅了月度的工具材料套装。第一个套装里有制作弹弓的材料，但他可以用不同的方法制作。创客学习强调动手操作、自我指导的项目，通过制作和设计，培养孩子们的技术、技能和自信心。对胡安·卡洛斯来说就是如此，他在学习上一直很吃力。上六年级时，他的母亲弗吉尼亚就经常发现他抱着作业睡着了。但到了七年级，他应邀参加了马里兰州罗克维尔市帕克兰初中与 KID 博物馆的"发明工作室"的合作项目。他学会了编程，使用 3D 打印机并创造出自己设计的东西。博物馆创始人察拉·莱赛向家长们解释说，创客课程培养了学生的自主意识，而这种意识在许多传统学校环境中是缺失的。

在发明工作室，胡安·卡洛斯能够以在学校里显得并不安全的方式进行实验和冒险。"我发现了自己的兴趣所在，"他说，"我在学校可能很难集中注意力，但这些项目涵盖从设计到了解事物的工作原理等其他内容。"他参加了由军队赞助的暑期 STEM 强化项目 GEMS，加入了美国建筑博物馆的设计学徒项目，并回到 KID 博物馆指导新一届的七年级学生。他仍然觉得学校的学习很有挑战性，但他知道自己有成为工程师的动力和智力。他的母亲告诉我，作为额外的收获，她不再需要不停地催促他了。

《哈佛教育学院的一门青年创新课》（*Creating Innovators*）一书的作者托尼·瓦格纳（Tony Wagner）告诉我，像胡安·卡洛斯这样的孩子经常会因犯错而受到惩罚。他说："通过创客学习，我们鼓励孩子们（尤其是那些传统意义上学习成绩不好的孩子）热爱学习，重视尝试和犯错的过程，而不是害怕犯错。"莱塞已经多次看到这一原则的实践结果。发明工作室的教师在 3 所公立初中与成绩最差的学生现场合作，帮助他们制作属于自己的音箱。她告诉我："他们必须给扬声器和扩音器接线，并将盒子连接到手机上。"一个七年级的女孩看到自己的音箱成功运转时哭了起来，她的指导老师也哭了。这对这个在学校很少体验过成功的女孩来说，是一次非常有震撼力的经历。

创客学习也是加深资优生对学习材料的理解的一种方式。阿里·明德尔在 KID 博物馆教授高中编程，他告诉我，他的两个高年级学生设计了一个湿度、温度和烟雾传感器，用于检测房屋火灾。他们也很喜欢这种几乎完全靠自己设计出实质性东西的自由感。

培养好奇心和观察力

写日记还有一个好处：它能增进自我认知，并发展理解他人观点的能力。正如托普·福拉林所说："写日记能让你变得真诚，让你明白每个人都有丰富多彩的内心世界。"在他成长的过程中，他会感到愤怒，但没有探究愤怒的根源。"我的童年缺少的是对内心世界的持续关注。"

夸特罗用艺术来实现同样的目标。她建议家长带着素描本和彩色铅笔去博物馆，然后告诉孩子挑选一幅作品来临摹。她告诉我："我 11 岁的儿子会在一幅作品前坐上 20 分钟，而不是走马观花。"请你的孩子反思自己的情绪反应，想象画家和被画者的想法。

要培养孩子的合理的谦逊和好奇心，就要告诉他们，没有人掌握所有事情的答案。儿科医生肯·金斯伯格告诉孩子们："如果我想的是红色，而我身边的人想的是蓝色，那么我们可以一起想紫色。"示范如何不带偏见地倾听他人。如果你的孩子回家后告诉你，他感到被别人冒犯，心怀不满，你可以问："你认为他为什么这么做？你认为他的出发点是什么？"帮助他们了解人是多面的，他们可以学会与世界观不同的人打交道。

如果你的孩子能做到这一点，他们就会更容易理解周围环境，知道无论是学校还是职场，都有不成文的生存法则。如果孩子带着别人的批评回家，问问他们"你能从中学到什么"。教他们观察别人对自己的反应，这样他们更容易回到正轨。他们可以向学校心理咨询师、老师、其他成年人和朋友咨询，以确保自己得到想要的反馈。如果他们的问题与小组合作有关，你可以提出针对性的问题，如："你们小组一起做得好的地方是什么？你认为你作为小组成员对最终结果有什么帮助？哪些地方可以做得更好？"

在家里也要练习这些技能。如果你的初中孩子与他的兄弟姐妹争吵，鼓励他们反思如何避免争吵。肯定他们使用的成功策略，比如轮流做某事。当我开车送我两个孩子上初中时，他们总为谁坐在副驾驶而争吵。当他们厌倦了这种紧张关系后，他们想出了一个复杂但公平的制度。现在，当他们为轮到谁倒垃圾或整理洗碗机而意见不一致时，我会告诉他们，我知道他们能想出好办法来自己解决争端。

— 给教育者的建议 —

重新思考小组项目

要认真计划小组项目，确保每个学生都能参与其中，并努力实现个人成长。我们往往会担心那些不尽责的学生，但小组的主导者也可能错失成长机会。他们可能会过于看重最终结果，或难以接受他人的想法。请学生讨论不同人格类型的人能给小组带来什么，以及他们可能需要什么样的小组成员来与自己达成平衡。然后让他们与和自己不一样的人配对。

确保每个人都觉得自己能为小组做出贡献。指导学生不要否定队友的想法，而是要问"我们要想成功，必须具备哪些条件"。随着项目的进行，在不同的节点使用非正式的同伴互评。这样，如果学生表现得过于专横或过于放手，他们就有机会调整。让公平的互评成为评分体系的一部分，并鼓励他们写日记。"他们有什么问题？他们何时以及为何与队友发生冲突？其他学生给项目带来了哪些优势和劣势？他们发现了自己的哪些倾向？他们在哪些方面失败了？遇到挫折后，他们是如何重整旗鼓的？"

考虑采用综合的方法，以满足内向型学生和外向型学生的需求。在学生开始合作之前，为个人头脑风暴留出时间。

然后，让学生以两人一组的形式交流，之后再与小组成员分享各自的想法。

灌输目标感，培养长期爱好

目标并不一定要来自澎湃的激情。正如苏珊·凯恩告诉我的："一个长期爱好可以成为意义感的深层来源。"当你的孩子探索新的兴趣时，他们甚至会掌握一些社交技能。凯恩解释说："当你对某个话题着迷时，你就想与其他志同道合的人谈论这个话题，你开始寻找这些人，与他们分享你所知道的事情，这就会对你的社交网络产生影响。"

即使是一个简单的项目，也能为孩子们注入目标感。IDEO 旧金山分公司的合伙人兼董事桑迪·斯派克向我讲述了她的一群学生设计名牌的经历。她回忆说："我当时想，哦，天哪，只设计一个名牌的项目太小了。"但随后她采访了其中一个学生设计师。14 岁的安德鲁说："我学会了把自己看成一个能够创造出给他人带来快乐的东西的领导者。"当她问他还能想象如何利用这些技能时，他停顿了一下，然后说："我认为我的技能可以帮助密歇根州的经济，也可以帮助学校食堂。"在你的孩子完成一个项目后，问问他们是什么让这次经历变得有意义，并认可他们做的事很有价值。

演讲者、商业领袖教练公司公众话语（Public Words）的总裁、《你能听到我说话吗》（*Can You Hear Me?*）一书的作者尼克·摩根（Nick Morgan）建议让孩子列出对他们来说最有意义的 10 次经历。这可以帮助他们与这些经历建立联系，让他们开始了解自己容易被什么事激励。他说："他们可能会注意到，'我和团队一起工作时总会有很酷的事情发生'，或者'我习惯独来独往，好胜心强'。"这么做是为了帮助孩子找到让自己成为很厉害的人所需要具备的要素。"定期进行这样的对话，你会发现孩子的答案会不断变化。

指导而非控制

孩子们在初中阶段可能会有矛盾的感受。罗克珊·穆尔说："一方面，孩子可以展现自主性，自己骑自行车上学，但到了学校，孩子又会被事无巨细地管理。因此，孩子可能会感受到被拒绝和不信任。"学校和教学活动的结构设计似乎很难找到给孩子自由的方法。媒体培训团体"15分钟"的创始人安妮·迪克森告诉我，她希望她的孩子们能够自信地独立闯荡世界，但她也指出："有时候，我所能做的就是给他们更多的自由空间。"有一次去纽约，她让八年级的女儿自己乘坐公共交通工具。当女儿经历过了坐错地铁的情况，女儿就能学会如何自己找到对的路。

"每个人的时间安排表都排得满满的。"儿童户外拓展项目"自然元素"的创始人玛格丽特·里塔诺告诉我，"周一是国际象棋，周二是公文式学习（Kumon）[⊖]，周三是足球，周四是小提琴。"为了消除这种压力，她告诉她的项目老师让孩子们尽情发挥想象力。他们可以搭石桥、建堡垒或在小溪里玩耍。她解释说："最简单地说，我们让孩子们来到户外，脚踩在土地上，调节情绪，迸发创造力。"

⊖ Kumon，译作公文式学习法，是一种自适应学习法，创始人是日本人公文公。这种方法在北美地区常被亚裔家长用于解决公立基础教育作业量不足的问题。——译者注

　　波士顿学院研究教授、《玩耍精神：会玩的孩子真的有出息》（*Free to Learn: Why Unleashing the Instinct to Play Will Make Our Children Happier, More Self-Reliant, and Better*）一书的作者彼得·格雷（Peter Gray）指出："如今的儿童似乎像囚徒，他们或多或少都被限制在受监控的地方。"家长们不再像过去那样让孩子们在无人监管的情况下外出玩耍，部分因为这似乎不符合规范，部分由于他们的恐惧。为了让非结构化游戏重新回到孩子们的生活中，格雷与莱诺雷·斯肯纳齐共同创立了"任其成长"基金会。

　　纽约的帕乔格·梅德福学区是首批实施"任其成长"项目的学区之一，迈克尔·海因斯是其中一所学校的校长。该学区 3 所初中的学生现在可以在放学前进行一小时的自主游戏。海因斯告诉我："在我为儿童教育服务的 20 多年里，我所见过的最妙的方法就是让孩子们每天都有多次自由玩耍的机会，而此时大人可以不插手。这项投资的回报非常可观：焦虑、抑郁和不安的儿童的数量减少了。"格雷补充强调这些孩子还有更强的自主性："当孩子们对自己的游戏有了更多的控制权时，他们就学会了设定自己的议程，与其他孩子平等协商，不再是宿命论者。"你可能无法改变孩子在学校的课间休息时间，但你可以给他们时间和空间，让他们自己去探索，无论是乘坐地铁去博物馆，还是去森林徒步。

　　你的孩子能自己处理的事比你想象的要多。我儿子本上八年级的时候，学校组织去中国旅行。经过一天漫长的游览，他在公共汽车上睡着了。没有人注意到他没有在酒店下车。当他醒来时，已是半夜，发现自己独自一人在北京某处一辆锁着车门的公共汽车上。他没有手机和钱，也不懂中文。他大喊大叫并敲打车窗，直到一个人终于听到他的声音并报了警。警察来了，敲开车窗，才让本从车里翻了出去。警察把他带到了北京的一家派出所，在那里他告诉了警察他住的酒店的名字。结果发现，这是一家有很多分店的连锁酒店，所以警察不得不打了好几个电话，才让他和他的团队联系上。这次经历并不有趣，但他挺了过来，而且他明白了自己可以很机智、很坚韧。同时，我们也认识到我们可以给他更多的自由。（我们增加了一条新规定：不准在行驶的车辆上睡觉！）

几年前，我曾与一群初中生家长讨论过手机使用问题。有几位家长认为，手机可以让他们轻松掌握孩子的行踪。他们可以给孩子发短信，确保他们安全到达目的地，或者提醒他们几点回家上音乐课。这种"报平安"的功能减轻了家长的焦虑。我完全理解他们的观点，但我请他们考虑一下，他们是否无意中传递给孩子这样的信息：我认为你一个人应付不来。无论是给孩子更多自由，还是让他们自己解决问题，都要进行反思，并试着认识到，你的行为在什么时候被焦虑驱使。

孩子们需要练习做决定，纠正错误和应对不确定性。斯科特·墨菲承认，虽然他每天都在指导学生们应对全球性问题，但家里却是另一番景象。他告诉我："我总是试图帮孩子快速解决他们的问题，不管是找不到袜子，还是不知道篮球比赛的时间。但是我的妻子阻止了我，她告诉我，应该让孩子们自己想办法。"

埃默里大学戈伊苏埃塔商学院组织与管理助理教授埃米莉·比安基说，家长要允许自己有不适感。她对人们被迫经历不确定时期（如在经济衰退期入职）的研究的结果表明，逆境可以提高人的灵活度、感恩之心和对日后生活的满意度。比安基有3个孩子，和大多数家长一样，她的本能是不让孩子们失望，尽可能让他们的生活保持规律性和一致性。不一样的是，她告诉我，她

"试图让孩子生活中的不确定性持续得比想象中的更久一些"。把眼光放长远，把孩子想象成一个在成年后也会面临障碍和挫折的人。

— 给家长的建议 —

- 注意不要限制孩子的想法。
- 培养长期爱好，而不只是激情。
- 去博物馆参观，让孩子告诉你，他们认为艺术家或画中人物可能在想什么。
- 如果他们与兄弟姐妹争吵，问问他们如何避免争吵。
- 让他们记录令他们恼火的事物或体验，并思考如何改进。
- 到当地的创客空间进行实践，激发孩子对动手学习和创新的兴趣。
- 寻找校内体验式学习的机会。
- 鼓励孩子使用不同的工具完成课堂作业，并在家中为"无错误创意时间"提供材料。
- 与孩子一起访问自己动手和编程网站。
- 给他们探索的时间和空间，不要替他们解决问题。

— 谈话开场白 —

- "这周你经历了哪些失败？"
- "哪些经历对你来说最有意义？"

- "你认为我们该如何改进这个事物或体验？"
- "当你做那个小组项目时，什么有效？什么无效？你从中学到了什么？"
- "有哪些方法可以解决你的问题？"

向前迈进

> "勇于犯错，展现自我关怀，
> 并与孩子一同成长。"

在写这本书的过程中，我最喜欢的部分之一就是它引发的对话。每当我在公众场合写作时，至少会有一个青少年或年轻人向我询问相关话题。一听到"初中"这两个字，他们就会立刻产生强烈的反应。例如，戴维是一名大学生，在我经常写作的星巴克担任主管，他的反应让我大吃一惊。他喊另一位咖啡师帮他替一会儿班，然后拖过一把椅子，坐了下来。"哦，天哪，"他说，"你想听故事吗？那是我一生中最糟糕的岁月。"

现年 20 岁的戴维上初中时，他的朋友马克斯递给他一瓶红牛，让他喝下去。"我一喝，他就告诉我他在罐子里撒尿了。"他说。在初中剩下的时间里，戴维的同学们都叫他"喝尿男"。不久之后，一位老师让他担任话剧主角。"我们在学校演出，当我走出校门时，一个男孩骂我是'喝尿男'，还狠狠地打了我一拳。我经常被人说成'喝尿男'——这在初中似乎是一件大事——我还因为是塞尔维亚裔而被人取笑。"

戴维没有告诉任何成人自己被欺凌的事情。他告诉我："我父亲独自抚养我长大，我不想让他担心。我认为学校管理人员可能会反应过度，所以我隐瞒了这些事。我用玩电子游戏和看漫画书转移注意力，但当时我要是能告诉别人就好了。"

作为一名学校心理咨询师，我知道他只是许多有这样遭遇的学生中的一个，而家长们也很少能了解事情的全貌。青春期早期是内心躁动和社交动荡的时期，许多孩子在最需要帮助的时候却选择沉默。身处困境时，他们很难说清楚自己需要什么。从被朋友抛弃到适应身体变化，他们忙于应付各种问题。

即使这本书没有给你更多的启发，我也希望你能意识到：初中不一定是每个人一生中最糟糕的时光。我写这本书就是为了改变这种观念。初中可能确实是一个困难的阶段，但你可以利用在介绍"善良和韧性"的章节中概述的步骤，确保你的孩子比实施这些策略之前更自信、更有自我意识、更包容、更有创新精神，甚至可能更有自主性和组织能力！

虽然我已经分享了自己的专业经验以及初中生、他们的家长和各领域专家的集体智慧，但我还想加入最后一组声音——刚从初中毕业的孩子们的声音，他们还很年轻，对初中生活的跌宕起伏的记忆还很鲜活，但他们也年长到足以表达自己的观点。我请求他们允许我分享这些即兴的"咖啡馆对话"，因为他们独特的视角使他们成为家长们的最佳"初中导游"。以下是他们希望自己的家长知道的事情，以及他们给你和你上初中的孩子的建议。

"社交活动对所有人来说都很难"

法学院学生汉娜一边喝着冰茶，一边对我说："在初中时，我曾为和那些不友善的女生为伍而感到尴尬。"不过，她还是想加入她们的社交圈，并没有质疑她们的行为。"她们很八卦，斤斤计较，但我保持沉默。"她认为，如果她能就这件事与父母分享更多，他们会鼓励她表明立场。

还有安娜，她的同学们给她起五花八门的外号，比如鲸鱼、推土机。我在她高三的时候见到了她。她告诉我，整个八年级，她只有一个朋友，这个女孩至今仍是她生命中重要的一部分。她呼吁家长们告诉初中的孩子："只交一个好朋友可能比和所有人都做朋友更好。"

高中三年级的凯莉凑过来补充了她的观点："知道我会对初中时代的自己说什么吗？受欢迎完全是胡扯。它根本不重要，所以别再试图成为你根本不是的人了。"

当我采访来自纽约的 22 岁法律系学生伊莱西亚时，她说："欺凌是一件大事。我在初中时就因为体重超标而被欺凌。如果我的父母能问问我每天的情况，或者多参与学校的活动，我可能会告诉他们更多。"

戴维补充说："家长需要问孩子很多问题。"他希望自己当时能从更多不同的视角看问题。"我会告诉孩子们，初中时大家都讨厌你，并不意味着长大后大家也都会讨厌你。现在的我可以和任何人交朋友。以前的我不会和别人说话，但现在的我会坐下来告诉你我目前为止的整个人生故事。"他还希望家长们明白，及早制止欺凌行为是多么重要，他解释说，"在我受到嘲弄的几年后，我变成了我讨厌的样子"。当他向星巴克的老板要求升职时，得到的答案是一个响亮的"不"字。"他让我坐下，对我说，'如果没有人愿意和你一起工作，你就不可能升职。别再对别人这么不友善了'。"戴维甚至没有意识到自己的不友善。"我是在重演我的经历。我必须训练自己变得友善，而那次谈话启动了改变的齿轮。"

"虽然'才上'初中，但学习压力确实存在"

尽管学习成绩很好，但伊莱西亚在初中时还是很担心成绩。"我不擅长考试，所以我会特别焦虑。我想我爸爸没有意识到我的压力有多大。"她建议家长认可孩子想取得好成绩的愿望，但要减轻他们的压力。"告诉孩子，一次考试不会让你成功，也不会让你失败。强调一点，无论如何你都会为他们感到骄傲，如果他们考得不好，你也不会否定他们。"索菲娅补充说："让孩子们知道压力大是正常的，寻求帮助也是可以的，'恭喜，你是初中生，同时也是一个人'。"

"我们不是'因为你们'而尴尬，而是因为'和你们一起'而尴尬"

汉娜上七年级时，受邀观看一场高中橄榄球赛。她说："其他家长把他们的孩子送过来就走了，而我的父母却说'哦，如果一起去看比赛就太好了'。当时我和八年级的学生一起在看球赛的山上，所以当我的父母想和我打招呼时，我没有理睬他们。我爸爸对我的表现非常失望，因为他觉得我对朋友太好，忽略了父母。"

他们大吵了一架，她父亲无法理解她假装与父母不认识的行为。她解释说："我在观看高中比赛，周围都是大孩子，我不想显得太幼稚。我爱我的父母，但我想有独立的感觉，所以我觉得很尴尬。"她认为，如果父亲能平静地说"即使你感到尴尬，你也得打声招呼"，他们就可以避免一场冲突。

"我可能分享的不多，但你们还是要和我聊聊"

"如果孩子们觉得告诉你什么事会让自己惹上麻烦，他们就不会说，"伊莱西亚告诉我，"他们会偷偷溜走，或者什么都不告诉你"。她建议家长对孩子说："只要我知道你是安全的，你告诉我发生了什么事，你就不会有麻烦。"

尽管如此，索菲娅并不认为家长应该强迫孩子告诉他们一切。只需要坐下来，聊聊生活，聊聊他们在社交中的烦心事，聊聊学习，聊聊他们心里想的任何事，让他们知道你在倾听。告诉他们你明白这很不容易，也许某人现在确实算不上一个'好'朋友——但别直接跳出来给建议。即使这些尝试都失败了，汉娜也希望家长们知道："最终，你会和孩子重新成为朋友。我现在每周至少和爸爸通话 3 次，每天都和妈妈通话。"

好消息是，与我交谈过的每个人现在都过得很好。他们从初中的经历中学习和成长了。他们知道如何选择好朋友，如何成为好朋友。他们有自我意识和韧性。这些技能可能来之不易，但没关系，初中生就应该犯错，这是他们学习和成长的方式。你的工作就是无条件地爱你的孩子，支持他们，为他们提供智慧、观点和大量的策略。

写这篇结语的时候，我最小的孩子亚历克斯刚上初中。我的两个大孩子已经上高中了。真是难以置信。和许多家长一样，我怀着既忐忑又怀念的心情对待孩子的每一个新的成长阶段。我最大的孩子从幼儿园毕业的日子仿佛就在昨天。那天，我在挂满蜡笔画的走廊里泪流满面，自己都吓了一跳。一位带着大孩子的老师停下来安慰我。她有点儿伤感地对我说，从现在开始，时间会过得很快。我知道我的孩子会顺利过渡，但我对自己却不太确定。

当我与过渡期的孩子的家长见面时，我已经习惯了他们偶尔流泪。当我递上纸巾时，他们经常会说，他们对自己的情绪反应感到非常惊讶，因为他们本以为自己的这种原始情绪已经止于婴儿期了。我明白这一点。这种感觉会在意想不到的时候袭来。比如当我们偶遇很久以前婴儿游戏小组的"妈妈"时；或者，当我们意识到孩子不需要我们的帮助就能化险为夷时；或者当他们突然俯下身来拥抱我们时；或者当我们在地下室偶然发现孩子最喜欢的那件旧超人服时。

作为家长，我们似乎永远都在为孩子迎接人生的下一个挑战做准备。在孩子第一次在外过夜时，我们整夜把手机放在床头。我们装作不经意地潜伏在学校操场边，看他们是否会加入方阵游戏。如果他们在班级表演时背诵台词前停顿了太久，我们会屏住呼吸。当他们在足球场上被撞倒时，我们需要忍住立刻跑到他们身边的冲动。当他们没有收到运动队的邀请或没拿到名额时，我们随时准备安慰他们，因为我们知道自己没有能力让他们免受痛苦。我们保护他们的能力会随着他们年龄的增长而减弱，但这种保护他们的冲动不会减少。

陪伴孩子度过初中阶段，会涉及这些熟悉的感受：从乐观和自豪到保护和恐惧。你的孩子现在比以往任何时候都更需要你——即使他们说不需要。在这个充满变数的阶段，你不变的爱和你恒久的存在会让他们感到踏实。你的角色是强调和展示同理心、诚实、包容、自我照顾以及安全、道德行为的重要性。但对于其他，比如作业或家规，我建议你采用创业者的心态。尝试各种策略和方法，勇于犯错，展现冒险精神、好奇心、自我关怀、协作和创造力，与孩子一起成长和发展。

过渡期可能很难，但也有好的一面。说到应对变化，孩子是你最好的老师。他们的工作就是走过人生的各个阶段，而且他们往往会义无反顾、从不回头地走下去。如果前方有游泳池，他们就会跳进去，根本不在乎水是否冰冷。如果你跟随他们的脚步，并只做好接下来要做的事，其他的就会水到渠成。

家长讨论指南

引言

重温自己的记忆。本书的开头是这样写的："一提到'初中'这个词，大多数成年人都会唉声叹气。"你对初中生活有哪些记忆，这些回忆又是如何影响你对孩子上初中的感受的？

总结经验。你认为你会因为自身的经历而给孩子某些具体的建议或以不同的方式教育他们吗？

预测这一阶段。你对孩子最大的希望和恐惧是什么？

第 1 章

培养创造力和自信心。到了初中，孩子们的自信心会一落千丈。你认为为什么会出现这种情况？你觉得家长可以做些什么来防止这种情况的发生？

思考 10 项关键技能。你认为你的孩子缺乏这 10 项技能中的哪一项？他们已经具备哪些优势？你认为哪些技能在你自己的生活中最为重要？在这份技能清单中，有没有你希望自己在孩子这个年龄时就掌握了的某项技能？

第 2 章

解决问题。研究表明，批判性思维比智力更能预测生活事件。为什么批判性思维如此重要？如何教孩子独立解决问题？

处理棘手的情况。初中生（以及更广泛的青少年）都有追求新奇的天性。你如何为孩子提供有趣、安全的机会，让他们拓展、尝试和成长？

从信任开始。如何平衡孩子对隐私的渴望与他们对教育、指导和支持的需求？如何才能知道什么时候该后退，什么时候该立即介入？当你的初中生孩子违背了你的信任时，你怎样才能让他回到正确的道路上而又不破坏你们之间的关系？

灌输目标。参与对其有意义的活动的孩子不太可能做出不健康或不安全的选择。如何帮助孩子确定对他们来说重要的目标？你在青少年期的目标是什么？

放慢脚步。如何让孩子为成功做好准备，从而减少做出冲动选择的可能性？你认为哪些要素是孩子做出正确的决策的基础？

第 3 章

保持冷静。当孩子说谎时，保持冷静和不反应为何如此具有挑战性？是什么让不诚实成为情绪的"催化剂"？

确定根本原因。孩子说谎的原因有哪些？为什么找到根本原因很重要？如何找出孩子的问题所在？

以身作则。如何让孩子更容易承认真相？如何树立诚实的榜样？攻击性谎言和防御性谎言有什么区别？你还记得自己在孩子这个年龄时对家长撒过谎吗？

直面问题。虽然有违直觉，但争吵也是一种沟通。你认为孩子与你争吵是为了达到什么目的？为什么知道你在想什么对他们如此重要？

将说谎行为和过错分开处理。专家建议对说谎和过错采取不同的处理办法。为什么要将两者分开？

第 4 章

将同理心放在首位。如何强化孩子的自我形象，让他们觉得自己有足够的力量去做正确的事情？

保持真实。如何强调善良的重要性，同时又承认孩子不可能喜欢所有人？为什么在进行这些对话时保持真实如此重要？

树立榜样。你如何在自己的生活中示范善良？作为家庭成员，你能做些什么来灌输这种价值观？你能发现自己在哪些方面需要进步吗？有时你的孩子有你所没有的优点。你欣赏孩子待人接物的哪些方面？

找出原因。孩子对同伴发火的原因有哪些？有哪些策略可以帮助他们应对可能阻碍他们成为最好的自己的负面情绪，如嫉妒或愤怒？

设定对行为的期望。情绪没有对错，但你可以对行为进行严格要求。为什么羞辱孩子并不会带来好结果？为什么让孩子认为自己是个好人很重要？

第 5 章

鼓励真正的包容。真正的社交参与和慈善行为之间有什么区别？如何在自己的生活中示范包容？如何帮助孩子从恐惧走向理解？

提供窗口和镜子。为什么让孩子看到自己的视觉形象很重要？如何拓展他们的世界观？

审视偏见。没有人能够避免偏见。你认为家长承认自己的态度和立场重要吗？如果重要，为什么？如何帮助孩子设身处地为他人着想？

探索身份认同。为什么谈论家庭传统和身份认同很重要？如何通过培养孩子的自我意识帮助他们接受自己和他人的独特性？你认为自己身份认同的最重要的方面是什么？

第 6 章

追逐受欢迎程度。当你的孩子拼命想成为受欢迎的人时，你该如何将他们的精力转移到其他方面呢？在社交媒体上追求"点赞数"和"关注"有什么坏处？你可以向孩子提出哪些问题，让他们思考短暂的受欢迎和持久的友谊之间的区别？在初中时代，受欢迎对你来说重要吗？这些年来，你对友谊的态度发生了怎样的变化？

结交合适的、匹配的朋友。如何利用孩子的优势和兴趣帮助他们找到合适的朋友？为什么在学校以外的环境中交朋友也是一种保护？如果你的孩子在交友方面遇到困难，你该如何帮助他们？你还记得在初中时代，你曾对自己在同学中的社会地位感到不安吗？

指明前进的道路。如果你的孩子表现得很不友善，你该如何打破这种模式？为什么批评他们的行为比批评他们的人格更重要？

减少闹剧。孩子之间的社交很难不发生闹剧。当他们不是中心时，如何教他们脱离社交闹剧？

第 7 章

保持安全。如何帮助孩子保持安全并为自己争取权益？如何收集发生在学校里的事情的信息？什么时候能够违背孩子的信任，如何向他们解释你的理由？

恢复。当孩子受到欺凌时，如何帮助他们恢复情绪？如何改变叙事方式，让他们不再被欺凌经历所左右？如何帮助孩子阻止侵入性想法对他们的影响？什么时候应该为他们寻求外部的专业帮助？

定义欺凌。行为不友善的孩子和欺凌别人的孩子有什么区别？为什么这种区别很重要？如果家长过快地要求学校给出结果，会有什么后果？为什么学校在把受欺凌的孩子和欺凌者聚在一起之前要小心谨慎？

帮助实施欺凌的孩子。欺凌他人的孩子可能会承受哪些潜在的长期负面影响？如果学校告诉你，你的孩子在学校欺凌同学，你会有何反应？

挺身而出。并不是每个孩子都能自如地站出来对抗欺凌者。他们还可以采取哪些措施来支持受到伤害的同学？你认为为什么孩子很难简单地说"那是不对的"或"那是卑鄙的"？

第 8 章

遏止流言。是什么让散布他人流言成为一种难以补救、令人痛苦的关系性攻击行为？它与其他形式的欺凌有何不同？

感觉难受。当你的孩子因为流言而伤心欲绝地回到家时，你该如何帮助他们？

解决自己的焦虑。你自己有哪些感到焦虑的问题？你认为今天的流言与你成长过程中经历的有所不同吗？

传播恶意。为什么许多孩子会迫不及待地把别人对他们的不友善的评价告诉他们的朋友？你认为他们应该如何处理这些信息？孩子怎样才能从一开始就避免参与散布流言？

保护他们的名誉。一旦流言传播开来，如何减轻伤害？如果你也有过类似的经历，你有哪些收获？

第 9 章

鼓励平衡。是什么让现在的初中生难以平衡生活？你如何帮助孩子认识到他们的事情已经排得很满了？你自己在生活中是否也为保持平衡而挣扎？

减轻成绩压力。一位初中校长建议"在现有的基础上发展"，这对你的孩子意味着什么？你认为自己的期望明确且合理吗？你在孩子这个年龄时，是否把取悦家长放在首位？

与完美主义做斗争。如何帮助孩子制定现实可行的目标？当气氛紧张时，如何保持轻松愉快？你对自己苛刻吗？如何示范自我关怀？

第 10 章

处理逃避行为。初中生逃避家庭作业的原因有哪些？

给孩子自主权。如何避免与孩子争夺自主权？你可以给他们什么样的选择，让他们有控制感？

与学校合作。什么时候应该让学校介入？为什么学校更有能力处理关于质量把控和问责的问题？

命名消极的声音。如何让孩子在挣扎中保持积极的成长心态？家庭作业对你来说是一件苦差事吗？

第 11 章

质疑与指责。一位教育家曾说过："大多数成人向孩子提出的问题其实都是在末尾加上一个问号的指责。"这句话对你来说意味着什么？你可以问哪些问题，既能从根本上了解孩子的困难，又能把他们当作自己生活的专家？

与学校合作。有哪些与学校合作的有效策略？教育工作者如何帮助你找出根本问题？你在学生时代是否遇到过学习、注意力或情绪方面的问题？

应对社交影响。学习或注意力问题会影响孩子的友谊。家长如何帮助孩子解释或弥补社交障碍？

发挥优势。教师如何保护学习困难的孩子的名誉？花更多时间关注孩子的长处而不是不足，这样做有什么好处？

第 12 章

挑战刻板的男性化期望。当今社会中的男孩面临哪些压力？你认为初中环境会让男生更容易还是更难打破刻板印象？你认为挑战这些规范重要吗？父亲可以发挥什么作用？你认为社会延续了哪些关于男孩的迷思？

接受孩子的本性。为什么在这个成长阶段，家长的接纳和坚定的爱如此重要？什么是"高收益"的对话，它们如何给男孩带来安全感？

联结和对话。有哪些技巧和窍门可以让你在儿子有所保留的情况下与他进行有意义的对话？

使亲密情感正常化。有专家指出，当关系中出现小问题时，男孩会更快打退堂鼓。你认为这是真的吗？如何教你的儿子修复友谊中的裂痕？

培养好奇心。如何教会儿子倾听和提问的艺术？好奇心如何帮助男孩建立人际关系？

第 13 章

建立自信。调查显示，在初中阶段，女生的自信心比男生的受到的打击更大。如何帮助女儿继续冒险，保持自我意识？当我们告诉女孩要坚强勇敢时，我们是否又多了一层期望？

加强父女关系。为什么当女孩进入青春期时，父亲往往会后退？研究表明，这可能是她们最需要父亲的时候。父女关系有什么不同或独特之处？

定义领导力。许多初中生（以及他们的家长）对女性领导者存在偏见。我们如何才能更广泛地定义领导力，让外向和内向的女孩都觉得自己可以有所作为？

确定支持来源。女儿的导师在她的生活中能发挥什么作用？导师是否对你的生活产生过影响？

树立远大梦想。你认为女孩是否不太愿意肯定自己的工作？如果是，家长如何鼓励她们欣赏自己的成功？家长怎样才能告诉她们，善良的女孩也可以有竞争意识、雄心壮志和明确的目标导向？

第 14 章

面对挫折。从失败中恢复过来对任何人来说都很难，但在十二三岁的时候，即当你感觉全世界都在注视着你的时候，这尤其困难。遇到挫折后，如何帮助孩子乐观向前？是什么让初中成为培养韧性的黄金时期？

放弃需要勇气。为什么人们常常从负面的角度看待放弃？有些时候放弃是否有意义？为什么有些家长很难让孩子放弃某项活动？你在自己的生活中放弃过什么，你现在对这些选择有何感想？

解读反馈。是什么让初中生更容易误读反馈？如何帮助孩子准确解读社交暗示？

支持冒险。对于什么是冒险，你和孩子可能有截然不同的看法。如何帮助孩子克服恐惧，如何在自己的生活中示范冒险？

第 15 章

识别抑郁或焦虑。如果孩子出现情绪问题，你是否能够很快发现？如果孩子受到伤害，家长如何做才能最大程度提高孩子寻求帮助的概率？

应对新闻事件。从校园枪击案到恐怖主义，孩子们每天都要面对 24 小时不间断的新闻报道。你如何帮助孩子处理令人不安的事件，尤其是那些你自己可能也难以理解的事件？

放松控制。你觉得给初中生多大的自由度合适？有哪些迹象表明你的孩子已经准备好拥有更多的自主权？你在他们这个年龄时有多自由？今天的世界有什么不同？

调节情绪。初中生的情绪会大起大落。如何帮助孩子创建一个策略"工具箱"？过去哪些方法对他们有效，哪些方法对你最有效？

第 16 章

培养创新者。如何让孩子接触创新事物，并为他们提供实践创造性解决问题的机会？

培养长期爱好。点燃"长期爱好"的火焰，而不是专注于激情，这样做有什么好处？

培养好奇心。面对瞬息万变、充满不确定性的世界，我们很难知道如何让孩子做好准备。你认为你的孩子最需要哪些技能？

指导与控制。这两种教育方式有什么区别？为什么指导这种方式更有可能培养出能够解决冲突或解决问题的孩子？你最常用哪种方式？

结语

适应变化。改变对你来说难吗？通过观察孩子适应新的生活习惯、新的期望和新的朋友圈，你学到了什么？

教育工作者讨论指南

引言

从个人经历中吸取经验。本书的开头是这样写的："一提到'初中'这个词，大多数成年人都会唉声叹气。"你有哪些初中的记忆？它们对你的教学有何影响？你认为这个阶段的独特之处是什么？

与学生接触。你认为你与学生接触的方式不同是因为你自身的经历吗？最初是什么吸引你从事中学的教育工作？

应对挑战。初中生在社交和学习方面最大的挑战是什么？教育工作者如何帮助学生顺利升入初中？

第 1 章

保持创造力和信心。调查显示，学生们在初中阶段的自信心会急剧下降。你是否有证据证明这是真的？你是否观察到男女学生在自信心方面的差异？这对你的教学有何影响？

掌握 10 项关键技能。你认为学生在初中阶段最需要具备哪

10 项技能？你认为哪些技能对他们的成功和幸福最为关键？你认为哪些技能在你自己的生活中最为重要？

第 2 章

解决问题。研究表明，批判性思维比智力更能预测生活事件。老师如何传授解决问题的技能？

帮助学生拓展。初中生（以及更广泛的青少年）都有追求新奇的天性。教育工作者如何帮助学生感到脚踏实地、目标明确？学生在学校可以通过哪些方式进行拓展、尝试和成长？

从信任开始。教师如何与违反规定或逾越边界的学生建立信任关系？如何让他们回到正轨，而又不破坏关系？你所在的学校的纪律处分方法是什么，你认为有效吗？你认为什么时候与学生分享自己的错误会有帮助？

第 3 章

保持冷静。当学生说谎或抄袭时，你会采取什么方法？你希望家长们了解哪些关于这个年龄段的学生犯错的情况？

确定根本原因。学生说谎的原因有哪些？为什么找到根本原因很重要？

第 4 章

保持真实。如何营造积极的校园氛围？如何在鼓励善良的同时承认初中生会选择自己的朋友，而不会喜欢所有人？

树立榜样。与家长一样，老师也是榜样。如何树立积极的榜样？当你发现学生针对他人时，有哪些有效的应对方法？

设定对行为的期望。情绪没有对错，但你可以对行为进行严格要求。为什么羞辱学生不会带来好结果？如何利用班会或咨询时间在同学之间建立理解，或解决敏感的人际问题？

建立同理心。书中提到了"观察特定学生"练习，旨在帮助教育工作者了解学生的经历。为什么教育工作者对学生的同理心如此重要？班级里的同理心氛围是什么样的？你能回忆起自己对学生做出误判的一次经历吗？

第5章

鼓励真正的包容。真正的社交参与和慈善行为之间有什么区别？教育工作者如何帮助学生从恐惧走向理解？如何促进从教室到食堂的各个情景中的包容？

提供窗口和镜子。为什么让学生看到自己的视觉形象很重要？你的课程是否拓展了学生的世界观？教师如何帮助学生为自己的同一性感到自豪？

审视偏见。没有人能够避免偏见。作为一名教育工作者，你经常反思自己的偏见吗？你采取了哪些措施来解决这些问题？

第6章

找到自己的位置。教育工作者如何帮助那些在社会等级中努力寻找自己位置的学生？

结交合适的、匹配的朋友。在组建小组或分配小组项目时，老师应考虑哪些因素？在打破小团体或减少消极社交动态方面，老师可以发挥什么作用？

第7章

检查校园氛围。你所在的学校是否存在欺凌问题？你所在的学校如何处理这一问题？教育工作者如何帮助受欺凌的学生？

解决冲突。为什么管理者在把受欺凌的学生和欺凌者聚在一起之前要小心谨慎？

定义欺凌。你认为家长们了解行为不友善的孩子和欺凌别人的孩子之间的区别吗？为什么这种区别很重要？

第8章

遏止流言。是什么让散布流言成为一种难以补救、令人痛苦的关系性攻击行为，它又是如何渗入学校环境的？在制止流言或帮助学生恢复正常生活方面，学校能发挥什么作用？

利用社交媒体。社交媒体如何改变了你的工作？当学生成为流言攻击的对象时，他们为什么会感到无能为力？你在自己的生活中是否遇到过关系性攻击？如果有，这种经历是如何影响你的教学以及你与初中生相处的方式的？

第9章

寻求平衡。哪些因素导致学生的生活难以平衡？如何帮助学生控制完美主义倾向？你所在的社区关于成绩的态度是什么样子的？你认为它需要被重新审视吗？教育工作者如何保持轻松愉快的心情？

管理期待。教育工作者如何帮助学生制定合理、可实现的目标？你自己的性格如何影响你对学生的建议？

第10章

给孩子自主权。老师如何与逃避家庭作业的学生合作？如何让学生不再纠结，从而保持积极的态度，以解决问题为导向？

与家长沟通。当学生因家庭作业而与家长争吵时，你会怎么做？你认为家长对家庭作业的最大误解是什么？

第11章

确定正确的问题。如何通过提问找出学生困难的根源？你认为把孩子当作他们自己生活的专家意味着什么？

与家长合作。学校在解决学习问题方面扮演什么角色，家长又扮演什么角色？哪些因素可能会影响家长与学校的合作关系？

为有学习困难的学生提供帮助。老师如何帮助有学习困难的学生发挥并放大自己的优势，尤其当同学对他们越来越不耐烦时？

第 12 章

挑战刻板的男性化期望。当今社会中的初中男生面临哪些压力？你认为学校环境会让他们更容易还是更难打破刻板印象？教育工作者如何处理有关男子气概的刻板印象？

设定界限。初中男生可能会对人动手动脚或表现轻浮，并不是每个男生都喜欢这样的互动。教育工作者如何帮助男生认识并尊重同学的界限？

培养好奇心。研究人员发现，教给男生采访的技巧有助于他们建立人际关系。好奇心如何帮助男孩与他人建立更亲密的联系？如何在课堂上培养这种特质？

第 13 章

建立自信。为什么女生在初中阶段比男生更容易受到自信心的打击？教育工作者如何帮助她们保持强大的自我意识？

定义领导力。许多初中生对女性领导者存在偏见。学校如何鼓励女生担任领导角色？如何向她们传达领导力有许多不同的形式，以及内向的女生也可以有所作为？

树立远大的梦想。教育工作者如何鼓励女生肯定自己的工作，并欣赏自己的成功？如何向她们传达善良的女生也可以有竞争意识、雄心壮志和明确的目标？

第 14 章

承担风险。从失败中恢复过来对任何人来说都很难，但在十二三岁的时候，即当你感觉全世界都在注视着你的时候，这尤其困难。是什么让初中成为培养韧性的黄金时期？

支持冒险。老师如何帮助学生克服恐惧？如何在课堂上安全地冒险？

第 15 章

识别抑郁或焦虑。教育工作者如何才能使求助行为正常化，让学生不再默默承受痛苦？你觉得自己有能力帮助焦虑或抑郁的学生吗？你的学校有足够的资源来满足学生的心理健康需求吗？学生的情绪问题如何影响他们在学校的表现或行为？

社区建设。学校如何才能建立一个关爱学生的社区？教育工作者如何将社会情感学习纳入课程？

调节情绪。初中生的情绪会大起大落。老师如何帮助学生识别和运用积极的应对策略？

第 16 章

培养创新者。初中如何为学生提供解决问题和参与体验式学习的机会？老师如何鼓励学生勇于创新？

合作学习。在小组项目中，强势的声音可能会掩盖安静的贡献者。老师该如何确保每个人都能发挥作用，并有机会学习团队合作和解决冲突等技能？

结语

适应变化。改变对你来说难吗？通过观察学生适应新的生活习惯、新的期望和新的朋友圈，你学到了什么？

资　源

第 1 章

社交与学术成熟度

"Can Creativity Be Taught? Results from Research Studies." *Creativity at Work*. August 25, 2017.

Caskey, Micki, and Vincent A. Anfara, Jr. "Developmental Characteristics of Young Adolescents." AMLE—Association for Middle Level Education.

Duchesne, Stéphane, Catherine F. Ratelle, and Bei Feng. "Psychological Need Satisfaction and Achievement Goals: Exploring Indirect Effects of Academic and Social Adaptation Following the Transition to Secondary School." *The Journal of Early Adolescence* 37, no. 9 (2016): 1280–308.

MacIver, Douglass J., with Robert W. Dodd. 2018. "Semi Self-Contained Learning Communities in Grade 6: Bringing New Evidence to Bear on Middle Grades Education." Johns Hopkins School of Education Center for Social Organization of Schools.

Schwartz, Amy Ellen, Leanna Stiefel, and Michah W. Rothbart. "Do Top Dogs Rule in Middle School? Evidence on Bullying, Safety, and Belonging." *American Educational Research Journal* 53, no. 5 (2016): 1450–484.

初中与自信

Monitor on Psychology.

"Poll | The Confidence Code for Girls." The Confidence Code for Girls with Ypulse. 2017.

第 2 章

尼古丁使用

Audrain-Mcgovern, Janet, Matthew D. Stone, Jessica Barrington-Trimis, Jennifer B. Unger, and Adam M. Leventhal. "Adolescent E-Cigarette, Hookah, and Conventional Cigarette Use and Subsequent Marijuana Use." *Pediatrics*, 2018.

Dai, Hongying, Delwyn Catley, Kimber P. Richter, Kathy Goggin, and Edward F. Ellerbeck. "Electronic Cigarettes and Future Marijuana Use: A Longitudinal Study." *Pediatrics*. April 23, 2018.

Miech, Richard, Megan E. Patrick, Patrick M. Omalley, and Lloyd D. Johnston. "What Are Kids Vaping? Results from a National Survey of US Adolescents." *Tobacco Control* 26, no. 4 (2016): 386–91.

Monitoring the Future: A Continuing Study of American Youth.

冒险行为

"High School YRBS." Centers for Disease Control and Prevention.

Kann, Laura, Tim Mcmanus, William A. Harris, Shari L. Shanklin, Katherine H. Flint, Joseph Hawkins, Barbara Queen, Richard Lowry, Emily O'Malley Olsen, David Chyen, Lisa Whittle, Jemekia Thornton, Connie Lim, Yoshimi Yamakawa, Nancy Brener, and Stephanie Zaza. "Youth Risk Behavior Surveillance United States, 2015." *MMWR. Surveillance Summaries* 65, no. 6 (2016): 1–174.

"SIECUS Sexuality Information and Education Council of the United States." SIECUS—Home.

大脑发育 / 成熟度

"Brain Maturity Extends Well Beyond Teen Years." *NPR*. October 10, 2011.

Butler, Heather A., Christopher Pentoney, and Mabelle P. Bong. "Predicting Real-World Outcomes: Critical Thinking Ability Is a Better Predictor of Life Decisions than Intelligence." *Thinking Skills and Creativity* 25 (2017): 38–46.

Johnson, Sara B., Robert W. Blum, and Jay N. Giedd. "Adolescent Maturity and the Brain: The Promise and Pitfalls of Neuroscience Research in Adolescent Health Policy." *Journal of Adolescent Health* 45, no. 3 (2009): 216–21.

值得信任的面孔

Li, Qinggong, Gail D. Heyman, Jing Mei, and Kang Lee. "Judging a Book by Its Cover: Children's Facial Trustworthiness as Judged by Strangers Predicts Their Real-World Trustworthiness and Peer Relationships." *Child Development*, 2017.

Slepian, Michael. "Uncovering the Secrets of a Trustworthy Face." *Scientific American*. August 08, 2017.

焦虑

Hartley, Catherine A., and Elizabeth A. Phelps. "Anxiety and Decision-Making." *Biological Psychiatry* 72, no. 2 (2012): 113–18.

"Taking Center Stage Act II: Middle Grades Success." Early Warning Signs of Violent Student Behavior—Taking Center Stage-Act II (TCSII) (CA Dept of Education).

道德困境

"Ethical Dilemmas Archive." Character Education—The Six Pillars of Character Citizenship.

第 3 章

说谎 / 作弊和技术

"Academic Cheating Fact Sheet." Cheating Is a Personal Foul.

Common Sense Media. Kids & Teen Media. "35% of Teens Admit to Using Cell Phones to Cheat." News release, June 18, 2009. Common Sense Media.

Noguchi, Sharon. "Nearly a Third of U.S. Teens Use Electronics to Cheat, Survey Says." *The Mercury News*, August 06, 2017.

Wormeli, Rick. "Cheating and Plagiarizing." *AMLE—Association for Middle Level Education*, August 2017.

说谎与成功

Josephson Institute. "Josephson Institute's 2012 report card on the ethics of American youth." 2012, Los Angeles.

大脑发育

"Brain Maturity Extends Well Beyond Teen Years." *NPR*. October 10, 2011.

第 4 章

友善

Greater Good, July 2010, greatergood.berkeley.edu/video/item/happiness_for_ a_lifetime.

Jones, Damon E., Mark Greenberg, and Max Crowley. "Early Social-Emotional Functioning and Public Health: The Relationship Between Kindergarten Social Competence and Future Wellness." *American Journal of Public Health* 105, no. 11 (2015): 2283–290.

"Kind Communities—A Bridge to Youth Mental Wellness." Born This Way Foundation.

Layous, Kristin, S. Katherine Nelson, Eva Oberle, Kimberly A. Schonert-Reichl, and Sonja Lyubomirsky. "Kindness Counts: Prompting Prosocial Behavior in Preadolescents Boosts Peer Acceptance and Well-Being." *PLOS ONE* 7, no. 12 (2012).

Lyubomirsky, Sonja, Kennon M. Sheldon, and David Schkade. "Pursuing Happiness: The Architecture of Sustainable Change." *Review of General Psychology* 9, no . 2 (2005): 111-31.

"The Children We Mean to Raise." *Making Caring Common*. 2014.

丹麦学校系统

Alexander, Jessica. "Teaching Kids Empathy: In Danish Schools, It's . . . Well, It's a Piece of Cake." *Salon*. August 11, 2016.

Stoltzfus, Kate. "Lessons from Denmark: Teachers Can Incorporate Empathy in the Curriculum." *Education Week—Teacher Beat*. August 15, 2016.

同理心

"Books That Teach Empathy." *Common Sense Media: Ratings, Reviews, and Advice*. January 01, 1970.

"Can Fiction Stories Make Us More Empathetic?" *ScienceDaily*. August 11, 2014.

Krevans, J., and J. C. Gibbs. "Parents' Use of Inductive Discipline: Relations to Children's Empathy and Prosocial Behavior." *Advances in Pediatrics*. December 1996.

Swanbrow, Diane. "Empathy: College Students Don't Have as Much as They Used To." *University of Michigan News*. May 27, 2010.

Vedantam, Shankar. "Does Reading Harry Potter Have an Effect on Your Behavior?" *NPR*. May 01, 2015.

Vezzali, Loris, Sofia Stathi, Dino Giovannini, Dora Capozza, and Elena Trifiletti. "The Greatest Magic of Harry Potter: Reducing Prejudice." *Journal of Applied Social Psychology* 45, no. 2 (2014): 105–21.

冥想

Condon, Paul, Gaëlle Desbordes, Willa B. Miller, and David Desteno. "Meditation Increases Compassionate Responses to Suffering." *Psychological Science* 24, no. 10 (2013): 2125–127.

"San Francisco Schools Transformed by the Power of Meditation." *NBCNews .com.* December 29, 2014.

敬畏与社交行为

Piff, Paul K., Pia Dietze, Matthew Feinberg, Daniel M. Stancato, and Dacher Keltner. "Awe, the Small Self, and Prosocial Behavior." *Journal of Personality and Social Psychology* 108, no. 6 (2015): 883–99.

Rudd, Melanie, Kathleen D. Vohs, and Jennifer Aaker. "Awe Expands People's Perception of Time, Alters Decision Making, and Enhances Well-Being." *Psychological Science* 23, no. 10 (2012): 1130–136.

体育活动与自然的认知效益

Berman, Marc G., John Jonides, and Stephen Kaplan. "The Cognitive Benefits of Interacting with Nature." *Psychological Science* 19, no. 12 (2008): 1207–212.

Parker-Pope, Tara. "How to Manage Stress Like an Olympic Biathlete." *New York Times.* February 21, 2018.

"Physical Activity Helps Improve Social Skills." *Psych Central.* October 06, 2015.

"Research Shows Link Between Physical Activity and Social Skills in Children." Transparent Tape Test for Pinworms | Michigan Medicine. March 14, 2010.

社会活动和感恩

Emmons, Robert. "Why Gratitude Is Good." *Greater Good.* November 16, 2010.

Gopnik, Alison, Shaun O'Grady, Christopher G. Lucas, Thomas L. Griffiths, Adrienne Wente, Sophie Bridgers, Rosie Aboody, Hoki Fung, and Ronald E. Dahl. "Changes in Cognitive Flexibility and Hypothesis Search Across Human Life History from Childhood to Adolescence to Adulthood." *PLOS Biology.* July 25, 2017.

第 5 章

觉察

Mascareñaz, Lauryn. "Five Things for Educators to Keep in Mind After March for Our Lives." *Teaching Tolerance*. March 26, 2018.

包容

Bi, Xuan, Carol Quirck, Selene Almazon, and Michele Valenti. "Inclusive Education Research & Practice." *Maryland Coalition for Inclusive Education*, 2010.

Hehir, Thomas, Todd Grindal, Brian Freeman, Renée Lamoreau, Yolanda Borquaye, and Samantha Burke. "A Summary of the Evidence on Inclusive Education." August 2016.

"IAN Research Report: Bullying and Children with ASD." IAN Research Report: Bullying and Children with ASD | Interactive Autism Network. October 07, 2014.

刻板印象与同理心

Lick, David J., Adam L. Alter, and Jonathan B. Freeman. "Superior Pattern Detectors Efficiently Learn, Activate, Apply, and Update Social Stereotypes." *Journal of Experimental Psychology: General* 147, no. 2 (2018): 209–27.

"Projects." Virtual Human Interaction Lab.

"What Does 'White Privilege' Mean to You? We Asked 18 People to Discuss Terms About Race." *The Seattle Times*. June 20, 2016.

代表性与积极榜样的作用

Adichie, Chimamanda Ngozi. TED: Ideas Worth Spreading. July 2009.

"Andrea Cleveland and Monica Harwell." *StoryCorps*. August 13, 2015.

Wilson, Wendy. "Little Girl in Awe of Michelle Obama's Portrait Goes Viral." *TheGrio*. March 05, 2018.

第 6 章

变化的友谊

Hartl, Amy C., Brett Laursen, and Antonius H. N. Cillessen. "A Survival Analysis of Adolescent Friendships." *Psychological Science* 26, no. 8 (2015): 1304–315.

Kamper, Kimberly E., and Jamie M. Ostrov. "Relational Aggression in Middle Childhood Predicting Adolescent Social-Psychological Adjustment: The Role of Friendship Quality." *Journal of Clinical Child & Adolescent Psychology* 42, no. 6 (2013): 855–62.

Ostrov, Jamie M., Stephanie A. Godleski, Kimberly E. Kamper-Demarco, Sarah J. Blakely-Mcclure, and Lauren Celenza. "Replication and Extension of the Early Childhood Friendship Project: Effects on Physical and Relational Bullying." *School Psychology Review* 44, no. 4 (2015): 445–63.

Robb, Alice. "The Enduring Influence of Your Middle-School Best Friend." *The Cut*. October 24, 2017.

应对机制

Williams, Lisa A., and Monica Y. Bartlett. "Warm Thanks: Gratitude Expression Facilitates Social Affiliation in New Relationships via Perceived Warmth." *Emotion* 15, no. 1 (2015): 1-5.

Yeager, David S., Hae Yeon Lee, and Jeremy P. Jamieson. "How to Improve Adolescent Stress Responses." *Psychological Science* 27, no. 8 (2016): 1078–091.

第 7 章

自我欺凌

Grandclerc, Salome, Diane De Labrouhe, Michel Spodenkiewicz, Jonathan Lachal, and Marie-Rose Moro. "Relations Between Nonsuicidal Self-Injury and Suicidal Behavior in Adolescence: A Systematic Review." *Plos One* 11, no. 4 (2016).

Patchin, Justin W., and Sameer Hinduja. "Digital Self-Harm Among Adolescents." *Journal of Adolescent Health* 61, no. 6 (2017): 761–66.

Roos, David. "Startling Number of Teens Cyberbully Themselves." *HowStuff Works*. November 13, 2017.

应对机制

Bruehlman-Senecal, Emma L. "This Too Shall Pass: Temporal Distance and the Regulation of Emotional Distress." PhD diss., University of California, Berkeley, 2015. Spring 2015.

Sutton, Robert. "How to Survive a Jerk at Work." *The Wall Street Journal*. August 10, 2017.

第 8 章

网络欺凌

Hurley, Katie. "Helping Kids Navigate a Virtual World Where Cyberbullying Is Common." *U.S. News & World Report*. October 13, 2017. Accessed August 13, 2018.

"New National Bullying and Cyberbullying Statistics." Cyberbullying Research Center. July 31, 2017.

Sydell, Laura. "Kyle Quinn Hid at a Friend's House After Being Misidentified on Twitter as a Racist." *NPR*. August 17, 2017.

技术与社交媒体

Anderson, Monica, and Jingjing Jiang. "Teens, Social Media & Technology 2018." Pew Research Center: Internet, Science & Tech. May 31, 2018.

Salm, Lauren. "70% of Employers Are Snooping Candidates' Social Media Profiles." *CareerBuilder*. June 15, 2017.

"The 'Wait Until 8th' Pledge—Let Kids Be Kids a Little Longer . . ." Westport Moms.com. August 1, 2017.

Twenge, Jean M. "Have Smartphones Destroyed a Generation?" *The Atlantic*. March 19, 2018.

Twenge, Jean M. "Perspective | Teenage Depression and Suicide Are Way up—and so Is Smartphone Use." *The Washington Post*. November 19, 2017.

Twenge, Jean M., Thomas E. Joiner, Megan L. Rogers, and Gabrielle N. Martin. "Increases in Depressive Symptoms, Suicide-Related Outcomes, and Suicide Rates Among U.S. Adolescents After 2010 and Links to Increased New Media Screen Time." *Clinical Psychological Science* 6, no. 1 (2017): 3–17.

第 9 章

学习压力与应激

Conner, Jerusha O., and Denise C. Pope. "Not Just Robo-Students: Why Full Engagement Matters and How Schools Can Promote It." *Journal of Youth and Adolescence* 42, no. 9 (2013): 1426–442.

"Kids and Stress, How Do They Handle It?" *KidsHealth KidsPoll*, October 12, 2005. National Association of Health Education Center.

"Morbidity and Mortality Weekly Report (MMWR)." Centers for Disease Control and Prevention. August 17, 2017.

Soenens, Bart, Koen Luyckx, Maarten Vansteenkiste, Bart Duriez, and Luc Goossens. "Clarifying the Link Between Parental Psychological Control and Adolescents' Depressive Symptoms: Reciprocal Versus Unidirectional Models." *Merrill-Palmer Quarterly*, 2nd ser., 54, no. 4 (2008).

Spencer, Kyle. "A New Kind of Classroom: No Grades, No Failing, No Hurry." *New York Times*. August 11, 2017.

"The Children We Mean to Raise." Making Caring Common. 2014.

失败也没关系

Cook, Henrietta. "The School Teaching Students That It's OK to Fail." *Brisbane Times*. August 28, 2017.

Warrell, Margie. "Have You Learnt How to Fail Forward? The Lesson We Can't Learn Soon Enough." *Forbes*. September 11, 2017.

第 10 章

家庭作业与技术

Bowman, Laura L., Laura E. Levine, Bradley M. Waite, and Michael Gendron. "Can Students Really Multitask? An Experimental Study of Instant Messaging While Reading." *Computers & Education* 54, no. 4 (2010): 927–31.

Lee, Seungyeon, Myeong W. Kim, Ian M. Mcdonough, Jessica S. Mendoza, and Min Sung Kim. "The Effects of Cell Phone Use and Emotion-Regulation Style on College Students Learning." *Applied Cognitive Psychology* 31, no. 3 (2017): 360–66.

Thornton, Bill, Alyson Faires, Maija Robbins, and Eric Rollins. "The Mere Presence of a Cell Phone May Be Distracting." *Social Psychology* 45, no. 6 (2014): 479–88.

短暂休息

Adam, Hajo, and Adam D. Galinsky. "Enclothed Cognition." *Journal of Experimental Social Psychology* 48, no. 4 (2012): 918–25.

"Five Ways to Shift Teaching Practice So Students Feel Less Math Anxious." KQED. April 05, 2017.

White, Rachel E., Emily O. Prager, Catherine Schaefer, Ethan Kross, Angela L. Duckworth, and Stephanie M. Carlson. "The 'Batman Effect': Improving Perseverance in Young Children." *Child Development* 88, no. 5 (2016): 1563-571.

第 11 章

资优生

Callahan, Carolyn M., Tonya R. Moon, and Sarah Oh. "Describing the Status of Programs for the Gifted." *Journal for the Education of the Gifted* 40, no. 1 (2017): 20–49.

"National Association for Gifted Children." What It Means to Teach Gifted Learners Well | National Association for Gifted Children.

Rakow, Susan. "That Was Then, This Is Now: Gifted in the Middle." *AMLE Magazine*, August 2017, 34.

"Rethinking Giftedness Film." *YouCubed*, November 7, 2017.

"Students Share the Downside of Being Labeled 'Gifted'." *KQED*, 13 Nov. 2017.

"Supporting the Emotional Needs of the Gifted." SENG.

注意障碍

Hallowell, Edward. "ADHD: Ferrari Engine for a Brain, with Bicycle Brakes—Dr Hallowell ADHD and Mental and Cognitive Health." Drhallowell.com. February 20, 2018.

O'neill, Meaghan. "Eight Things I Wish Teachers Knew About My Child with ADHD—*The Boston Globe*." BostonGlobe.com. August 09, 2018.

"The State of LD: Understanding Learning and Attention Issues." National Center for Learning Disabilities. Accessed March 29, 2018.

第 12 章

沟通与男孩

Aznar, Ana, and Harriet R. Tenenbaum. "Spanish Parents Emotion Talk and Their Children's Understanding of Emotion." *Frontiers in Psychology* 4 (2013).

Borelli, Jessica L., Leslie Ho, and Lane Epps. "School-Aged Children's Psychobiological Divergence as a Prospective Predictor of Health Risk Behaviors in Adolescence." *Journal of Child and Family Studies* 27, no. 1 (2017): 47–58.

"NYU Steinhardt Receives Spencer Foundation Grant to Address Societal Divisions in NYC Middle Schools." *NYU*, November 02, 2017.

Reiner, Andrew. "Boy Talk: Breaking Masculine Stereotypes," *New York Times*. October 24, 2018.

Reiner, Andrew. "Teaching Men to Be Emotionally Honest." *New York Times*. April 04, 2016.

Reiner, Andrew. "Talking to Boys the Way We Talk to Girls." *New York Times*. June 15, 2017.

刻板印象的危害

Bennett, Jessica. "A Master's Degree in . . . Masculinity?" *New York Times*. August 08, 2015.

Love, Kevin. "Everyone Is Going Through Something | By Kevin Love." *The Players' Tribune*. March 6, 2018.

第 13 章

女孩与自信

Cain, Susan. "Unlocking the Power of Introverts." Quiet Revolution.

"How Girls Can Develop 'Critical' Confidence." *Good Morning America*. March 30, 2018.

Nielsen, Leslie. "Strengthening Father-Daughter Relationships." *Our Children*. March 2005.

"Poll | The Confidence Code for Girls." The Confidence Code for Girls with YPulse. 2018.

领导力与赋能

"2018 Leadership Summit." *Girl Up*.

Marshall, Ava, Chanice Lee, Nateya Taylor, and Alexia Morrison. "The Melanin Diary." *The Melanin Diary*.

Walsh, Bari. "Confronting Gender Bias at School." Harvard Graduate School of Education. September 8, 2015.

第 14 章

放手去做

Gillett, Rachel, and Richard Feloni. "19 Highly Successful People Who Prove It's Never Too Late to Change Careers." *Business Insider*. April 16, 2016.

Kohn, Alfie. "The Downside of 'Grit' (Commentary)." Alfie Kohn. November 30, 2014.

Wells, Jane. "Someone Told Kobe Bryant He Shouldn't Play Basketball." *CNBC*. March 31, 2016.

Wrosch, Carsten, Michael F. Scheier, Gregory E. Miller, Richard Schulz, and Charles S. Carver. "Adaptive Self-Regulation of Unattainable Goals: Goal Disengagement, Goal Reengagement, and Subjective Well-Being." *Personality and Social Psychology Bulletin* 29, no. 12 (2003): 1494–508.

Wrosch, Carsten, Gregory E. Miller, Michael F. Scheier, and Stephanie Brun De Pontet. "Giving Up on Unattainable Goals: Benefits for Health?" *Personality and Social Psychology Bulletin* 33, no. 2 (2007): 251–65.

第 15 章

焦虑与抑郁

"Anxiety Disorders." National Institute of Mental Health.

Aubrey, Allison. "Pediatricians Call for Universal Depression Screening for Teens." *NPR*. February 26, 2018.

Call-for-universal-depression-screening-for-teens.

Bitsko, Rebecca H., Joseph R. Holbrook, Reem M. Ghandour, Stephen J. Blumberg, Susanna N. Visser, Ruth Perou, and John T. Walkup. "Epidemiology and Impact of Health Care Provider–Diagnosed Anxiety and Depression Among US Children." *Journal of Developmental & Behavioral Pediatrics* 39, no. 5 (2018): 395–403.

Morin, Amy. "10 Reasons Teens Have So Much Anxiety Today." *Psychology Today*. November 03, 2017.

Nutt, Amy Ellis. "Why Kids and Teens May Face Far More Anxiety These Days." *The Washington Post*. May 10, 2018.

Schwarz, Nicole. "13 Powerful Phrases Proven to Help an Anxious Child Calm Down." *Lemon Lime Adventures*. December 11, 2017.

Zuckerbrot, R. A., A. H. Cheung, P. S. Jensen, R. E. K. Stein, and D. Laraque. "Guidelines for Adolescent Depression in Primary Care (GLAD-PC): I. Identification, Assessment, and Initial Management." *Pediatrics* 120, no. 5 (2007): E1299–1312.

压力

"#EmotionRevolution Summit and Survey." Born This Way Foundation.

Jamieson, Jeremy P., Matthew K. Nock, and Wendy Berry Mendes. "Mind over Matter: Reappraising Arousal Improves Cardiovascular and Cognitive Responses to Stress." *Journal of Experimental Psychology: General* 141, no. 3 (2012): 417–22.

National Survey of Children's Health—Data Resource Center for Child and Adolescent Health.

"N.U.T.S.—Understanding Stress." *Heart-Mind Online*. January 14, 2015.

"Stress in America 2009." *American Psychological Association*. 2009.

Toppo, Greg. "Our High School Kids: Tired, Stressed and Bored." *USA Today*. October 23, 2015.

自杀

Carroll, Aaron E. "Preventing Teen Suicide: What the Evidence Shows." *New York Times*. August 17, 2017.

"QuickStats: Suicide Rates* for Teens Aged 15–19 Years, by Sex—United States, 1975–2015." MMWR. *Morbidity and Mortality Weekly Report* 66, no. 30 (2017): 816.

培养韧性

Bridges, Frances. "5 Ways to Build Resilience, from Sheryl Sandberg and Adam Grant's New Book 'Option B'." *Forbes*. May 30, 2017.

Hoekzema, Elseline, Erika Barba-Müller, Cristina Pozzobon, Marisol Picado, Florencio Lucco, David García-García, Juan Carlos Soliva, Adolf Tobeña, Manuel

Desco, Eveline A. Crone, Agustín Ballesteros, Susanna Carmona, and Oscar Vilarroya. "Pregnancy Leads to Long-Lasting Changes in Human Brain Structure." *Nature Neuroscience* 20, no. 2 (2016): 287–96.

Leckman, James F. "Nurturing Resilient Children." *Revista Brasileira De Psiquiatria* 29, no. 1 (2007): 5–6.

Liu, Dong, Josie Diorio, Beth Tannenbaum, Christian Caldji, Darlene Francis, Alison Freedman, Shakti Sharma, Deborah Pearson, Paul M. Plotsky, and Michael J. Meaney. "Maternal Care, Hippocampal Glucocorticoid Receptors, and Hypothalamic-Pituitary-Adrenal Responses to Stress." *Science* 277, no. 5332 (1997): 1659–662.

Wallace, Jennifer Breheny. "How to Raise More Grateful Children." *The Wall Street Journal*. February 23, 2018.

应对策略和情绪管理

Baikie, Karen A., and Kay Wilhelm. "Emotional and Physical Health Benefits of Expressive Writing." *Advances in Psychiatric Treatment* 11, no. 5 (2005): 338–46.

Grohol, John M. "15 Common Cognitive Distortions." *Psych Central*. April 12, 2018.

Homan, Kristin J., and Fuschia M. Sirois. "Self-Compassion and Physical Health: Exploring the Roles of Perceived Stress and Health-Promoting Behaviors." *Health Psychology Open* 4, no. 2 (2017).

Jamieson, Jeremy P., Matthew K. Nock, and Wendy Berry Mendes. "Mind over Matter: Reappraising Arousal Improves Cardiovascular and Cognitive Responses to Stress." *Journal of Experimental Psychology: General* 141, no. 3 (2012): 417–22.

Li, Qing. "Effect of Forest Bathing Trips on Human Immune Function." *Environmental Health and Preventive Medicine* 15, no. 1 (2009): 9–17.

"Mindfulness for Your Students, Teachers, and School Community." Mindful Schools.

Pruess, Angela. "25 Mindfulness Practices Your Kids Will Actually Want to Do." *Parents with Confidence*. June 20, 2018.

培养多样化情绪

Anwar, Yasmin. "Feeling Bad About Feeling Bad Can Make You Feel Worse." *Greater Good Magazine*. August 18, 2017.

Ford, Brett Q., Phoebe Lam, Oliver P. John, and Iris B. Mauss. "The Psychological Health Benefits of Accepting Negative Emotions and Thoughts: Laboratory, Diary, and Longitudinal Evidence." *Journal of Personality and Social Psychology*, July 13, 2017.

Gopnik, Alison, Shaun O'Grady, Christopher G. Lucas, Thomas L. Griffiths, Adrienne Wente, Sophie Bridgers, Rosie Aboody, Hoki Fung, and Ronald E. Dahl. "Changes in Cognitive Flexibility and Hypothesis Search Across Human Life History from Childhood to Adolescence to Adulthood." *Proceedings of the National Academy of Sciences* 114, no. 30 (2017): 7892–899.

McGlaughlin, Katie M. "This Train Analogy Will Completely Change How You See Your Crying Child." *Pick Any Two.* August 07, 2017.

Ong, Anthony D., Lizbeth Benson, Alex J. Zautra, and Nilam Ram. "Emodiversity and Biomarkers of Inflammation." *Emotion* 18, no. 1 (2018): 3–14.

Orloff, Judith. "The Health Benefits of Tears." *Psychology Today.* July 27, 2010.

第 16 章

创造力

Bryant, Adam. "In Head-Hunting, Big Data May Not Be Such a Big Deal." *New York Times.* June 20, 2013.

"Can Creativity Be Taught? Results from Research Studies." *Creativity at Work.* August 25, 2017.

Connley, Courtney. "Google, Apple and 13 Other Companies That No Longer Require a College Degree." *CNBC.* August 16, 2018.

Hess, Ed. "In the AI Age, 'Being Smart' Will Mean Something Completely Different." *Harvard Business Review.* June 19, 2017.

Nisen, Max. "Why Google Doesn't Care About Hiring Top College Graduates." *Quartz.* February 24, 2014.

"Stanley Black & Decker Awards Locker Hammock Most Innovative Award." STEMIE Coalition. June 7, 2017.

体验式学习

"Compass Points Activity." National School Reform Faculty. 2014.

Frank, Robert. "Spanx Billionaire's Secret to Success: Failure." *CNBC.* October 16, 2013.

Frey, Carl Benedikt, and Michael A. Osborne. "The Future of Employment: How Susceptible Are Jobs to Computerisation?" *Technological Forecasting and Social Change* 114 (2017): 254–80.

Gopnik, Alison, Shaun O'Grady, Christopher G. Lucas, Thomas L. Griffiths, Adrienne Wente, Sophie Bridgers, Rosie Aboody, Hoki Fung, and Ronald E. Dahl. "Changes in Cognitive Flexibility and Hypothesis Search Across Human Life History from Childhood to Adolescence to Adulthood." *Proceedings of the National Academy of Sciences* 114, no. 30 (2017): 7892–899.

Gottfried, Adele Eskeles, Kathleen Suzanne Johnson Preston, Allen W. Gottfried, Pamella H. Oliver, Danielle E. Delany, and Sirena M. Ibrahim. "Pathways from Parental Stimulation of Children's Curiosity to High School Science Course Accomplishments and Science Career Interest and Skill." *International Journal of Science Education* 38, no. 12 (2016): 1972–995.

Kashdan, Todd B., and Paul J. Silvia. "Curiosity and Interest: The Benefits of Thriving on Novelty and Challenge." *Oxford Handbooks Online*, 2009.

Kaufman, Scott Barry. "Schools Are Missing What Matters About Learning." *The Atlantic*. July 26, 2017.

Leibowitz, Glenn. "If Robots Are Going to Take Our Jobs, Do Grades Still Matter?" *LinkedIn*. August 20, 2017.

Miller, Claire Cain. "Tech's Damaging Myth of the Loner Genius Nerd." *New York Times*. August 12, 2017.

Miller, Claire Cain, and Quoctrung Bui. "Switching Careers Doesn't Have to Be Hard: Charting Jobs That Are Similar to Yours." *New York Times*. July 27, 2017.

"Radnor Township School District." Radnor Township SD Homepage.

Vander Ark, "Proposal for an Innovation Diploma." *Getting Smart*. August 17, 2017.

WW-P Middle School Challenge.

专著

Alvord, Mary Karapetian, and Anne McGrath. *Conquer Negative Thinking for Teens: A Workbook to Break the Nine Thought Habits That Are Holding You Back*. Oakland, CA: Instant Help Books, 2017.

Bennett, Howard J. *The Fantastic Body: What Makes You Tick & How You Get Sick*. Emmaus, PA: Rodale Kids, 2017.

Borba, Michele. *Unselfie: Why Empathetic Kids Succeed in Our All-About-Me World*. New York: Touchstone, 2016.

Bronson, Po, and Ashley Merryman. *Nurtureshock: New Thinking About Children*. New York: Twelve, 2009.

Cain, Susan. *Quiet: The Power of Introverts in a World That Can't Stop Talking*. New York: Crown Publishers, 2012.

Cain, Susan, Gregory Mone, and Erica Moroz. *Quiet Power: The Secret Strength of Introverts*. Penguin Random House, 2016.

Damour, Lisa. *Untangled: Guiding Teenage Girls Through the Seven Transitions Into Adulthood*. London: Atlantic Books, 2017.

Dawson, Peg, and Richard Guare. *Smart but Scattered: The Revolutionary "Executive Skills" Approach to Helping Kids Reach Their Potential*. New York: Guilford

Press, 2009.

Dintersmith, Ted. *What School Could Be: Insights and Inspiration from Teachers Across America*. Princeton University Press, 2018.

Fox, Annie. *Middle School Confidential*. Minneapolis, MN: Free Spirit, 2008–2010.

Ginsburg, Kenneth R., and Martha Moraghan Jablow. *Building Resilience in Children and Teens: Giving Kids Roots and Wings*. American Academy of Pediatrics, 2014.

Ginsburg, Kenneth R. *Raising Kids to Thrive: Balancing Love with Expectations and Protection with Trust*. American Academy of Pediatrics, 2015.

Grant, Adam M. *Originals: How Non-Conformists Move the World*. New York: Viking, 2016.

Hanson, Rick, and Forrest Hanson. *Resilient: How to Grow an Unshakable Core of Calm, Strength, and Happiness*. New York: Harmony Books, 2018.

Ignotofsky, Rachel. *Women in Science: 50 Fearless Pioneers Who Changed the World*. New York: Ten Speed Press, 2016.

Johnson, Ned, and William Stixrud, Ph.D. *The Self-Driven Child: The Science and Sense of Giving Your Kids More Control over Their Lives*. Viking, 2018.

Kay, Katty, and Claire Shipman. *The Confidence Code for Girls: Taking Risks, Messing Up, & Becoming Your Amazingly Imperfect, Totally Powerful Self*. New York: HarperCollins, 2018.

Kennedy-Moore, Eileen, and Christine McLaughlin. *Growing Friendships: A Kid's Guide to Making and Keeping Friends*. Aladdin/Beyond Words, 2017.

Kindlon, Dan, and Michael Thompson. *Raising Cain: Protecting the Emotional Life of Boys*. New York: Ballantine, 1999.

Kivel, Paul. *Mens Work: How to Stop the Violence That Tears Our Lives Apart*. Center City, MN: Hazelden, 1999.

Lahey, Jessica. *The Gift of Failure: How the Best Parents Learn to Let Go So Their Children Can Succeed*. New York: Harper, 2016.

Land, George, and Beth Jarman. *Breakpoint and Beyond: Mastering the Future-Today*. New York: HarperBusiness, 1993.

Lythcott-Haims, Julie. *How to Raise an Adult: Break Free of the Overparenting Trap and Prepare Your Kid for Success*. New York: Henry Holt and Co., 2015.

Martinez, Sylvia Libow, and Gary Stager. *Invent to Learn: Making, Tinkering, and Engineering in the Classroom*. Torrance, CA: Constructing Modern Knowledge Press, 2013.

Meyer, Pamela. *Liespotting: Proven Techniques to Detect Deception*. New York: St. Martins Griffin, 2011.

Morgan, Nick. *Can You Hear Me? How to Connect with People in a Virtual World*. Harvard Business Review Press, 2018.

Morin, Amanda. *The Everything Parent's Guide to Special Education*. Avon, MA: Adams Media, 2014.

Morin, Amy. *13 Things Mentally Strong People Don't Do*. New York: William Morrow, 2015.

Orender, Donna. *Wowsdom! The Girls Guide to the Positive and the Possible*. Herndon, VA: Mascot Books, 2018.

Pearlman, Catherine. *Ignore It! How Selectively Looking the Other Way Can Decrease Behavioral Problems and Increase Parenting Satisfaction*. New York: TarcherPerigee, 2017.

Pennebaker, James W. *Opening Up: The Healing Power of Expressing Emotions*. New York: Guilford Press, 1997.

Pope, Denise Clark, Maureen Brown, and Sarah Miles. *Overloaded and Underprepared: Strategies for Stronger Schools and Healthy, Successful Kids*. San Francisco: Jossey-Bass, 2015.

Prinstein, Mitchell J. *Popular: The Power of Likability in a Status-Obsessed World*. New York: Viking, 2017.

Rendall, David J. *The Freak Factor: Discovering Uniqueness by Flaunting Weakness*. Charleston, SC: Advantage, 2015.

Rendall, David J. *The Freak Factor for Kids*. SEADS Publishing, 2013.

Robbins, Alexandra. *The Overachievers: The Secret Lives of Driven Kids*. New York: Hyperion, 2006.

Sandberg, Sheryl, and Adam Grant. *Option B: Facing Adversity, Building Resilience, and Finding Joy*. New York: Knopf, 2017.

Scheff, Sue, and Melissa Schorr. *Shame Nation: The Global Epidemic of Online Hate*. Naperville, IL: Sourcebooks, 2017.

Simmons, Rachel. *The Curse of the Good Girl: Raising Authentic Girls with Courage and Confidence*. New York: Penguin Press, 2009.

Simmons, Rachel. *Enough as She Is: How to Help Girls Move Beyond Impossible Standards of Success to Live Healthy, Happy, and Fulfilling Lives*. New York: Harper, 2018.

Wagner, Tony. *Creating Innovators: The Making of Young People Who Will Change the World*. New York: Scribner, 2012.

Wagner, Tony, and Ted Dintersmith. *Most Likely to Succeed: Preparing Our Kids for the Innovation Era*. New York: Scribner, 2015.

Weissbourd, Richard. *The Parents We Mean to Be: How Well-Intentioned Adults Undermine Children's Moral and Emotional Development*. Boston: Houghton Mifflin Harcourt, 2010.

Wilkinson, Karen, and Mike Petrich. *The Art of Tinkering: Meet 150 Makers Working at the Intersection of Art, Science & Technology*. San Francisco: Weldon Owen, 2017.

Wiseman, Rosalind. *Queen Bees & Wannabes: Helping Your Daughter Survive Cliques, Gossip, Boys, and the New Realities of Girl World.* 3rd ed. New York: Harmony, 2016.

Wiseman, Rosalind. *Owning Up: Empowering Adolescents to Confront Social Cruelty, Bullying, and Injustice.* 2nd ed. Thousand Oaks, CA: Corwin, 2017.

Wormeli, Rick. *Fair Isn't Always Equal: Assessing & Grading in the Differentiated Classroom.* Stenhouse Publishers, and National Middle School Association, 2006.

致　谢

感恩的力量是这本书和我生活中反复出现的主题。我要感谢很多人，首先就是我的家人。感谢史蒂夫我的丈夫，他是这个世界上最支持我的人。感谢我的孩子们，本、艾米丽和亚历克斯，他们是我最好的老师。感谢我的父母大卫·斯坦伯格和莎伦·斯坦伯格，他们是终身学习者，教会我寻找每个人身上的优点。我还要感谢我的兄弟姐妹，还有我丈夫的家人们：迈克尔、丹尼尔、简、塔米、亚当和杰奎琳——你们是我最棒的啦啦队！

要感谢的人太多了，尤其是《华盛顿邮报》的编辑Amy Joyce，她是位才华横溢又善良的编辑。艾米是第一个给我机会的人，也是第一个建议我把自己的想法写成一本书的人。感谢本书出色的编辑团队——Miriam Riad，Dan Ambrosio，Claire Schulz，以及我在Hachette Book Group和Da Capo Press的优秀团队的成员，包括Michael Giarratano，Lissa Warren，Cisca Schreefel，Anna Hall。他们都相信，初中阶段真的很重要。

　　我很幸运有一位出色的文学经纪人 Jill Marsal，她让一切都变得轻松愉快。认识 Jessica Lahey，Michele Borba，Claire Shipman 也是我的幸运，她们是我这一路上睿智而慷慨的引路人。我曾在这本书里写过关于培养互相支持、互相赞美的女孩的文章，而这正是这 3 位不可思议的女性所奉行的。我还要感谢我在学校心理咨询方面的良师益友 Gloria Silverberg。从我做她的实习生时起，她就是我生命中重要的一部分。

　　感谢 PDK 国际公司首席执行官、我的前任主管 Josh Starr 对我的持续信任。我与许多优秀的组织和编辑合作过，包括 PDK 的 Rafael Heller、美国初中教育工作者协会的 April Tibbles、《你的青少年》杂志（*Your Teen Magazine*）的 Sharon Holbrook 和 Susan Borison。我可爱的朋友、作家 Alison Pion 也属于这一分类。多年来她一直是我信赖的"第一读者"。我还要向 Character dot Org 的所有人，Nick Morgan 和 Emma Wyatt，以及 Public Words 的团队，还有我在 Chrysalis Group 的好友兼同事 Judy Liss 表示感谢。特别感谢蒙哥马利县公立学校的众多学生、家长和前同事，他们与我分享了他们的思考、想法和故事。还要感谢我的谢里登学校大家庭——谢谢你们激励了我！我很幸运，每天都能与充满爱心、激情和创新精神的教育工作者共事。

　　我不知道该如何感谢我的朋友们，感谢他们一直在我身边支持我，感谢他们愿意在晚餐时、喝咖啡时、慢跑时、打电话时、拼车时、运动会上，甚至在打保龄球时，跟我谈论他们自己的和为人父母的初中经历！还要感谢我为写作本书而采访的数百名学生、家长、教师、心理学家、作家、校长、医生、研究人员和其他专家。你们都是我的圆桌骑士。

儿童期

《自驱型成长：如何科学有效地培养孩子的自律》
作者：[美] 威廉·斯蒂克斯鲁德 等 译者：叶壮

樊登读书解读，当代父母的科学教养参考书。所有父母都希望自己的孩子能够取得成功，唯有孩子的自主动机，才能使这种愿望成真

《聪明却混乱的孩子：利用"执行技能训练"提升孩子学习力和专注力》
作者：[美] 佩格·道森 等 译者：王正林

聪明却混乱的孩子缺乏一种关键能力——执行技能，它决定了孩子的学习力、专注力和行动力。通过执行技能训练计划，提升孩子的执行技能，不但可以提高他的学习成绩，还能为其青春期和成年期的独立生活打下良好基础。美国学校心理学家协会终身成就奖得主作品，促进孩子关键期大脑发育，造就聪明又专注的孩子

《有条理的孩子更成功：如何让孩子学会整理物品、管理时间和制订计划》
作者：[美] 理查德·加拉格尔 译者：王正林

管好自己的物品和时间，是孩子学业成功的重要影响因素。孩子难以保持整洁有序，并非"懒惰"或"缺乏学生品德"，而是缺乏相应的技能。本书由纽约大学三位儿童临床心理学家共同撰写，主要针对父母，帮助他们成为孩子的培训教练，向孩子传授保持整洁有序的技能

《边游戏，边成长：科学管理，让电子游戏为孩子助力》
作者：叶壮

探索电子游戏可能给孩子带来的成长红利；了解科学实用的电子游戏管理方案；解决因电子游戏引发的亲子冲突；学会选择对孩子有益的优质游戏

《超实用儿童心理学：儿童心理和行为背后的真相》
作者：托德老师

喜马拉雅爆款育儿课程精华，包含儿童语言、认知、个性、情绪、行为、社交六大模块，精益父母、老师的实操手册；3年内改变了300万个家庭对儿童心理学的认知；中南大学临床心理学博士、国内知名儿童心理专家托德老师新作

更多>>>　《正念亲子游戏：让孩子更专注、更聪明、更友善的60个游戏》 作者：[美] 苏珊·凯瑟·葛凌兰 译者：周玥 朱莉
　　　　　　《正念亲子游戏卡》 作者：[美] 苏珊·凯瑟·葛凌兰 等 译者：周玥 朱莉
　　　　　　《女孩养育指南：心理学家给父母的12条建议》 作者：[美] 凯蒂·赫尔利 等 译者：赵菁

青春期

《欢迎来到青春期：9~18岁孩子正向教养指南》

作者：[美] 卡尔·皮克哈特　译者：凌春秀

一份专门为从青春期到成年这段艰难旅程绘制的简明地图；从比较积极正面的角度告诉父母这个时期的重要性、关键性和独特性，为父母提供了青春期4个阶段常见问题的有效解决方法

《女孩，你已足够好：如何帮助被"好"标准困住的女孩》

作者：[美] 蕾切尔·西蒙斯　译者：汪幼枫 陈舒

过度的自我苛责正在伤害女孩，她们内心既焦虑又不知所措，永远觉得自己不够好。任何女孩和女孩父母的必读书。让女孩自由活出自己、不被定义

《青少年心理学（原书第10版）》

作者：[美] 劳伦斯·斯坦伯格　译者：梁君英 董策 王宇

本书是研究青少年的心理学名著。在美国有47个州、280多所学校采用该书作为教材，其中包括康奈尔、威斯康星等著名高校。在这本令人信服的教材中，世界闻名的青少年研究专家劳伦斯·斯坦伯格以清晰、易懂的写作风格，展现了对青春期的科学研究

《青春期心理学：青少年的成长、发展和面临的问题（原书第14版）》

作者：[美] 金·盖尔·多金　译者：王晓丽 周晓平

青春期心理学领域经典著作
自1975年出版以来，不断再版，畅销不衰
已成为青春期心理学相关图书的参考标准

《为什么家庭会生病》

作者：陈发展

知名家庭治疗师陈发展博士作品